Collection des Amériques/Colección de las Américas/ The Americas Series

Directeurs : Daniel Castillo Durante, Patrick Imbert

Comité de rédaction/Editorial Committee
Simon Harel (Université du Québec à Montréal), Laurier Turgeon (Université Laval), Irene R. Makaryk (Université d'Ottawa), Winfried Siemerling (Université de Sherbrooke), Wladimir Krysinski (Université de Montréal)

Conseil de patronage/Advisory Board
Fernando Andacht (Universidade do Vale do Rio dos Sinos, São Leopoldo, Brésil), Noé Jitrik (CONICET — Buenos Aires, Argentine), Pierre Lagayette (Université de Paris IV, Centre d'études américaines, Sorbonne, France)

Volumes imprimés/Printed volumes
1. *Perú en su cultura*
2. *L'interculturel au cœur des Amériques*
3. *L'interculturel et l'économie à l'œuvre : les marges de la mondialisation*
4. *Exclusions/Inclusions : déplacements économico-symboliques et perspectives américaines/Economic and Symbolic Displacements in the Americas*

Couverture : Infographie de Pierre Bertrand

Exclusions/Inclusions

Déplacements économico-symboliques
et perspectives américaines

Economic and Symbolic Displacements
in the Americas

Sous la direction de
Daniel Castillo Durante, Amy D. Colin et Patrick Imbert

New York   Ottawa   Toronto

© 2005 LEGAS No part of this book may be reproduced in any form, by print, photoprint, microfilm, microfiche, or any other means, without written permission from the publisher.

Catalogage avant publication de Bibliothèque et Archives Canada

Exclusions/Inclusions : déplacements économico-symboliques et perspectives américaines = economic and symbolic displacements in the Americas / sous la direction de Daniel Castillo Durante, Amy D. Colin et Patrick Imbert
(Collection des Amériques = Colección de las Americas = The Americas series ; 4)
Comprend des références bibliographiques.
ISBN 1-894508-68-8

1. Marginalité — Amérique. 2. Mondialisation — Amérique.
3. Amérique — Émigration et immigration. 4. Amérique — Conditions sociales. I. Castillo Durante, Daniel II. Colin, Amy III. Imbert, Patrick, 1948-
IV. Titre: Exclusion and inclusion discourses. V. Collection: Collection des Amériques (Ottawa, Ont.) ; 4.

HN50.E93 2005   305'.097   C2005-900820-2F

Library and Archives Canada Cataloguing in Publication

Exclusions/Inclusions : déplacements économico-symboliques et perspectives américaines = economic and symbolic displacements in the Americas / sous la direction de Daniel Castillo Durante, Amy D. Colin et Patrick Imbert
(Collection des Amériques = Colección de las Americas = The Americas series; 4)
Includes bibliographical references.
ISBN 1-894508-68-8

1. Marginality, Social—America. 2. Globalization—America.
3. America—Emigration and immigration. 4. America—Social conditions.
I. Castillo Durante, Daniel II. Colin, Amy III. Imbert, Patrick, 1948-
IV. Title: Exclusion and inclusion discourses. V. Series: Americas series (Ottawa, Ont.) ; 4.

HN50.E93 2005   305'.097   C2005-900820-2E

For further information and for orders:

http://www.legaspublishing.com

LEGAS
P. O. Box 040328   3 Wood Aster Bay   2908 Dufferin Street
Brooklyn, New York   Ottawa, Ontario   Toronto, Ontario
USA 11204   K2R 1B3   M6B 3S8

Printed and bound in Canada

Table des matières

Préface/Preface 11

**Théories et rhétoriques de l'exclusion et de l'inclusion/
Theories and Rhetorics of Exclusion and Inclusion**

Patrick Imbert
    Désir d'antériorité et exclusion 17

María de los Angeles Yannuzzi
    Exclusion/Inclusion Dialectic in Democratic Societies 29

**Les symbolisations du terrorisme : l'après septembre 2001/
Symbolization of Terrorism: after September 11**

Nathalie Dumas
    *« Le Dernier-Jour-du-Monde-tel-que-nous-l'avions-connu » :
    analyse du discours fictionnel français sur le 11 septembre 2001* 41

Timothy W. Luke
    *"Grounding Zero" in Lower Manhattan:
    "America" at War or "Empire" Besieged?* 51

Discours de haine/Hatred Discourses

Annie Lise Clément
    *« Mériter [ou non] de mourir » : les héroïnes lapidées
    de Yasmina Khadra et de Marie-Claire Blais* 65

Amy D. Colin
    Fighting Against Hatred Through Education 77

Alain Goldschläger
    L'Antisémitisme au Canada, en Argentine et au Brésil 87

**Localisation et déplacement des frontières/
Localization and Displacement of Borders**

Fernando Andacht
    *On (Mis)representing the Other in
    Contemporary Latin-American Iconic Signs* 99

María Fernanda Arentsen
    Carlos Fuentes ou la frontière dans tous ses états..................111

Amaryll Chanady
    L'écriture migrante et la figuration de l'exclusion......................123

Marie-Claude Prémont
    Les discours d'inclusion et d'exclusion
    en réaction à la réforme municipale au Québec...........................135

Anthony Purdy
    Heterotopia Revisited in an Age of Globalization........................145

Les nouvelles voix et le déplacement des icônes nationales/ New Voices and the Displacement of National Icons

Sarah Phillips Casteel
    Dynamics of Inclusion and Exclusion
    in the Landscape Aesthetics of Jin-Me Yoon..................................159

Winfried Siemerling
    Postindian Re/Visions in Gerald Vizenor's
    The Heirs of Columbus...167

Les médias et les transformations socio-économiques/ Media and Socio-economic Transformations

Donald Cuccioletta
    Que se Vayan Todos! A Discourse for Democracy
    in Argentina, Heard Around the World...183

Irene Fonte et Rodney Williamson
    Les relations entre le Canada et le Mexique dans la presse :
    une histoire d'inclusions et d'exclusions..193

Walter Moser
    Bye Bye Brasil : La culture populaire sous
    les avancées de la modernisation...203

Adriana Rizzo
    Pauvreté et exclusion sociale. Visibilité et reconnaissance
    dans les discours de la presse argentine et canadienne.................219

Représentations de l'altérité et stéréotypes/ Otherness' Representations and Stereotypes

Daniel Castillo Durante
  L'anonyme des Amériques..231

Julie Delorme
  Putain : stéréotype ou identité en marge ?
  Putain *de Nelly Arcan*..241

Danielle Forget
  Discours et convivialité en contexte de mondialisation...................253

Claire Roberge
  Les altérités dans les temps : la révision des différences..................261

Remerciements

Cette publication trouve son origine dans le colloque international intitulé « Les discours d'exclusion et d'inclusion : dynamiques de la mondialisation dans les Amériques ». Organisé à l'Université d'Ottawa du 10 au 12 mai 2004 par le Groupe de Recherche sur les Discours des Amériques et par la Cité des Cultures de la Paix, ce colloque a aussi donné lieu à un concert de Monsieur Thomas Lesch-Schmidt intitulé *Music of Exclusion/Exclusion in Music* ainsi qu'à la remise des prix de la Fondation Pro-Europa/Europäische Kulturstiftung.

Nous tenons à remercier les organismes suivants pour leur appui précieux et généreux tout à la fois : Le Conseil de Recherche en Sciences Humaines du Canada, la Faculté des Arts de l'Université d'Ottawa, le Département des lettres françaises de l'Université d'Ottawa, le Département de musique de l'Université d'Ottawa, Patrimoine canadien/Canadian Heritage, Pro-Europa : Fondation européenne de la Culture/Europäische Kulturstiftung, l'Ambassade de la République fédérale d'Allemagne à Ottawa, la Faculté des études supérieures et de la recherche de l'Université d'Ottawa, le Goethe Institut d'Ottawa et de Montréal, la Cité des cultures de la Paix/The City for the Cultures of Peace : International Interdisciplinary Institute, Inc., The Canadian Commission for UNESCO, le DAAD (German Academic Exchange Service) à New York, The Moses Mendelssohn Center for European Jewish Studies à l'Université de Potsdam (Allemagne), la Chaire de recherche de l'Université d'Ottawa intitulée : « Canada : Enjeux sociaux et culturels dans une société du savoir ».

Nous témoignons également de notre gratitude à la Faculté des Arts de l'Université d'Ottawa pour sa précieuse collaboration.

Nous exprimons notre reconnaissance la plus vive à Julie Delorme pour le travail accompli lors de la préparation du présent ouvrage.

Acknowledgments

This publication represents the fruit of an international colloquium entitled "Discourses of Exclusion and Inclusion: Dynamics of Globalization in the Americas". This colloquium, organized at the University of Ottawa the 10th, 11th and 12th of May 2004 by The Research Group on the Discourses of the Americas and by The City for the Cultures of Peace, benefited from a concert performed by Thomas Lesch-Schmidt entitled *Music of Exclusion/Exclusion in Music*, as well as from a ceremony in which prizes were distributed by the Pro-Europa Foundation/ Europäische Kulturstiftung.

We would like to thank the following organizations for their invaluable and generous support: The Social Sciences and Humanities Research Council of Canada (SSHRC); the Department of *Lettres françaises*, University of Ottawa; the Department of Music, University of Ottawa; Canadian Heritage/Patrimoine Canada; Pro-Europa: European Cultural Foundation/Europäische Kulturstiftung, The Embassy of the Federal Republic of Germany, Ottawa; the Faculty of Graduate and Postdoctoral Studies and Research, University of Ottawa; the Goethe Institute, Ottawa and Montreal; the City for the Cultures of Peace: International Interdisciplinary Institute Inc.; the Canadian Commission for UNESCO; the German Academic Exchange Service, New York; the Moses Mendelssohn Centre for European Jewish Studies, Potsdam University, Germany; the Research Chair entitled: "Canada: Social and Cultural Challenges in a Knowledge-Based Society".

We would also like to express our gratitude to the Faculty of Arts of the University of Ottawa for its generous contribution towards the publication of this work, and to Julie Delorme for the preparation of the manuscript.

Préface
Exclusions et inclusions

Le terrorisme et sa mainmise médiatique sur les discours font parfois oublier un enjeu central au coeur des Amériques : les déplacements positifs mais aussi parfois difficiles ouvrant soit sur l'inclusion soit sur l'exclusion. Ces déplacements, en cours lors des processus d'ouverture des marchés, sont déclenchés par les diverses modalités de la mondialisation qui redéfinissent les rapports de pouvoir. Grâce à une approche multidisciplinaire, nos diverses recherches analysent les logiques dualistes figées mais aussi ternaires et productrices qui sous-tendent les discours de la mondialisation dans les Amériques. Dans ce contexte, les auteurs se demandent quelles seraient les conditions qui permettraient l'émergence d'une culture de la paix susceptible de sortir du paradigme de l'affrontement et d'une logique stéréotypant l'autre bloquée dans le processus victimaire. Ils analysent comment les pays faisant partie des Amériques pourraient trouver des espaces alternatifs de dialogue menant à une décrispation discursive. Aussi cherchent-ils à établir les conditions de reconnaissance de l'autre tout en déterminant ce qui, en l'autre, n'est pas acceptable dans le contexte démocratique, moteur de l'épanouissement individuel. Comme le souligne Amy Colin, une pédagogie et une herméneutique qui repositionnent les limites établies pour aider à mieux comprendre les questions posées par le racisme et les rapports d'exclusion et d'inclusion s'avèrent donc incontournables afin d'aller au-delà du bruit et de la fureur que les discours du terrorisme contribuent à activer. Dans ce contexte, María de Los Angeles Yannuzzi propose une réflexion sur la dialectique d'exclusion et d'inclusion dans les sociétés démocratiques et les moyens utilisés pour contrôler la violence tandis que Patrick Imbert pose le problème de la modification des rapports de pouvoir en appliquant les théories de René Girard à tout texte original déplacé par un texte nouveau et original. Ces réflexions aboutissent aux recherches de Walter Moser sur les différentes vitesses dans les transformations des rapports économico-médiatiques telles que présentées dans le film *Bye Bye Brasil*. Ces transformations sont aussi envisagées par Adriana Rizzo qui compare les discours sur la pauvreté au Canada et en Argentine tel qu'on peut en prendre connaissance dans les médias. Pour sa part, Donald Cuccioletta se consacre aux repositionnements démocratiques en Argentine tels qu'ils s'expriment dans la médiatisation du rejet des politiciens par la population. Mais les transformations dans les rapports de pouvoir ne font pas que manifester des voix rejetées. L'émergence de nouvelles voix qui ont accès à des lieux d'expression en processus de reconnaissance fait aussi partie des nouveaux espaces symboliques. Sarah Casteel passe en revue le monde culturel canadien et évoque un type de déplacement positif, tandis que Winfried Siemerling se consacre aux voix des autochtones qui s'affirment dans une occupation nouvelle du territoire géo-symbolique. María-Fernanda Arentsen et Amaryll Chanady étudient de leur côté la façon dont les écrivains font exploser les frontières nationales par une contextualisation transnationale et une exploration des inégalités planétaires refusant l'exclusion. Ce refus se manifeste aussi dans la réflexion d'Alain Goldschläger consacrée à l'antisémitisme dans les Amériques ce qui débouche, chez Anthony Purdy, sur l'évocation des divers types d'hétérotopies contestant les frontières. Julie Delorme analyse, à partir d'une perspective qui privilégie cette fois l'univers des femmes, la stéréotypie de la putain dans le système d'échanges marchands, tandis qu'Annie-Lise Clément, en utilisant René Girard, s'intéresse au régime de terreur imposé aux femmes par les sociétés aux mains des fondamentalistes musulmans. La présence du terrorisme se manifeste aussi dans le texte de Nathalie Dumas qui se consacre aux représentations fictionnelles produites par Frédéric Beigbeder au sujet des derniers instants des gens se trouvant dans les tours du World Trade Center. Les effets symboliques de cet attentat terroriste sont explorés par Timothy Luke dans la dynamique des discours qui nationalisent cette tragédie pour la transformer en acte historique et mémoriel pour tous les habitants des États-Unis. Le discours de nationalisation s'explore dans son mode ludique chez Fernando Andacht qui évoque les jeux sur l'exportation et l'importation et ses liens avec un nationalisme publicitaire localiste au Brésil. C'est dire que les frontières et leur franchissement font partie des questionnements sur la violence, l'inclusion et l'exclusion. Ces questionnements se manifestent dans le texte de Daniel Castillo Durante qui expose la logique subversive de l'anonyme échappant aux stéréotypies et aux discours imposés par les systèmes politico-économiques. Ceux-ci sont pris en charge par divers discours individuels ou locaux comme le montre Marie-Claude Prémont. Elle nous entraîne dans les polémiques des défusions municipales au Québec et évalue les liens entre l'économique, l'identitaire, le territorial et le culturel en fonction des arguments apportés à cette problématique par divers individus, communautés et groupes sociaux. Autrement dit, les rhétoriques et les arguments qui travaillent les changements en cours sont d'une importance fondamentale selon Danielle Forget. Ils positionnent de façons diverses les altérités comme le montre Claire Roberge, car elles se renouvellent dans des stratégies communicationnelles se déplaçant afin de se positionner socialement dans un lieu géo-rhétorique fonctionnel.

Daniel Castillo Durante et Patrick Imbert
Groupe de Recherches sur les Discours des Amériques/
Research Group on Americas' Discourses

Preface

Exclusions and Inclusions

The effect of disseminating terrorist discourse via the media can often obscure a central issue that remains at the core of the Americas: the positive as well as negative aspects of displacements, leading to either exclusion or inclusion. These displacements, activated upon participation in the economic markets, are set in motion by the numerous modalities of globalization that currently redefine power relations. With the help of a multidisciplinary approach, our various research interests analyze the stifling binary logics as well as the ternary and productive logics that support globalization discourse in the Americas. Given this context, the authors attempt to determine what conditions permit the emergence of a peaceful culture that could break from the confrontational paradigm, and the logic that would stereotype the 'other' confined to the victimization process. The authors will also analyse in what ways countries of the Americas find alternative dialogical spaces that effectively liberate discourse. Furthermore, they attempt to establish conditions that recognize the 'other' while determining what is unacceptable in the other in the context of a democratic society, that encourages the development of the individual person. As Amy Colin points out, the displacement of a pedagogy and of an hermeneutics, which repositions established limits and discourses, is necessary in order to better understand racism, as well as exclusionary and inclusionary relationships, and to go beyond the superfluous noise and furor created by terrorist discourse. In this way, María de Los Angeles Yanuzzi proposes a reflection on the dialectic of exclusion and inclusion in democratic societies and the methods used to control violence, whereas Patrick Imbert studies the modification of power relations by applying René Girard's theories to any original text displaced by a new text. These reflections introduce Walter Moser's research on the different rates at which economic and media relations transform themselves, as represented in the film *Bye Bye Brasil*. Adriana Rizzo, who compares the discourse on poverty both in Canada and in Argentina, also envisages such transformations as perceived within the media. For his part, Donald Cuccioletta concentrates on democratic repositioning in Argentina initiated by the population, as seen through the media attention focused on political upheaval. However, transformation in power relations do not only make evident the excluded voices. The emergence of new voices that can access spaces of recognition are part of new symbolic spaces. Sarah Casteel reviews the canadian cultural world and evokes undeniable positive displacements, while Winfried Siemerling concentrates on autochtonous voices that find validation through a new type of relationship with a geo-symbolic space. María-Fernanda Arentsen and Amaryll Chanady both study the way in which writers destroy national barriers through a trans-national conceptualization, and an exploration of planetary inequalities, thus refusing exclusion. This refusal is equally visible in the reflection by Alain Goldschläger who focuses on anti-Semitism in the Americas. This leads to Anthony Purdy's evocation of different types of heterotopias that contest borders. Julie Delorme analyses, from a perspective that privileges the feminine, the stereotype of the prostitute in a market-exchange system, whereas Annie Lise Clément, using the theories of René Girard, takes an interest in the regime of terror imposed upon women by Muslim fundamentalists. The subject of terrorism is also present in the article by Nathalie Dumas who concentrates on Frederic Beigbeder's fictional representations of the last living moments of those who were atop the World Trade Centre on September 11th. Furthermore, Timothy Luke explores the symbolic effects of the terrorist attacks in the discourse dynamics that nationalize the September 11th tragedy, and that consequently transform the event into a historical and memorable happening for all Americans. By exploring the ludic side of nationalization discourse, Fernando Andacht delves into the phenomenon of exportation and importation with regards to its impact on local nationalism in Brazil. All this is to say that overcoming frontiers is part of the investigation on violence, inclusion and exclusion. An investigation of this nature is played out in the article by Daniel Castillo Durante, exposing the subversive logic of the anonymous that eludes stereotyping as organized by any political and economic discourse. These discursive configurations, according to Marie-Claude Prémont, are fully assumed by individual and local discourse. Hence, she uncovers the mysteries of municipal 'defusion' in Quebec and evaluates the links between economy, identity, territory and culture with respect to the evidence brought to this problematic by individuals, communities and social groups. In other words, according to Danielle Forget, the rhetoric and argumentation that affect the changes in progress are of a fundamental importance. Finally, Claire Roberge shows that this rhetoric repositions the multiplicity of alterities that are renewed in communicational strategies that allow for one's own positioning in a functional geo-rhetorical place.

Daniel Castillo Durante and Patrick Imbert
Research Group on Americas' Discourses/
Groupe de Recherches sur les Discours des Amériques
Translation by Julia Morris

Théories et rhétoriques
de l'exclusion et de l'inclusion/
Theories and Rhetoric of Exclusion
and Inclusion

Désir d'antériorité et exclusion

Patrick Imbert
Université d'Ottawa et Cité des cultures de la paix[1]

Esthétique, narrativité et révélation

L'imminence d'une révélation qui ne se produit pas est, peut-être, le fait esthétique même, affirme Borges[2]. C'est dire que l'œuvre esthétique est avant tout une promesse, un acte de discours similaire à un acte de langage, un geste donjuanesque presque qui séduit constamment et diffère toujours l'accès à ce qui est désiré. Quelle pourrait-être cette révélation, sinon une illumination par l'effet esthétique et textuel, une grâce issue du verbe qui se ferait chair. En quelque sorte donc, cette révélation serait ce qui nous donnerait accès à un savoir sublime situé dans un extérieur au discours qui nous offrirait l'accès à l'incontestable, à la vérité. Comme le dit Borges, l'œuvre esthétique est chatoyante, séduisante, mais s'y glisse souvent les discours stéréotypés du canonique qui prétendent représenter cet extérieur.

Il s'agit alors de réfléchir sur les sémioses à l'instar de Borges marchant, de concert avec Peirce[3], dans l'exploration d'interpétances se jouant des stéréotypies et se manifestant par de surprenants récits ouverts aux impasses de l'absurde des évidences. Dans notre ère postmoderne/postcoloniale, les dynamiques de réflexivité sur les codes et les systèmes de signification, leur dramatisation diverses dans les textes littéraires, les œuvres d'art et la publicité foisonnent[4]. Comme le dit Michel de Certeau[5], nous sommes de plus en plus emportés dans ces

---

[1] Ce texte fait partie du projet de recherche subventionné par le CRSH intitulé : « Déplacements culturels et questions d'exclusion dans la littérature franco-canadienne contemporaine et ses rapports avec les textes latino-américains ». [pimbert@uottawa.ca], [http://www.uottawa.ca/academic/arts/lettres/imbert.html].

[2] Jorge-Luis Borges, *Obras completas,* Buenos Aires, Emecé, 1996, vol. 2, p. 13 (« [...] esta inminencia de una revelación, que no se produce, es, quizá, el hecho estético. »

[3] Fernando Andacht, *Un camino indisciplinario hacia la comunicación : medios masivos y semiótica,* Bogotá, Centro editorial Javeriano, 2001.

[4] Patrick Imbert, *Trajectoires culturelles transaméricaines,* Ottawa, Presses de l'Université d'Ottawa, 2004.

[5] Certeau, Michel de, *Histoire et psychanalyse : entre science et fiction,* Paris, Gallimard, 1987.

dynamiques réflexives qui font que la croyance dans une représentation de l'extérieur est recontextualisée dans des sémioses de plus en plus complexes. Dans la complexité et l'enthousiasme des productivités détachées de la croyance en la représentation possible d'un extérieur, dans le rejet du réalisme et de la conformité à des idées platoniciennes pré-établies, se joue la séduction des sémioses liées aux rapprochements mondialisés des cultures et la promesse d'un espace qui contournerait le dualisme extérieur/intérieur dans un point de fuite révélateur.

Dans ce savoir issu de l'exploration des sémioses et des réflexivités sur celles-ci, se perçoit que si la révélation échappe, comme le vrai nom de Dieu dans le grand ordinateur du *Pendule de Foucault* de Eco, en contrepoint à la fascination d'une révélation par l'esthétique, se présente la narrativité qui, elle, révèle beaucoup. En effet, la narrativité révèle toujours car elle est fondée sur la mécanique démontée par Propp puis par Greimas ou Brémond dans le jeu de l'enchaînement temporel/causal des fonctions et du suspense. La narrativité nous donne le nom du rival attaché à une quête et le définit. La narrativité, comme le souligne Greimas, c'est la quête de l'objet de désir. Dans cette quête, il y a toujours au moins deux antagonistes, ou encore un modèle et un rival. Celui-ci est le plus souvent un méchant ou un criminel. Ainsi, la révélation complexe et floue évoquée par l'esthétique se dilue dans la reconnaissance simpliste du criminel sous l'itération de la logique de l'enchaînement des actions et de ses agents. La satisfaction est déplacée. À travers le scriptural et l'esthétique, et retrouvant la création biblique et ses paradigmes fondateurs, intérieur/extérieur, lumière/ténèbres, la narrativité rejoue la différenciation et ses significations canoniques qui imposent un discours. Alors, elle se contente du poids d'exclusion attaché à ces mêmes paradigmes fondant le fonctionnement même du langage.

Voilà le problème. Si l'esthétique vise une révélation, la narrativité s'inscrit dans une progression temporelle et causale qui marque les étapes de la rivalité inscrite dans le schéma actantiel greimassien pour la conquête de l'objet de désir. En se consacrant à la narrativité, on se contente de la lecture sacrificielle, autrement dit du résultat de la rivalité mimétique et de la mimésis d'appropriation évoquées par René Girard sans viser à en mesurer l'ampleur.

La rivalité mimétique

La mimésis d'appropriation girardienne[6] est orientée vers la possession d'un objet et vers l'assertion de pouvoirs fondés sur la violence entre

---

[6]*Cf.* René Girard, *Des choses cachées depuis la fondation du monde*, Paris, Livre de poche, 1978.

deux groupes ou deux individus tentant de triompher l'un de l'autre. Girard explore les ramifications de ces luttes en se consacrant à la lutte des doubles pour le contrôle d'un objet matériel ou symbolique, car l'objet est signe et foyer de significations de pouvoir, de satisfaction, de légitimité ou d'auto-suffisance. La mimésis d'appropriation qui brise les conduites de dominance statiques telles qu'on peut les observer dans la vie animale[7], et telles qu'elles peuvent être instaurées entre des groupes dans les rapports colonisateurs/colonisés[8] est l'expression d'un désir d'affirmer l'individualité par l'expansion acquisitive. Cette affirmation passe par le biais de l'autre jouant le rôle de modèle/rival indiquant l'objet désirable qui risque de lui être arraché. Elle mène à un monde conflictuel enraciné dans le jeu des désirs où tous deviennent des antagonistes qui s'imitent mutuellement dans leurs gestes tendus vers le pouvoir. En ce sens, par rapport aux conduites de dominance animales et coloniales, il s'agit néanmoins d'une démocratisation qui accorde le droit de concurrencer et qui peut mener à une domestication de la violence.

Quel est cet objet de désir ? C'est d'abord l'extérieur, c'est-à-dire la mimésis platonicienne qui donne accès à ce qui est extérieur ou cru extérieur au discours. Dans une société religieuse, il s'agit du verbe de Dieu qu'un discours affirme représenter et qui mène à des exclusions fondées sur les orthodoxies affirmant le canonique de la vérité, de ce qui peut être révélé. Dans un monde laïcisé, il s'agit des « faits » objectifs couplés aux écoles scientifiques qui s'affrontent jusqu'à ce qu'un changement de paradigmes ait lieu[9] et qui déterminent la direction que prend une société. Sur la maîtrise de cet extérieur, sont greffées des choix de sociétés, religieuses ou technologico-financières, des valeurs.

Lorsque la lutte de tous contre tous est trop forte, le lien communautaire se brise. Deux solutions sont alors possibles. D'une part, les conflits demandent le sacrifice d'une victime expiatrice contre laquelle, dans le rituel du mythique, tous se mettent d'accord, ce qui refonde la communauté. C'est Jésus à qui on ferme la bouche, affirme Girard, c'est le Père Goriot chez Balzac. Alors, tous parce qu'ils sont désormais d'accord sur le fait que la victime était coupable, sentent que la communauté est refondée, ce qui prouve que l'exclu était celui qui était à la source des maux vécus par le groupe. D'autre part, cette logique sacrificielle peut être en partie contrôlée par la démultiplication des objets et

---

[7]*Cf.* Henri Laborit, *Éloge de la fuite*, Paris, Gallimard, 1976.

[8]*Cf.* [www.relazionarte.it] : « La mimésis d'appropriation de Girard, le mimétisme de Bhabha et la mimésis platonicienne confrontés au déplacement de l'objet et à l'appropriation de l'expérience de production/consommation ».

[9]Thomas Kuhn, *The Structure of Scientific Revolutions*, Chicago, Chicago University Press, 1968.

la division des responsabilités démocratisant le conflit et le transformant en compétition économico-ludique. Passer du combat au sport et de la guerre à l'échange commercial libéral est lié au démocratique qui, dans l'optique de Girard, reste un pis-aller face à ce qu'il demande, que les hommes, tous ensembles, reconnaissent le message non sacrificiel de Jésus, comprennent la logique mimétique et arrêtent de produire des victimes.

Le sacrificiel littéraire

Dans la fascination par la narrativité et encore plus dans celle qui joue du suspense dans les romans policiers, d'espionnage et d'amour, on se contente de la voie qui mène à l'objet de désir déterminé dans le cadre d'une rivalité où il y a des bons et des méchants. La plupart du temps, on cherche à repérer un coupable, à qualifier de criminel un personnage particulier, plutôt qu'à jouir de l'aura d'une révélation en suspens. Autrement dit, la narrativité répète le fondement communautaire qui est de croire qu'il y a un méfait. Il s'agit donc de croire que la communauté est menacée dans une réactivation du paradigme extérieur/intérieur. Dans l'optique de Girard, le méfait provient du communautaire dont chaque membre lutte contre les autres par la mimésis d'appropriation. Que signifie cette vision girardienne proposant une vision non sacrificielle pour l'esthétique et pour le texte littéraire ?

D'abord, il faut constater que de nombreux auteurs ont saisi cette dynamique sacrificielle et qu'ils tentent de la déjouer en la renversant dans la fiction même. C'est, par exemple, le cas de Pierre Marcelle dans *La Démolition*[10]. Que se passe-t-il dans ce roman dans lequel se glissent de nombreuses photos de graffitis sur les murs. Les photos ont d'abord pour rôle de créer un espace intermédial qui problématise le référent. En effet les photos rendent compte de textes sur les murs, et ces textes renvoient à la disparition de Marianne. Autrement dit, la photo ne représente pas un extérieur au discours selon les canons de l'esthétique réaliste. Elle renvoie à un univers qu'elle traduit dans son discours. Une dynamique d'interprétance intersémiotique se met en place.

Cet espace entre texte et photo indique que nous vivons dans un monde de signes qui renvoient à des signes et que la révélation attendue au sujet de Marianne ne viendra jamais. La transparence psychologique attendue concernant « Qui est Marianne ? » n'est qu'un effet de discours pris dans le cadre d'un fonctionnement qui croit à la réalité de ses propres constructions[11]. Pierre Marcelle souligne que l'en-

---

[10] Pierre Marcelle, *La Démolition*, Paris, Denoël, 1985.

[11] *Cf.* Richard Rorty, *Contingency, Irony, Solidarity*, Cambridge, Cambridge University Press, 1989.

jeu des rivalités entre discours et entre signes est l'accès à une réalité qu'elle soit environnementale ou psychologique. L'auteur souligne que l'on tente toujours de faire croire que l'on peut dire l'extérieur mais qu'il n'est qu'un effet de discours.

De plus, Pierre Marcelle déjoue la narrativité en posant une quête amoureuse sans personnage apparent sinon par sa manifestation sous forme de nom graffité sur un mur. On cherche une amoureuse sans pouvoir trouver de manque particulier de même que dans certains textes de Don Dellilo[12], on cherche un criminel sans qu'il y ait de crime à l'instar de l'aphorisme de Lichtenberg cité par Pierre Marcelle : « un couteau sans lame auquel il manque le manche. » Cet ustensile pourrait bien « représenter » l'outil du crime introuvable !

On voit alors le lien entre l'écriture de la fiction et la réflexion de René Girard. Il répète que le processus victimaire est un système fondé sur la mimésis d'appropriation, que ce système s'auto-cautionne, et qu'il est fondé sur une « self fulfilling prophecy[13] ». En effet, la victime est sacrifiée, car elle est gratifiée de l'attribution de criminelle alors qu'il n'y a pas de crime, dit Girard. Il y a la dynamique de la mimésis d'appropriation qui détruit la communauté dans la visée pour contrôler l'objet de désir. Cet objet de désir est justement de pouvoir faire croire qu'on peut copier l'extérieur au discours pour fonder le consensus communautaire. L'extérieur au discours ne se copie pas. Il se produit et contrôle par des discours qui entrent en concurrence et affirment copier l'extérieur.

Dans ce contexte de jeu constant sur le paradigme extérieur/ intérieur, la quête d'un criminel sans qu'il y ait de crime défini dévoile le désir de découvrir quelqu'un qui serait marqué par le fait qu'il serait *outstanding*, qu'il serait donc en partie extérieur au cercle des habitudes, et notamment à l'habitude des classements gouvernés par l'extérieur/ intérieur. Simultanément affirme Girard, c'est l'individu *outstanding* qui est menacé. Celui qui est extérieur au cercle des habitudes communautaires et institutionnelles, celui qui est à la fois dedans et dehors est justement celui qui, comme Jésus (homme et Dieu), tente de révéler l'amour de l'extérieur. Il demande pour cela de quitter le cercle communautaire et suggère que l'individu indépendant doit tout quitter et suivre Dieu, comme le souligne aussi Saint Paul dans la lecture qu'en fait Michel Serres[14]. Pour les tenants de l'institution, le criminel est Jésus et le crime est l'amour de Dieu menant à échapper aux interprétations

---

[12]Voir par exemple : Don Dellilo, *White Noise*, Toronto, Penguin, 1986.

[13]Ronald David Laing, *Reason and Violence*, London, Tavistock, 1964.

[14]Michel Serres, « Ego Credo », Colloque international « Mimésis and Violence », Abiquiu, New Mexico, 3-7 juin 2004.

établies qui sont des interprétations fondées sur le mythique et le sacrificiel. Elles sont fondées sur une quête de la victime émissaire, du rival qui dérange la communauté interprétative, et non pas une quête scripturale qui tenterait par la lecture de saisir des éléments d'une révélation potentielle. Le sacrificiel fait lire du suspense et du narratif, fait subodorer le crime, là où il faudrait rencontrer des indices des multiplicités d'interprétations comme dans un texte poétique où les allégories renvoient à l'infini des inscriptions individuelles dans la grâce.

Alors, la logique systémique de la mimésis d'appropriation et ses visées sacrificielles mènent à produire le corps d'une victime réelle. Le discours se fait chair, dans ce cas, cadavre. Il prend la place du Verbe, celui de la vérité à laquelle on veut accéder pour pouvoir la dire. À l'instar du roi qui, s'il ne peut faire pleuvoir, s'il ne peut donner accès à l'extérieur, doit être tué, le personnage « outstanding » (situé entre l'intérieur et l'extérieur) doit disparaître. Il n'a pu donner une révélation déterminée qui, de plus, a menacé les institutions et les procédures des interprétations établies. Ce qui est refusé est la multiplicité des lectures qui reconnaîtrait que l'extérieur ne peut se dire mais qu'il se révèle parfois dans les fragments textuels et dans les dynamiques d'interprétance.

Dans le cadre mimétique sacrificiel, le cadavre prend la place du signe défini par la langue communautaire qui affirme dire l'extérieur. Il permet de redémarrer l'activité consensuelle communautaire qui se nourrit de ce foyer de significations en communiant dans la croyance que la victime était coupable, trompeuse et que c'est par sa tromperie qu'elle a détruit la communauté. Bien évidemment, pour Girard, la tromperie est dans le sacrificiel qui affirme que la victime était foyer de mensonges. D'où la vertigineuse spirale détruisant le savoir issu de cette logique sacrificielle et de ses stéréotypes. En effet, l'antithèse du savoir n'est pas l'ignorance. Bien au contraire! L'antithèse du savoir est la fraude et le mensonge. De plus, le mensonge n'est pas l'antithèse de la vérité, nous indique Girard[15]. Il est au contraire ce qui affirme qu'il est possible de représenter l'extérieur, de fonder la vérité sur celui-ci et de tuer en son nom. Ce mensonge selon Girard, enveloppe les lectures des textes sacrés comme des textes littéraires. Il impose rapidement des limites aux réflexions critiques toujours bornées par le paradigme intérieur/extérieur et les bonnes consciences de tous ceux qui, comme le dit Girard, ne voient pas la façon dont ils excluent[16].

---

[15]*Cf.* Patrick Imbert, « Mensonges et vérité ne sont pas antithétiques », *Les Voies de la psychanalyse*, dir. M. Gauthier, Montréal/Paris, L'Harmattan, 1998. p. 169-188.

[16]Voir à ce sujet la critique de Sartre et de Foucault par Fuyuki Kurasawa, « The Exotic Effect : Foucault and the Question of Cultural Alterity », *European Journal of Social Theory*, vol. 2, n° 2, 1999, p. 153. On retient de Kurasawa que

Constamment donc, des textes aux formulations lapidaires contribuent à jeter la première pierre dans un scandale réitéré qui fait trébucher les hommes dans leur quête. Ces textes posent un lieu commun statique tandis que l'extérieur ne peut être qu'un lieu qui a lieu. Rien n'aura eu lieu que le lieu affirme Octavio Paz dans *Le singe grammairien*[17]. C'est dans l'avoir lieu que se joue une autre modalité du désir mimétique par rapport aux textes, une modalité qui, cette fois, est de l'ordre d'une chronologie : l'antériorité dans l'accès à l'extérieur ou au texte qui est censé être issu de l'extérieur.

Le désir d'antériorité

Croire au plagiat, lire comme un plagiaire est un des grands problèmes qui est soulevé non seulement par Girard, mais par de nombreux auteurs contemporains tout à fait conscients des dynamiques dualistes et mimétiques qui gouvernent les *a priori* des populations issues d'une modernité nationale étatique dont les dynamiques génocidaires ont couvert et couvrent la planète. Girard souligne que le Nouveau Testament a été lu, même par les pères de l'Église, selon une lecture sacrificielle. Dans le Nouveau Testament on a continué d'affirmer que les victimes étaient coupables, par exemple que les Juifs étaient des déicides. Autrement dit, on a, d'un certain point de vue, plagié l'Ancien Testament puisqu'on a repris la même logique sacrificielle et qu'on s'est inscrit dans une isotopie de lecture qui ne permettait pas de lire le Nouveau Testament d'une manière autre, et donc de lui faire produire des significations nouvelles.

Dans cette optique, le plagiat ne réside pas uniquement dans la copie mot pour mot d'un texte original. On pourrait même dire que le plagiat ne réside pas là, comme le souligne Borges dans « Pierre Menard auteur du Don Quichotte[18] ». Pierre Ménard réécrit le *Don Quichotte* mot pour mot et lui fait produire d'autres significations dans

---

Sartre et Foucault ont un besoin de consensus qui joue d'exclusions dont les limites se situent dans l'impossibilité de voir les victimes et de dénoncer les atrocités, qu'ils s'agissent des goulags soviétiques pour Sartre ou des femmes et des dissidents opprimées par le gouvernement des mollahs en Iran pour Foucault. Sartre et Foucault refusent de voir que les consensus nationaux révolutionnaires construisent du radicalement autre par millions. Par le fait même, leurs discours qui exposent un exotisme dont ils affirment qu'il est ouvert à la différence devient un discours cautionnant l'oppression. Sartre et Foucault cautionnent donc un violent processus de répression dont des millions de personnes ont souffert.

[17] Octavio Paz, *Le singe grammairien*, Paris, Flammarion, 1972, p. 124.

[18] Jorge Luis Borges, *Obras completas*, Buenos-Aires, Emecé, 1974, p. 499-507.

un contexte bien différent, celui de l'Argentine du XXe siècle. Ainsi, le Don Quichotte offre des significations bien différentes de celles qu'on pouvait tirer à son époque et dans son lieu d'origine. Borges, dans ce texte ludique, propose un décodage qui oblige à lire dans une intersémioticité où les productions textuelles des Amériques ont leur part à jouer.

Quant à George Maurevert dans *L'affaire du grand plagiat*[19], en 1924, il pose le problème de façon lui aussi bien intéressante. On y trouve l'oubli simulé d'une pseudo grande œuvre et le châtiment lié à l'échange économique. Il met en scène Ludovic Marcieu publiant *Amour vainqueur*. Celui-ci est accusé d'avoir plagié un auteur anglais, Lewis Jones qui aurait publié quarante ans plutôt, à Melbourne en Australie, un ouvrage intitulé *Love's Joy*. Ce plagiat « presque mot pour mot » est certifié comme tel sous l'initiative du critique Émile Faguet. Le châtiment fond alors sur le malheureux Ludovic qui mourra fou trois ans plus tard après avoir nié le plagiat.

Maurevert propose un dénouement fondé sur des explications en apparence tout à fait rationnelles. On apprend qu'un ami de Ludovic Marcieu, Philibert Destaing, de mère australienne, devenu son ennemi juré — car Marcieu lui a pris sa compagne —, a fait imprimer *Love's Joy* à dix exemplaires dans le secret d'une imprimerie suisse avec une date précédant *Amour vainqueur*. Autrement dit, il fait croire que Marcieu est engagé dans une mimésis d'appropriation visant la légitimité de la mimésis platonicienne et le désir d'antériorité. Destaing mourra bientôt lui aussi.

La mimésis d'appropriation sous forme de la dynamique du plagiat, ne mène pas au recouvrement de l'origine proche de l'extérieur, à la reconnaissance que tel ou tel texte serait plus proche de l'essence de l'amour, mais à l'appréhension de cet autre extérieur qu'est la mort. Dans toute dynamique mimétique, les cadavres s'accumulent et semblent servir à refonder la communauté littéraire sur les valeurs traditionnelles, celles mettant ensemble l'origine et l'originalité. Toutefois, à travers le personnage de Destaing, Maurevert nous ouvre à une autre conception. Destaing fonde un monde original par une accusation de plagiat qui crée un contexte neuf pour l'œuvre de Marcieu. Destaing suppose que l'origine peut se lire *après* des textes qui sont temporellement plus proches de l'origine, ce qui exprime la différence fondamentale entre originel et original. À partir de là se vit et s'écrit le différent. C'est bien la situation du Nouveau Testament par rapport à l'Ancien

---

[19]George Maurevert, *L'affaire du grand plagiat*, Amiens, Malfère, 1924, p. 13. *Cf.* Patrick Imbert, « Le plagiat et la construction des Amériques : relecture de Maurevert et de Borges à partir de Claude Mathieu », *Voix et Images*, vol. 27, n°81, printemps 2002, p. 523-539.

dans une lecture non-sacrificielle, comme le souligne Girard dans lequel l'original est le non sacrificiel qui est censé retrouvé une origine qui n'a rien à voir avec une ligne progressive temporelle.

Autrement dit, ici encore, la révélation passe par une esthétique qui sait déjouer la narrativité et ses légitimations jouant du mélange du temporel et du causal. Dès lors, les fictions de Maurevert, de Borges, de Claude Mathieu au Québec[20], comme les réflexions de Girard explorent les structurations sacrificielles des narrativités pour en révéler les fondements rhétoriques et anthropologiques.

Comme le souligne Girard, le Nouveau Testament n'a généralement pas été décodé, même par l'Église catholique, en fonction de la nouvelle dynamique qu'il apporte. Le Nouveau Testament a été lu comme un plagiat de l'Ancien Testament. Il a été compris selon la logique sacrificielle qui renvoie directement à un univers mythique dans lequel les victimes sont coupables et servent d'alibi pour refonder une communauté qui ne sait pas comment contrôler la violence mimétique.

Plagiat et racisme

Dans ce plagiat réside les germes du racisme. En effet, lire de façon plagiaire, c'est poser l'Ancien Testament comme texte antérieur désiré. C'est organiser une lutte mimétique pour contrôler ce texte antérieur. Dans ce cas, pas de meilleur moyen de le contrôler que de l'éliminer. En effet, il gêne la prétention à l'originalité présente dans tout plagiat. Tout plagiat est un désir très fort d'antériorité, d'avoir été là avant, d'être le premier et donc d'avoir l'aura positive de l'original proche de la vérité de l'origine chronologique. Le rêve vise à être le plus proche du Verbe, de ce qui correspond à ce qui est essentiel. L'Ancien Testament est le rival à éliminer puisqu'il dit la même chose que le Nouveau Testament lu dans la logique sacrificielle. Ceci mène à éliminer ceux qui se réfèrent d'abord à l'Ancien Testament, qui en diffusent le savoir, les Juifs.

Par contre, si le Nouveau Testament est lu selon Girard, donc selon une logique non sacrificielle, il échappe à la lutte mimétique ancrée dans le désir d'antériorité. Il est original et rejoint une origine qui n'est

---

[20]Cf. Patrick Imbert, *op.cit.* Dans l'article « Voix et Images » la situation particulière des Amériques face au canon européen est développée. Ce qui est en jeu chez le Brésilien Oswald de Andrade, comme chez l'Argentin Borges ou chez l'Argentin Alberto Laiseca (dans *Por Favor plagienme!*) et aussi déjà au XIXe siècle chez le Vénézuélien Fermin Toro (« Europa y América »), est la volonté de rejeter les déterminations par l'origine, « l'authentique » et les discours venus d'Europe qu'il faudrait à tout prix imiter. C'est aussi ce qui se fait jour dans des entreprises ludiques comme le « Festival of Plagiarism de San Francisco » affirmant que « *plagiarism is taking back what was stolen from us in the first place* ».

plus définie en terme de chronologie narrative. Le Nouveau Testament représente un texte fondateur qui est proche de la Parole sans pour autant entraîner le désir d'éliminer l'Ancien Testament et ses significations autres. Le Nouveau Testament a besoin de son antécédent, car il représente une dynamique d'interprétance particulière qui s'écarte du texte antérieur. Toutefois, il a besoin de lui pour aboutir au non sacrificiel. Le Nouveau Testament, dans cette optique, n'est plus pris dans le mimétisme dualiste mais dans une dynamique du tiers non exclu qui ouvre à la production de significations originales et différenciées.

La révélation semble surgir de l'esthétique du texte, affirme Borges, elle est proche mais elle échappe toujours. Toutefois, elle ne mène pas à produire une narrativité qui cherche le criminel, car elle suggère qu'il n'y a pas de crime, mais une dynamique systémique, celle de la mimésis d'appropriation qu'il faut contrôler en ne jetant pas la première pierre, en échappant au discours lapidaire de celui qui veut faire croire qu'il détient la vérité. Ne pas jeter la première pierre, c'est saisir que les textes sont construits par les significations qu'on produit à partir d'eux et à partir de réflexivités qui, dans la comparaison des textes bibliques et mythiques, mettent à jour les isotopies de base des lectures comme celle qui se fonde sur le sacrificiel.

Girard nous invite donc à changer d'isotopie et à nous dégager de la croyance qu'il est possible de plagier un texte, c'est-à-dire qu'il est possible de répéter mot pour mot et donc de s'engager dans un conflit menant à l'élimination de l'autre. Seul Dieu connaissant les origines et les finalités pourrait répéter et produire une signification identique. Nous produisons tous des significations nouvelles même quand nous pensons que nos discours répètent une orthodoxie qui croit copier et répéter l'extérieur.

C'est cette logique qui a été bien vue par Borges, comme par Maurevert ou Pierre Marcelle. Leurs fictions suggèrent ainsi que la théorie de Girard peut être non pas copiée mais déplacée dans le ludique du fictionnel. Ces fictions sont aussi des relectures des textes bibliques et de leurs relations. Elles mènent à des significations nouvelles qui multiplient les axes d'interprétance, une dynamique particulière au postmodernisme libéral qui tente toujours de contrôler la mimésis d'appropriation par la multiplication des enjeux et des lectures et par la légitimation des interprétations dans la diversification des responsabilités et des canons. Ainsi la multiplication des concurrences, en un jeu tout démocratique, permet de domestiquer la violence, ce qui n'empêche pas de réfléchir à la position de victime innocente complète qui est celle de Jésus seulement, rappelant constamment les fonctionnements mimétiques dans ses gestes et ses paraboles.

Bibliographie

ANDACHT, Fernando, *Un camino indisciplinario hacia la comunicación : medios masivos y semiótica*, Bogotá, Centro editorial Javeriano, 2001.

BORGES, Jorge Luis, *Obras completas*, Buenos-Aires, Emecé, 1974.

CERTEAU, Michel de, *Histoire et psychanalyse : entre science et fiction*, Paris, Gallimard, 1987.

DELLILO, Don, *White Noise*, Toronto, Penguin, 1986.

GIRARD, René, *Des choses cachées depuis la fondation du monde*, Paris, Livre de poche, 1978.

IMBERT, Patrick, « Le plagiat et la construction des Amériques : relecture de Maurevert et de Borges à partir de Claude Mathieu », *Voix et Images*, vol. 27, n⁰ 81, printemps 2002, p. 523-539.

IMBERT, Patrick, « Mensonges et vérité ne sont pas antithétiques », *Les Voies de la psychanalyse*, dir. M. Gauthier, Montréal/Paris, l'Harmattan, 1998, p. 169-188.

IMBERT, Patrick, *Trajectoires culturelles transaméricaines*, Ottawa, Presses de l'Université d'Ottawa, 2004.

KUHN, Thomas, *The Structure of Scientific Revolutions*, Chicago, Chicago University Press, 1968.

KURASAWA, Fuyuki, « The Exotic Effect : Foucault and the Question of Cultural Alterity », *European Journal of Social Theory*, vol. 2, n⁰ 2, 1999.

LABORIT, Henri, *Éloge de la fuite*, Paris, Gallimard, 1976.

LAING, Ronald David, *Reason and Violence*, London, Tavistock, 1964.

MARCELLE, Pierre, *La Démolition*, Paris, Denoël, 1985.

MAUREVERT, Georges, *L'affaire du grand plagiat*, Amiens, Malfère, 1924.

PAZ, Octavio, *Le singe grammairien*, Paris, Flammarion, 1972.

RELAZIONARTE, [En ligne], [www.relazionarte.it].

RORTY, Richard, *Contingency, Irony, Solidarity*, Cambridge, Cambridge University Press, 1989.

SERRES, Michel, « Ego Credo », Colloque international « Mimésis and Violence », Abiquiu, New Mexico, 3-7 juin 2004.

Exclusion/Inclusion Dialectic in Democratic Societies

María de los Angeles Yannuzzi
Universidad Nacional de Rosario, Argentina

Democracies are extremely complex societal organizations because they introduce into public space numerous differences that liberalism has, in the past, neutralized by maintaining them in a non-political sphere: the civil society. Though there is the possibility that *difference* develops in democratic conditions, it is also within these same conditions that difference becomes politicized. This is why such societies maintain a high level of interior conflict. In that sense, democratic politics fluctuates between two polar opposites that necessitate reconciliation: that of the *difference*, a result of the heterogeneity particular to this kind of society, and that of the *unit*, through which common coexistence is established.

This, in turn, makes us think about how difference should be approached in a democratic context. One must take into account that the increase of complexity deepens the inner process of differentiation. Besides, as Robert Michels said, "it becomes more and more absurd to attempt to 'represent' a heterogeneous mass in all the innumerable problems which arise out of increasing differentiation of our political and economic life".[1] The maintenance of this tendency over time would simply threaten the stability of the democratic system, tending toward fragmentation and atomization, thus acting against the unit.

This also reflects democracy's difficulty in articulating the common space because of its increasing complexity. Since democracies are founded on consensus, agreements have to be assured to strengthen representation. Homogenization of the different is therefore needed in the public space. This must be achieved by excluding differences that work against the unit. However, this requirement renders democracies unstable because the construction of a democratic order depends on the actual meaning given to homogeneity in each case. This process necessarily means a society must avoid or even expel the differences that potentially put the common in danger. And in doing so, the characteristic democratic complexity could also be killed.

---

[1] Robert Michels, *Political Parties. A sociological Study of the Oligarchical Tendences of Modern Democracy*, New York, Dover Publications, 1959, p. 40.

The Democratic Ambivalence

Determining the inclusion and exclusion criteria, as they exist within the social and political sphere, implies a setting down of the frontiers from which a common identity is built. The 'Us' is constantly defined in relation to the 'Other' who is different and as a result, excluded. This question is at the core of the political sphere, since politics refers as Wolin points out, to what is common to everyone. Democracy fluctuates however, as we have said, between two antagonistic poles: *relativism* at one end allowing difference to be included and *homogenization* at the other establishing the common.

Such binaries pose a problem because, initially, differences are all in the same level of equality. And without an objective criterion to determine a priority among them, only violence can solve the conflict. True democratic relationships, in that sense, are *potentially* war relationships, because the notion of equality that gives meaning to the concept of democracy contradicts all possibilities of establishing priorities among the differences. But this kind of equality cannot be maintained in politics, since this implies that an extreme relativism would simply invalidate common coexistence.

Some form of rationalization is required in order to articulate shared criteria able to establish a peaceful strategy of conflict resolution. This is the only way of avoiding the violence derived, as Hobbes said, from the equality of aspirations in a world with scarce resources. It is in the intersection between *unit* and *difference* that the degree of liberalism or authoritarianism[2] of each political system is defined. This is due to the fact that at the same time that relativism allows for the recognition of diversity, it also hinders the constitution of any sort of universality.

This contradictory character inherent in democracy constitutes one of the biggest risks that contemporary societies have to endure. Depending on how this contradiction is solved, the exclusion/inclusion dynamic has a different dynamic within society. So, the first question that needs to be answered is: what happens to difference in society? Or, instead, it must be decided whether difference threatens or does not threaten the construction of the political community, and how it does or doesn't do this. The criteria defining recognition for example, become

---

[2]Sartori says that according to the level of exclusion, one can define a particular political system as democratic or authoritarian. Recognizing that exclusion is always present in the construction of any political order, democracy would then be defined for adopting its smallest levels. However, we think it is important to take into account a distinction made by Carl Schmitt. As this author points out, democracy is not the antonym of authoritarianism. The equalization notion implied in the democratic ideal of equality may lead because of the masses, to the *rousseauesque* premise of 'obliging to be free', allowing for the exclusion of difference.

very important. Said criteria indicate what traits are shared, and what actually contributes to a common identity, thereby facilitating the construction of a concrete political order.

Pérez-Agote says that "at the base of the formation of a group, of a we, there is an inclusion-exclusion relationship that is arbitrary"[3] and, for this reason, tied to power.[4] The dialectic of inclusion and exclusion is then inserted in the context of present relationships of force. There is a struggle for power that aims to solve the inclusion and exclusion dialectic, as well as the possible instances of interaction among various social groups. This is why the resolution of the inclusion and exclusion dialectic recognizes different levels and intensities according to each time and place.

Difference and the Logic of Power

In today's contemporary society there is a tendency to exaggerate the internal ruptures of the political system that *potentially* threaten the legitimacy of the system. If anything, the processes of globalization are characterized by "the multiplication of new, and not so new identities as a result of the dispersion of the places from which the universal subjects spoke".[5] How could it then solve the conflict that is settled down in order to establish which differences are relevant to politics? How can the differences that constitute the frontier defining exclusion be determined? As democracies are postmetaphysical societies that do not recognize any objective criterion to solve these questions, the risk of violence is always present in these societies.

Determining the differences relevant for inclusion in common space can also have a rationalization instance. This instance, expressed through speech, postpones death. It does not however invalidate any form of violence; since this would depend on the conceptions an individual expresses discursively. Forms of either inclusion or exclusion are implied within the meaning of words. For example, Taylor points out that there can be a philosophical conception of exclusion, let us say, a

---

[3] Alfonso Perez-Agote, "La identidad colectiva: una reflexión abierta desde la sociología", en *Revista de Occidente*, Enero, 1986, p. 83.

[4] In the empiria, exclusion, or its antagonistic, inclusion, is not solved as Dahl says by defining the fair or unfair. Notions of 'fairness ' or of 'unjustice ' are closely related to power. This is what Dahl seems to forget in his analysis, including an objective ethical demarcation for the definition of the public. This is not the sense with which politics has been articulated in Modernity. Politics is, as Machiavelli has already defined, the struggle for power and for this reason its relationships with public ethics is always in tension in the empiric world.

[5] Errnesto Laclau, Emancipación y diferencia, Buenos Aires, Ariel, 1996, p. 45.

Marxist vision of the bourgeois society as irreversibly divided by class struggle, or certain feminist visions of the liberal society as hopelessly corrupted by patriarchy, such that an invocation of the political community is shown as fraudulent and deceitful. The kind of politics that tends to arise of this exclusion, either based on the reality or the projected philosophical (and often a combination of both), avoids the formation of coalitions around any conception of general good.[6]

Conceptions of exclusion and of inclusion play then a fundamental role in their respective definitions. However, we should not forget that this kind of rationalization is also affected by the struggle for power. Differences take on another new attribute that affects its dynamic. Differences are affected by force relationships, inserting power in its own logic. This provokes a distortion of its real value. At the very moment that differences are recovered by the political speech, they become part of a semantic construction that responds to the will of the actors. Difference becomes the argumentation necessary to legitimate the group's action in its struggle to conquer the state. Difference consequently becomes an instrument used to justify the desire for power. Democracy then faces a serious risk not only because the inclusion of particular differences in the state provides the group with the necessary means to act in its own favor, but also because it could be considered as an *absolute* that excludes other differences.

The homogenization required to assure the equilibrium of the common space is conceived in this case as Carl Schmitt did: as a "substantial homogeneity",[7] that is to say, as an undifferentiated unit rejecting everything that is different because it goes against the *unit*. This is for example what has happened with some recent nationalisms, at a first approach considered as a way of pluralizing public space. However, they have recovered the particularity, but transformed it into an absolute. In that sense, they have reproduced, this time in a smaller universe, the same phenomenon suffered by contemporary societies: that of the democratic state. Conceived "as a collective, unitary and unifying person",[8] this kind of state developed during the 20th century has concentrated a strong power that, used on behalf of a *people* in a completely abstract sense, ended up constraining its own individual citizens, avoiding the recognition of other minor national identities.

---

[6]C. Taylor, *Fuentes del yo. La construcción de la identidad moderna*, Barcelona, Paidós, 1996, p. 365.

[7]In mass society, democracy "depends on the concept of equality and substantial homogeneity". (Carl Schmitt, *Die geistesgeschichtliche Lage des heutigen Parlamentarismus*, Berlin, Duncker & Humblot, 1979, p. 16).

[8]Norberto Bobbio, *El futuro de la democracia*, México, Fondo de Cultura Económica, 1986, p. 106.

The modern state attempted originally to build the *unit* by taking into account a pre-existent diversity; these new forms of nationalism demand from the *unit* the purity of particularity, an authoritarian aspect already included in the construction of the democracy. The democratic state has created the unit from power and/or from force, with the intention of making difference disappear. New nationalisms reproduce exactly this conflict. Far from considering difference as co-constitutive of the political, these particularisms are defined as the line of exclusion, founding their own development on the initial assumption of non-differentiation.

New nationalistic trends are not unique in their promotion of the exclusion of difference or of the 'Other.' In any case, they have only illustrated a trend that can also be found within the phenomenon of economic globalization. In this case, the social exclusion of a vast part of the population needs the *unit* of the identical as well, although the unit refers to the construction of a monochromatic public space, a public space that rejects itself as a democratic one because of its own lack of alternative proposals. It is a model of exclusion that, by closing itself off from the rationalization instances that enable negotiation, attempts to insert violence at the borders of society. This threatens the stability of the democratic political regime. The more widespread the exclusion, the more the legitimacy of the democratic society is objectively questioned.

In this context, the reduction of public space resulting from the lack of alternatives is functional to the exclusion process on the social level. Any possibility of resisting the oppression of the state from a rationalized power accumulated in society is simply removed. Excluding the dissonant voices from the public space cancels politics. For that reason, political exclusion becomes a necessary condition for social exclusion. This is the only way for the ruling class to assure its own power: the inclusion of disagreement threatens to break down the articulation of consensus.

The limits of rationalization

A democratic order, just as we conceive it nowadays, should be defined for the inclusion of diversity. This allows us to think the construction of the unit in different terms than those of the solution given in the 20th century. Homogenization can also be considered by taking into account higher levels of abstraction thereby recognizing plurality. Difference should not be considered as threatening unit. Laclau points to this when he wonders:

> is particularism thinkable only *as* particularism, starting from the differential dimension it affirms? Are the relationships between universalism and particularism mere relationships of mutual exclusion? Or, if we state the question from the opposite angle: does the alternative

between an essentialist objectivism and a transcendental subjectivism draw out expand the variety of language games about the 'universal', in which it is possible to imply oneself?[9]

The answer: certainly not! But it is a construction that is not exempt of problems. The articulation between the universal and the particular is mediated by representation in the public space. Without it, it would be impossible to maintain the conditions of pluralism, so characteristic of a democracy. As Novaro points out, "the representative ideas display themselves in any kind of interpellations and speeches of the representatives, and in this way they act as vehicles of mediation in the production, from a homogeneous and ideal unit, of the 'effective homogeneity' in which concrete political orders are settled".[10]

But these "interpellations and speeches of representatives" also define those particularisms that can indeed be represented. Discourse plays consequently a fundamental role, as we have already analyzed, in the attribution of meaning, either for the difference itself or for the kind of homogenization sought in a particular society. However, it is a precarious construction in the sense that we will never be able to achieve permanent levels of certainty for two reasons: the dynamic and ambivalent character of democratic society, and the difficulty establishing real dialogic relationships among all subjects. This is a difficulty that is practically overcome through the identification between represented and representative.

However, this identification is not always complete, which explains why conflict reappears alongside the struggle for power that in a context of rationalization, tends to be verbalized. This means that the use of language does not assure by itself a peaceful strategy for conflict resolution. As Colom González points out when criticizing Habermas' theory, in a context of pluralism and differentiation, "the dynamics that feed their conflict lines display themselves through the rationalizing force of language, and even in such cases, the linguistic interactions often cannot ratify the impossibility of reaching consensus".[11]

Even though it is through argumentation that violence can be rationalized, it would be naïve to reflect upon consensus without taking into account power dynamics at the same time. This is a problem presented by Habermas' communicative rationality and which is not completely avoided by Laclau's proposal. Thinking the particular as only existent

---

[9] Ernesto Laclau, *op. cit.*, p. 46.

[10] Marcos Novaro, *Representación y liderazgo en las democracias contemporáneas*, Rosario, Homo Sapiens, 2000, p. 182.

[11] Francisco Colam-Gonzáles, *Las caras del Leviatán. Una lectura de la teoría crítica*, Barcelona, Anthropos-Universidad Autónoma Metropolitana, 1992, p. 215.

"in the contradictory movement of affirming a differential identity and, at the same time, of annulling it through its inclusion in a non-differential milieu"[12] demands from those that hold that particularity to abandon their purpose of better positioning themselves in the struggle for power. But this would not allow them to crystallize their own difference in the state. Actually, this requires of a previous condition: the acceptance by each differential identity of being included in a milieu of integration, therefore canceling in this way their own particularity.

But even if we suppose a situation where this indeed happens, the struggle for power is not necessarily refused. On the contrary, a previous space and time in which conflict is actually settled is presupposed. It is true that thinking the universal as a "symbol of an absent completeness"[13] promotes the development of ways of rationalization that use as a means the language games. As an empty significant, the universal imparts a dynamics that gives sense to the moment of unit in each concrete case. However, it cannot be assured that all the existent particularities accept to be affirmed at the same time they are annulled. The fact that politics deals with violence as its means of action always introduces a high level of uncertainty in the result of the exchanges.

Some Final Words

If heterogeneity is the main characteristic of democratic societies, the political sphere has to be necessarily understood as a field of instability, fluctuating between two extremes. A *potentially* substantial homogeneity negates diversity, and strong *relativism* questions legitimacy. Only at the intersection of these two moments can a modern democracy based on pluralism be built. Nevertheless, the solution given during the 20th century tended to privilege the first one. This is why the emergence of new and old particularisms has been optimistically received. But as Laclau says, "the construction of differential identities on the base of totally closing themselves to what is outside them, is not a viable or progressive political alternative", since "they would consolidate all kinds of ways of subordination and exclusion with the excuse of maintaining pure identities".[14]

---

[12] Ernesto Laclau, *op. cit.*, p. 57.

[13] *Ibid.*, p. 57. Since "all the means of representation are differential by nature, it is only if the differential character of the meaningful units is subverted, only if the semantic signs empty themselves of any bond with particular meanings and assume the role of representing the pure being of the system—or rather, the system like a pure and simple being—that such a meaning is possible". (*Ibid.*, p. 75)

[14] *Ibid.*

In that sense globalization, while deepening the relativism that has characterized modern democracy since the very beginning, poses a problem. What sort of social homogenization will define the sphere of inclusion? This is undoubtedly one of the most important contemporary political question because political systems have to determine which differences merit insertion into the public space, and how to consider these differences in order to avoid the risk of social disintegration; in other words, how to assure legitimacy. As the solution has to include plurality, it remains that modern democracies are highly conflictive societies, and for this reason they do not allow for a univocal response.

Democracies need forms of rationalization in order to transform the potential of violence inherent in all veritable democracies, into a positive force. Political conceptions and the discourses through which they are expressed play a fundamental role in establishing the inclusion/ exclusion criteria. As previously mentioned, difference is inserted in the public space, and affected by power relationships, which renders the task of defining the spheres of inclusion and exclusion even more difficult. The acknowledgement of a particularity becomes at the same time the necessary argumentation for legitimizing political action. This does not mean that we should neglect these games of language. On the contrary, we have only tried to bring out the limits that restrain real exclusionary practices.

Bibliography

ANSALDI, Waldo, "Gobernabilidad democrática y desigualdad social", en *Estudios Sociales*, n° 9, Santa Fe, 1995.

BARTH, Frederik, comp., "Introducción", en *Los grupos étnicos y su fronteras. La organización social de las diferencias culturales*, México, Fondo de Cultura Económica, 1976.

BOBBIO, Norberto, *El futuro de la democracia*, México, Fondo de Cultura Económica, 1986.

CANCLINI, Néstor García, *La Globalización imaginada*, Buenos Aires, Paidos, 1999.

CATTACIN, Sandro, Matteo GIANNI, Markus MÄNZ, & Véronique TATTINI, "Workfare, citoyenneté et exclusion sociale", dans Coutu, M., P. Bosset, C. Gendreau, et D. Villeneuve, sous la dir. de, *Droits fondamentaux et citoyenneté. Une citoyenneté fragmentée, limitée, illusoire ?*, Montréal, Éditions Thémis-IISJ Oñati-Faculté de droit, Université de Montréal, 2000.

COLOM GONZÁLEZ, Francisco, *Las caras del Leviatán. Una lectura de la teoría crítica*, Barcelona, Anthropos-Universidad Autónoma Metropolitana, 1992.

DAHL, Robert A., *La democracia y sus críticos*, Madrid, Paidós, 1993.

DELICH, Francisco, "Integración y exclusión social en Argentina", en *Temas y debates*, Año 1 – n° 1, Rosario, Facultad de Ciencia Política y Relaciones Internacionales, julio/diciembre, 1996.

GEERTZ, Clifford, *Conocimiento local. Ensayos sobre la interpretación de las culturas*,

Barcelona, Paidós, 1994.

KYMLICKA, Will, *Ciudadanía multicultural. Una teoría liberal de los derechos de las minorías*, Barcelona , Paidós, 1996.

KYMLICKA,, Will, "Building a Modern, Pluralist, Distinct Society in Québec", 1999, [On line], [http://www.mri.gouv.qc.ca/la_bibliotheque/willkym_an.html].

LACLAU, Errnesto, *Emancipación y diferencia*, Buenos Aires, Ariel, 1996.

LEFEBVRE, Edwige Liliane, "Republicanism and Universalism: Factors of Inclusion or Exclusion in the French Concept of Citizenship", in *Citizenship Studies*, vol. 7, n° 1, Taylor & Francis Ltd., 2003.

LEVIN, Silvia, "La construcción de la ciudadanía social en contextos de exclusión", en *Cuadernos del Ciesal*, Año 3 - n° 4, Rosario, CIESAL, 1996.

LOPEZ, Ernesto, *Globalización y democracia*, Colección Papeles de investigación, n° 2, Buenos Aires, UNLP, UNL, UNQ y Página/12, 1997.

MARANTZIDIS, Nikos, "Clientélisme politique et exclusion sociale: Le cas des Tsiganes en Grèce", dans *Politique et Sociétés*, vol. 18, n° 3, Québec, Société québécoise de science politique, Longueil, 1999.

MICHELS, Robert, *Political Parties. A sociological Study of the Oligarchical Tendencies of Modern Democracy*, New York, Dover Publications, 1959.

NOVARO, Marcos, *Representación y liderazgo en las democracias contemporáneas*, Rosario, Homo Sapiens, 2000.

NUN, José, *Democracia: ¿Gobierno del pueblo o gobierno de los políticos?*, Buenos Aires, Fondo de Cultura Económica, 2000.

PARINI, Lorena, "Fonder politiquement les actions positives en faveur des femmes", dans *Politique et Sociétés*, vol. 18, n° 3, Longueil, Société québécoise de science politique, 1999.

PARIS POMPO, María Dolores, *Crisis e identidades colectivas en América Latina*, México, Plaza y Valdés, 1990.

PEREZ-AGOTE, Alfonso, "La identidad colectiva: una reflexión abierta desde la sociología", en *Revista de Occidente*, Enero, 1986.

QUENTIN GRAFTON, R. and ROWLANDS, Dane, "Development Impeding Institutions: The Political Economy of Haiti", *Canadian Journal of Development Studies/Revue canadienne d'études du développement*, vol. XVII, n°2, Ottawa, Canadian Association for the Study of International Development, 1996.

RICOEUR, Paul, *Oneself as Another*, Chicago, Chicago University Press, 1992.

SARTORI, Giovanni, *Teoría de la democracia*, 2 vol., Madrid, Alianza, 1987.

SCHMITT, Carl, *Die geistesgeschichtliche Lage des heutigen Parlamentarismus*, Berlin, Duncker & Humblot, 1979.

SCHMITT, Carl, *Sobre el parlamentarismo*, Madrid, Tecnos, 1996.

TAYLOR, C., *Fuentes del yo. La construcción de la identidad moderna*, Barcelona, Paidós, 1996.

WOLIN, Sheldon S., *Política y perspectiva. Continuidad y cambio en el pensamiento político occidental*, Buenos Aires, Amorrortu, 1993.

YANNUZZI, María de los Angeles, "Los criterios de inclusión-exclusión en el menemismo", en *Estudios latinoamericanos*, n° 16, Kraków, Polonia, Sociedad Polaca de Estudios Latinoamericanos, 1995.

YANNUZZI, María de los Angeles, "Construcción identitaria y los criterios de inclusión y exclusión. El caso argentino", en *Política Hoje*, Año 4 - n° 7, Recife, Mestrado em Ciência Política da UFPE, Janeiro a Junho, 1997.

Les symbolisations du terrorisme :

l'après septembre 2001/

Symbolization of Terrorism:

after September 11

« Le Dernier-Jour-du-Monde-tel-que-nous-l'avions-connu[1] » : analyse du discours fictionnel français sur le 11 septembre 2001

Nathalie Dumas
Université d'Ottawa

> *Serai-je capable de mettre des mots sur cette tragédie, serai-je capable d'écrire un roman ou un essai? J'ai jeté des dizaines de brouillons. Tout ce que j'écrivais sonnait faux.*
> (COLUM MCCANN, jeune auteur et espoir New-Yorkais)

À New York, les jours, voire les mois suivants les attentats du World Trade Center ont vus les murs, les vitrines et les grillages élevés en urgence se couvrir d'écrits de toutes sortes allant de l'avis de recherche à l'appel patriotique[2]. Ce besoin d'écrire, ou plutôt de réagir, est venu combler un vide, une perte dans le cœur des New-Yorkais. Les musiciens, comme la population, ont aussi rapidement réagi en organisant des concerts pour venir en aide aux victimes des attentats. C'est cependant du côté des médias, du cinéma et de la littérature que le discours a dû faire face à certaines réticences et exigences. Nous nous souviendrons que Hollywood a bloqué tout projet présentant des images des tours jumelles ou quelques attentats que ce soit[3]. De leur côté, les éditeurs ne voyaient pas le « succès marketing » qu'aurait pu obtenir un roman sur le 11 septembre[4] et ce, même plus d'un an après les événements. Frédéric Beigbeder, dans son dernier roman *Windows on the World*[5], se pose justement la question à savoir s'il n'était pas encore « trop tôt pour esthétiser une telle désolation[6] ». La grande question

---

[1] Maurice G. Dantec, *Villa Vortex*, Paris, Gallimard, coll. « La Noire », 2003, p. 17.

[2] Voir *Les écrits du 11 septembre : New-York 2001* de Béatrice Fraenkel, Paris, Éditions Textuel, 2002.

[3] Ce fut, entre autres, le cas de *Colateral Dammage* dont la sortie en salle a été différée de quelques mois.

[4] François Busnel, « La fiction en berne » dans *L'Express*, 12 septembre 2002. Nous avons utilisé la version électronique : [http://www.lexpress.fr/Express/Info/Monde/Dossier/attentatsus/dossier.asp?ida=351647].

[5] Frédéric Beigbeder, *Windows on the World*, Paris, Grasset, 2003.

[6] *Ibid.*, p. 161.

reste à savoir s'il est vraiment possible de fictionaliser le 11 septembre ? Beigbeder ne croit pas en la possibilité d'écrire une « pure fiction » sur les événements de septembre, le regard de l'écrivain étant encore trop important et, de ce fait, subjectif. C'est le même son de cloche chez les écrivains new-yorkais, les événements sont encore trop réels, trop présents et liés a un sentiment d'impuissance ; ils croient que les gens ne se sentiront pas mieux une fois le roman écrit, que le roman ne règlera rien.

Cette analyse portera principalement sur deux romans, celui de Beigbeder et *Nine Eleven*[7], un roman jeunesse de Jean-Jacques Greif. Nous ne pourrons cependant pas négliger de faire quelques références au roman de science-fiction de Maurice G. Dantec, *Villa Vortex*, qui inclut les événements de septembre 2001 à sa fiction, ainsi que tous les grands événements historiques depuis la chute du Mur de Berlin, sans toutefois qu'ils ne reposent entièrement sur toute la diégèse du roman. Contrairement à Dantec, les romans de Beigbeder et de Greif ont la caractéristique de présenter fiction et essai, de façon à ce que le lecteur retrouve en alternance un chapitre de fiction suivi d'un chapitre « essai ». Donc, il nous sera difficile ici de n'analyser que la « fiction pure », car elle est liée de trop près aux événements exposés dans les chapitres « essai » et au regard de l'écrivain. En fait, nous nous retrouvons plutôt devant un type de roman hybride, de fiction documentaire où se mêle l'essai journalistique et, dans le cas de Beigbeder, où se mêle aussi la parole pamphlétaire et autobiographique.

À ce jour, plusieurs auteurs se sont penchés sérieusement sur la question à savoir *pourquoi* de tels attentats ont été commis ? Cela a donné une grande quantité d'ouvrages théoriques sur le 11 septembre, tentant d'expliquer les causes et les conséquences des actes commis. Cependant, Beigbeder et Greif, ont plutôt tenté de répondre à la question *comment* représenter le 11 septembre ? Beigbeder a voulu imaginer, inventer ce qui a pu se produire dans la tour Nord ce matin-là dans le Windows on the World[8]. Il le signale en quatrième de couverture : « Le seul moyen de savoir ce qui s'est passé dans le restaurant situé au 107e étage de la tour nord du World Trade Center, le 11 septembre 2001, entre 8 h 30 et 10 h 29, *c'est de l'inventer*[9]. » Dans ce cas, il s'agit d'écrire l'interdit et ainsi « montrer l'invisible, dire l'indicible[10] » de ce sujet tabou.

---

[7]Jean-Jacques Greif, *Nine Eleven*, Paris, L'École des loisirs, 2003.

[8]Bernard Geniès, « Peut-on romancer le 11 septembre ? » *Le Nouvel Observateur*, #2024, 21 août 2003. J'ai utilisé la version électronique : [http://www.nouvelobs.com/articles/p2024/a212779.html].

[9]Nous soulignons.

[10]Frédéric Beigbeder, *op. cit.*, p. 360.

Son roman se veut en fait une tentative de décrire « l'indescriptible[11] » et de dépasser le médium télévisuel. De son côté, c'est après une entrevue faite pour le magazine *Marie-Claire* avec deux témoins de l'effondrement des tours, que Greif a bâti la trame de sa fiction à partir de ces deux personnages interviewés. Les deux témoins sont donc devenus deux personnages de fiction sur la douzaine retrouvée dans ce roman. L'auteur tente de montrer à son lectorat la réalité des faits par des descriptions objectives, plutôt que de chercher à représenter les détails de l'intolérable et de l'indescriptible.

Il est évident que la thématique de la mort occupe une place très importante dans le déroulement de ces deux récits. La mort représente en fait le sujet de l'indicible. Dans le cas du 11 septembre, la mort est devenue l'arme absolue et l'arme idéale pour le terrorisme qui l'utilise afin d'anéantir un régime qui vit précisément de l'exclusion de la mort[12]. En effet, c'est sur la chaîne payante HBO, le 27 mai 2002, qu'ont été montrées pour la première fois à la population américaine les images des corps des victimes[13]. Ce système à zéro mort, comme le souligne Baudrillard, représente un système à somme nulle[14]. Le fait que les États-Unis aient montré des images sans cadavre s'inscrit dans une logique belliciste, comme pour la guerre du Golfe, où les images représentent une terreur non incarnée[15]. Ce système est intégré dans le roman de science-fiction *Villa Vortex* :

> La plupart des guerres se gagnent ou se perdent dans l'ignorance de ceux qui sont sacrifiés sur le terrain. Il en est mieux ainsi, je pense. À la souffrance et à l'immédiateté parfois relative de la mort, le sentiment de défaite ou de victoire apporte soit trop de réconfort illusoire, soit une douleur supplémentaire, et terriblement vaine[16].

---

[11]*Ibid.*, p. 74.

[12]Jean Baudrillard, « L'esprit du terrorisme » dans *Le Monde*, 2 novembre 2001. Nous utilisons la version électronique du texte : [http://www.egs.edu/faculty/baudrillard/baudrillard-the-spirit-of-terrorism-french.html].

[13]Jean-Marc Vernier, « L'"image-absolu" du 11 septembre 2001 : une image télévisuelle pas comme les autres » : [En ligne], [http://lexception.org/article32.html].

[14]Jean Baudrillard, *op. cit.*

[15]Jean-Marc Vernier, *op. cit.* Voir Daniel Castillo Durante, « L'altérité polémique : guerre, *sémiocratie*, exclusion et économies du savoir : de la *Pax Americana* à l'implosion du modèle argentin », *L'interculturel et l'économie à l'œuvre : Les marges de la mondialisation*, sous la dir. de Daniel Castillo Durante et Patrick Imbert, Ottawa, Éditions David, « Collection des Amériques », 2004, p. 15-46.

[16]Maurice G. Dantec, *op. cit.*, p.231.

Au contraire, le personnage principal de l'œuvre de Beigbeder, Carthew Yorston, vingt minutes avant de sauter dans le vide avec ses enfants, s'indigne que tout ce qui a été vu à la télévision ne sont que des silhouettes tombant des tours. Tout ce qui a été entendu, c'est le bruit des corps se fracassant sur le bitume dans le documentaire des Frères Naudet qui, nous le soulignons, sont des caméramans français et non états-uniens. Le personnage s'interroge à savoir si c'est par pudeur que les images de chairs soudées à l'acier n'ont pas été montrées. Le fait que cette pudeur soit moins présente lorsqu'il s'agit de charniers à l'étranger que l'on expose volontiers dans les médias excède aussi particulièrement le personnage[17]. Beigbeder, à travers Carthew Yorston, précise sa pensée :

> Et c'est ainsi qu'eut lieu une des plus grosses opérations de désinformation audiovisuelle de l'après-guerre. Cachez ce sang que je ne saurais voir. Un building s'effondre, on le diffuse en boucle. Mais surtout ne montrez pas ce qu'il y avait dedans : nos corps[18].

Tout se joue alors sur ce concept de mort. La mort en direct, mais aussi la mort symbolique et sacrificielle[19]. Bien que dissimulée par les médias états-uniens, la mort en direct est ce que les romanciers du 11 septembre ont tenté de faire revivre. Beigbeder pousse ses personnages et son lecteur à vivre ces quelques heures de tourment, à imaginer et à voir les corps, il rappelle leur présence, tandis que chez Greif, bien qu'ils vivent l'attentat chacun à leur manière, les protagonistes ont le choix de regarder ou non, car ils se situent à l'extérieur des tours. Une enseignante d'anglais laisse le choix à ses élèves. « Certains de mes collègues ne veulent pas que les élèves regardent. Je ne sais pas trop... Je crois quand même que vous devez regarder. C'est l'Histoire en train de se faire[20]. » En évacuant un cabinet d'architecture près de la tour Sud, deux personnages voient des bouts de corps un peu partout sur la chaussée. Lorsque Tom fait remarquer à Alfreda, sa collègue architecte, les gens se jetant dans le vide, elle s'écrie qu'elle ne peut pas voir ça. Puis, Dwight, le journaliste, entend les corps qui claquent derrière lui sans qu'il ne lui soit possible de regarder[21]. Ces romans, s'inscrivant dans une logique postmoderne, réintroduisent les corps, les cadavres qui avaient été exclus des médias états-uniens. Ce passage de vie à trépas est une réalité observable et vérifiable dans ces deux romans. Nous

---

[17] Frédéric Beigbeder, *op. cit.*, p. 320-321.
[18] *Ibid.*, p. 322.
[19] Jean Baudrillard, *op.cit.*
[20] Jean-Jacques Greif, *op.cit.*, p. 62.
[21] *Ibid.*, p. 70 et 72.

pouvons alors confirmer l'existence dans ce discours fictionnel français sur le 11 septembre d'un lien inévitable et étroit entre la mort, l'écriture et le corps.

Ces œuvres fictionalisant le 11 septembre sont fortement empreintes de l'antagonisme réalité/fiction. L'effondrement des tours jumelles semble suggérer que la réalité a désormais dépassée la fiction. Baudrillard soutient que « si elle semble le faire, c'est qu'elle en a absorbé l'énergie, et qu'elle est elle-même devenue fiction[22] ». En somme, la réalité est parvenue, de manière encore plus fictionnelle, à imiter la fiction[23]. Il était donc prévisible de retrouver dans les deux romans, une analogie immédiate au cinéma. Pour tous les personnages de Greif, « l'événement sort du cadre de l'habituel et du possible[24] ». Il leur est plus facile d'expliquer l'inexplicable par la fiction, par le cinéma. Certains étudiants du High School Stuyvesant, à l'annonce du crash, font immédiatement des liens au tournage d'un film, à des effets spéciaux, des truquages, voir au film Dr Strangelove de Stanley Kubrick. Ce n'est que vers la fin du récit, que les personnages acceptent, avec difficulté, que la fiction qu'il croyait vivre est en fait la réalité et, comme le souligne Beigbeder dans *Windows on the World*, que l'Amérique entière vient de découvrir le doute et qu'elle entre dans ce qu'il appelle l'ère de Descartes. En fait, les événements de New York n'ont rien des caractéristiques du film de catastrophes, car le matin du 11 septembre, il n'y avait ni effets spéciaux ni effets sonores simulés. Pour Noah, un des étudiants du High School, « ce qui prouve que c'est vrai, c'est qu'on n'entend pas de musique[25]. » La part de vérité retrouvée dans cette association au film vient du regard de la société qui est, selon Jean-Marc Vernier, « déjà façonnée par des codes de représentation appartenant, pour une part importante, à notre mémoire cinématographique[26] ». Tous les personnages de *Nine Eleven* veulent croire au simulacre, car il est plus rassurant, mais lorsque les mannequins qui doivent tomber mollement gigotent, il devient impossible de croire à une fiction.

Ce réel qui se mêle à la mémoire cinématographique n'a plus à être rationnel, mais bien opérationnel. C'est à ce moment qu'il cesse d'être réel, l'imaginaire ne l'enveloppant plus. Dans *Windows on the World* et dans *Nine Eleven*, la théorie de Baudrillard s'impose. Les événements du 11 septembre sont de l'ordre de l'hyperréel. Baudrillard, dans *Simulacres*

---

[22]Jean Baudrillard, *op.cit.*

[23]Antoine Maurice, « 11 septembre 2001 : Cadrage d'un événement médiatique », [http://www.unine.ch/journalisme], p. 7.

[24]Jean-Jacques Greif, *op. cit.*, p. 114.

[25]*Ibid.*, p. 84.

[26]Jean-Marc Vernier, *op. cit.*

et Simulations, explique que ce genre d'événements s'inscrit dans une logique de simulation, c'est-à-dire qu'ils sont inscrit préalablement dans « le déchiffrement et l'orchestration rituels des média [sic] anticipés dans leur mise en scène et leurs conséquences possibles. Bref, où ils fonctionnent comme un ensemble de signes voués à leur seule récurrence de signes, et non plus du tout à leur fin "réelle"[27] ». La simulation se débarrasse donc des codes de référence au réel pour les faire renaître dans les systèmes de signes[28]. Ces événements sont donc incontrôlables dans la mesure où ils se produisent dans un ordre qui ne s'exerce que sur du réel et du rationnel[29]. Selon Baudrillard, la seule arme que possède le pouvoir serait de réintégrer partout les multiples interprétations du réel ainsi que l'ajout de référentiel afin de « nous persuader de la réalité du social[30] ». Cependant, ce réel n'est pas réintroduit dans les romans du 11 septembre. Carthew Yorston, avant l'écrasement du premier avion, se trouve dans le restaurant du 107e étage. Le prospectus décrivant le Windows on the World disait juste : l'endroit est incroyable. Tout comme la représentation de la vie états-unienne dans le roman.

Aux États-Unis la vie ressemble à un film, puisque tous les films sont tournés sur place. Tous les Américains sont des acteurs et leurs maisons, leurs voitures, leurs désirs semblent faux. La vérité s'invente chaque matin en Amérique. Ce pays a décidé de ressembler à une fiction sur Celluloïd[31].

C'est désormais l'Amérique qui s'organise comme un film de catastrophes et qui devient spectatrice de son propre spectacle, tellement que l'auteur fait remarquer que les prisonniers des tours ont survécu 102 minutes avant l'effondrement, soit la durée moyenne d'un film hollywoodien[32]. Dans les romans de Beigbeder et de Greif, nous remarquons une confiance excessive des personnages en cette supériorité de la réalité sur la fiction. Les tours ne peuvent tout simplement pas s'écrouler[33]. Dans *Nine Eleven*, un agent du FBI répond au directeur du High School que les chances pour que les tours s'effondrent sont de *zéro*[34]. Même au moment de l'effondrement, les gens restent incrédules, croyant que ce n'est que le haut des tours qui s'est écroulé. Ils est donc impossible pour

---

[27] Jean Baudrillard, *Simulacres et simulations*, Paris, Galilée, 1981, p. 38.
[28] *Ibid.* p. 11.
[29] *Ibid.*, p. 39.
[30] *Loc. cit.*
[31] Frédéric Beigbeder, *op.cit.*, p. 33.
[32] *Ibid.*, p. 81.
[33] *Ibid.*, p. 185.
[34] Jean-Jacques Greif, *op. cit.*, p. 62.

ces personnages américains que leur symbole capitaliste ne tienne pas le coup et il est donc difficile pour eux d'accepter cette mort symbolique.

Il est aussi difficile de ne pas voir le lien avec la notion de spectacle. Le spectacle, comme le suggère Guy Debord, « est le cœur de l'irréalisme de la société réelle[35] ». Que ce soit au niveau médiatique, publicitaire ou purement au niveau du diverstissement, « le spectacle constitue le *modèle* présent de la vie socialement dominante[36] ». Conséquence de l'hypperréalisme, il n'y a donc plus d'un côté la réalité et de l'autre sa représentation, tout est immédiatement image. Jean-Marc Vernier suggère « l'importance pour les terroristes de s'attaquer spectaculairement à une image-miroir, déjà *en représentation* — celle des Twin Towers — symbole du capitalisme mondial — et pas seulement américain[37]. » Baudrillard soulève alors la radicalisation du rapport de l'image à la réalité que ces attentats ont provoquée. Jouant de la temporalité des événements, cela donne un impact à la réalité « en tant qu'événement-image[38] ». Les étudiants du High School de *Nine Eleven* se réunissent pour regarder les images à la télévision.

Pour la première fois, ils voient l'avion rentrer dans la tour comme une cuiller dans un pot de yaourt. Et aussi pour la deuxième fois, la troisième fois et ainsi de suite jusqu'à mille. [...] Charlène regrette de n'avoir pas regardé en vrai. Une seule fois dans toute une vie. Mille fois à la télé, ce n'est pas pareil[39].

Pour le redoutable personnage principal de *Villa Vortex*, Georges Kernal, le spectacle se définit comme une « invention destinée à camoufler la vérité du média » et le crime devient alors un « média destiné à instaurer la domination du spectacle[40] » Le réel est donc, comme le souligne Baudrillard, « la plus redoutable fiction[41] ».

De plus, il faut signaler ces images télévisées, répétées à l'infini, répétées mille fois dans *Nine Eleven*, présentées sans son. Ces images qui, à force de se multiplier, laissent un vide, bloquant la capacité critique du spectateur[42]. Laura, une étudiante au High School dans *Nine Eleven*, a vraiment l'impression que quelque chose ne fonctionne pas

---

[35] Guy Debord, *La Société du Spectacle*, Paris, Gallimard, coll. « Folio », 1992, p. 17.

[36] *Loc. cit.* L'auteur souligne.

[37] Jean-Marc Vernier, *op. cit.*

[38] Jean Baudrillard, *op. cit.*

[39] Jean-Jacques Greif, *op. cit.*, p. 114.

[40] Maurice G. Dantec, *op. cit.*, p. 133.

[41] Jean Baudrillard, *op. cit.*

[42] Voir l'article de Daniel Castillo Durante, « L'anonyme des Amériques » dans le présent volume.

dans son cerveau, ce qui la porte à ne pas croire à la perte des tours et des vies humaines cette journée-là. Chez Beigbeder ce vide finit par être silencieux. L'auteur semble pouvoir décrire l'horreur et dire l'indicible jusqu'à une certaine limite. Ensuite, c'est l'ellipse qui prend le relais ; un paragraphe coupé, puis une page coupée. Il affirme que ce n'est pas par souci de pudeur mais bien car il lui semble plus atroce de laisser au lecteur le soin d'imaginer ce qui a pu arriver aux victimes. Ou est-ce peut-être simplement parce qu'au fond il n'a plus rien à ajouter ? Les mots parlent d'eux-mêmes :

> Les hélicos nous passaient devant et nous regardaient mourir. (paragraphe coupé)
> [...]
> Le *Windows of* [sic] *the World* était une chambre à gaz de luxe. Ses clients ont été gazés, puis brûlés et réduits en cendres comme à Auschwitz. Ils méritent le même devoir de mémoire. (page coupée)[43]

La charge sémantique des mots est dans ces deux exemples assez puissante pour supporter toute l'horreur de leur sens. Ou peut-être les mots se substituent au silence car, comme le suggère Kernal dans Villa Vortex, le vocabulaire à travers lequel pourrait se raconter l'horreur reste encore à être inventé[44] ? Une démarche que tente tout de même Beigbeder. Armé de son humour noir et de son cynisme habituel, en lesquels il voit un bouclier contre l'atrocité, il propose un nouveau vocabulaire adapté au 11 septembre.

> Mesdames et Messieurs, ici votre commandant de bord. Nous approchons notre destination et allons bientôt *immeublir* à Paris. Nous vous remercions de relever vos tablettes, de redresser votre siège et d'attacher vos ceintures. Nous espérons que vous avez fait un agréable voyage en compagnie d'Air France et regrettons de ne plus jamais vous revoir sur nos lignes, ni ailleurs. Préparez-vous à *l'attourrissage*[45].

L'humour présenté dans *Nine Eleven*, se retrouve à un tout autre niveau. Il s'agit d'un humour plutôt adolescent d'où émane principalement la naïveté des personnages face à l'ampleur de l'événement qui se déroule sous leurs yeux. Par exemple, à l'annonce des deux avions ayant percuté les tours du World Trade Center, les étudiants font immédiatement un lien avec l'accident de la chanteuse et actrice Aaliyah, plaisantant qu'il doit maintenant s'agir de Britney Spears[46]. Ils plaisan-

---

[43]Frédéric Beigbeder, *op. cit.*, p. 335 et 336.
[44]Maurice G. Dantec, *op. cit.*, p. 379.
[45]Frédéric Beigbeder, *op. cit.*, p. 120.
[46]Jean-Jacques Greif, *op. cit.*, p. 84.

tent, en fait, tant qu'ils ne prendront pas conscience de la gravité et de l'ampleur de la situation. Chez Greif, l'humour est donc un réflexe nerveux devant l'inconnu et l'incontôlable. Toutefois, comme chez Beigbeder, il présente un nouveau vocabulaire de l'après 11 septembre : « De nouvelles expressions apparaissent dans le langage des lycéens. Pour un beau garçon : *He is firefighter cute*. Pour une chambre mal rangée : *This is really ground zero*. Pour une chose démodée : *This is so September ten*[47]. » Nous retrouvons encore ici l'humour adolescent qui récupère rapidement l'événement pour l'inclure dans sa culture populaire. De cette façon, le 11 septembre semble dédramatisé par Greif, car désormais la beauté s'exprime par la représentation du pompier, mais garde cependant son importance historique. En effet, dans l'expression *This is so September ten* pour marquer la désuétude, il ancre désormais l'événement dans un point historique précis.

Le point commun dans lequel se retrouvent les trois romans réside tout d'abord dans une rupture épistémologique avec le monde précédant les attentats du 11 septembre 2001. En effet, autant Beigbeder que Greif et Dantec s'évertuent à souligner le caractère de seuil ouvrant sur une nouvelle ère, que Dantec appelle « la fin de l'humanité telle que nous l'avions connue jusqu'à présent[48] », qui doit dorénavant être accordée à la parole terroriste. Ce type de roman ne pouvant s'éloigner de la réalité au sujet de 11 septembre, laisse donc transparaître l'inquiétude de la société face à ce qui viendra ensuite. Une sémiotique inédite du rapport frappé de soupçon et de méfiance entre les cultures est ainsi mise sur pied dans ces trois textes.

Bibliographie

BAUDRILLARD, Jean, *Simulacres et simulations*, Paris, Galilée, 1981.

BAUDRILLARD, Jean, « L'esprit du terrorisme », *Le Monde*, 2 novembre 2001, [En ligne], [http://www.egs.edu/faculty/baudrillard/baudrillard-the-spirit-of-terrorism-french.html].

BEIGBEDER, Frédéric, *Windows on the World*, Paris, Grasset, 2003.

BUSNEL, François, « La fiction en berne », *L'Express*, 12 septembre 2002, [En ligne], [http://www.lexpress.fr/Express/Info/Monde/Dossier/attentat-sus/dossier.asp?ida=351647].

DANTEC, Maurice G., *Villa Vortex*, Paris, Gallimard, coll. « La Noire », 2003.

DEBORD, Guy, *La Société du Spectacle*, Paris, Gallimard, coll. « Folio », 1992.

FRAENKEL, Béatrice, *Les écrits du 11 septembre : New-York 2001*, Paris, Éditions Textuel, 2002.

---

[47]*Ibid.*, p. 149

[48]Maurice G. Dantec, *op. cit.*, p. 583.

GENIÈS, Bernard, « Peut-on romancer le 11 septembre ? », *Le Nouvel Observateur*, n° 2024, 21 août 2003, [En ligne], [http://www.nouvelobs.com/articles/p2024/a212779.html].

GREIF, Jean-Jacques, *Nine Eleven*, Paris, L'École des loisirs, 2003.

MAURICE, Antoine, « 11 septembre 2001 : Cadrage d'un événement médiatique », [En ligne], [http://www.unine.ch/journalisme].

VERNIER, Jean-Marc, « L'"image-absolu" du 11 septembre 2001 : une image télévisuelle pas comme les autres », [En ligne], [http://lexception.org/article32.html].

"Grounding Zero" in Lower Manhattan: "America" at War or "Empire" Besieged?

Timothy W. Luke
Virginia Polytechnic Institute and State University

The mythography initialized by politicians and pundits in the United States since the violent events of 9/11 in 2001 is surrounded by a peculiar rhetorical framework: one which transforms a truly transnational event into an essentially American tragedy. This factually incorrect rhetorical move is at best politically motivated, and at worst, morally impaired in its ideological articulation. Of course, the terrorist strikes themselves were made against targets in New York City, Northern Virginia and rural Pennsylvania. Most of the victims on United Airlines Flight n°179 that crashed in Pennsylvania, and many of the casualties at the Pentagon, were American citizens. Yet at the World Trade Center (WTC) in New York City, which was in many ways one of the planet's single largest centers of world trade, a truly transnational grouping of individuals was at work that morning when the World Trade Centre was attacked, marking "ground zero" on September 11th, 2001 as an undeniably global event.

The initial death toll estimate was as high as 10,000 on the day of the attack, which was reduced to a figure of 6,659 by the New York Police Department (NYPD) in the following days, and then further reduced to a figure around 2,800 by 2004.[1] The victims included three times as many men as women. Most were between age thirty-five and thirty-nine, and sixty-four percent of them were from New York.[2] At the WTC, 35,000 were usually in the two towers by nine in the morning on any average workday; however, each tower only housed around 5,000 to 7,000 people at the time of the attacks. On September 11th, 2001, the dead included seventy-eight employees of Windows on the World (the restaurant on the 106th floor of the north tower), 658 employees of the bond trading firm of Cantor Fitzgerald, 343 firefighters and paramedics, 147 plane passengers, 37 Port Authority police officers, 23 NYPD officers, and 19 highjackers (including fifteen Saudi Arabians).

---

[1] Michael Levitas, *A Nation Challenged: A Visual History of 9/11 and Its Aftermath*, New York, New York Times/Callaway, 2002, p. 234.
[2] *Ibid.*

After 9/11, the city established that 134 people were missing entirely. Using identifiable remains, medical examiners' offices issued 934 death certificates. Families requested 1,759 death certificates in the absence of readily identifiable remains.[3] These WTC victims were residents of at least 25 American states, and more than 115 countries.[4]

From the moment he stood on the World Trade Centre rubble with a bullhorn in hand promising violent retribution against "evil-doers" to the rescuers still looking for survivors, President George W. Bush "Americanized" the human and material losses suffered on that day. During 2002, from the President's State of the Union address through the mid-term elections for Congress and many state government offices, most local, state, and national politicians have kept this myth of America's victimization alive by ceaselessly recounting the death toll of "the more than 3,000 Americans" killed on that day. In 2001 and 2002, this claim of inclusive victimization enabled the White House to take on Al Qaeda and the Taliban in Afghanistan, raise the spectre of "the axis of evil states," and then in 2003, topple the Iraq government along with Saddam Hussein. As the White House worked to rid Afghanistan of its home-grown radical Islamicist rulers and foreign fellow-travelers, Americanizing a transnational multitude with the World Trade Centre's 9/11 body count also enabled the Bush administration to accomplish one of the most successful mid-term electoral victories in the history of the United States.

This paper reconsiders these political manoeuvers as a set of variably inclusive and exclusive mythographic exercises for three reasons. First, with globalization, the targets and victims of 9/11 were not only American: the victims included Mexicans, Pakistanis, Brits, Australians, Germans, Canadians, Indians, French, Scottish, Irish, Thai, Dutch and Arab, etc. Secondly, the tensions leading to these attacks in the United States have root causes in other struggles that extend to several other regions of the world. Thirdly, the post-Cold War moment perhaps has not only caused American national hegemony, but also the less acknowledged origins, as Hardt and Negri argue, of "Empire," whose governing structures perhaps are repolarizing, post-American, transnational, and not entirely reducible to the hegemonic actions of one Nation-state.

The World Trade Centre, a workplace, tourist site, and shopping center, both before and after its destruction on 9/11 was a playground for inclusionary and exclusionary logics. Prior to 9/11 certain individuals were included and excluded in its spaces, work forces, and markets

---

[3]*Ibid.*
[4]*Ibid.*

because of their professional training, work permits, employment contracts, credit reports or expendable income. Yet, because of the nation's reactions after 9/11, the dead—whether they were Mexican kitchen workers or new immigrant fire fighters—will be *included* forever in the national history as "American heroes." The "villainous evil-doers" whether they were terrorist Saudi hijackers or nameless first-responder looters, will be eternally *excluded*.

After 9/11, the redesigning and rebuilding of the centre allowed for new inclusions and exclusions. For example, logics of inclusion and exclusion came into the calculations of the *9/11-victim compensation fund*. The barriers and borders dividing white collar and blue collar workers, natives and aliens, men and women all gained real quiddity in the fund's pay-out to survivors: 55-year old male janitor with a wife and two minor children: $520,000; widowed coffee-shop waitress with two adult children: $540,000; 26-year old unmarried female apprentice electrician: $670,000; and, a 30-year old male stockbroker with a wife and two children: $4.3 million.[5]

Empire and *Empire*

Mohammed Bamyeh, Francois Debrix, Gearóid Ó Tuathail, or Arjun Appadurai, all have mapped chaos in the post-Cold War era, and their analyses have many merits.[6] Still, *Empire* cannot be ignored. Michael Hardt and Antonio Negri claim they began this work "well after the end of the Persian Gulf War", but finished the analysis "well before the beginning of the war in Kosovo".[7] Amidst the dot-com boom of the 1990s, they argued a new formation was "materializing before our very eyes", namely, "Empire", or "an irresistible and irreversible globalization of economic and cultural exchanges", out of which has emerged "a global order, a new logic and structure of rule. In short, a new form of sovereignty", now "the political subject that effectively regulates these global exchanges, the sovereign power that governs the world".[8]

---

[5]Steven Brill, "A Tragic Calculus," *Newsweek*, CXXXIX, n° 1, December 31, 2001, p. 28.

[6]Mohammed Bamyeh, *The Ends of Globalization*, Minneapolis, University of Minnesota Press, 2000; Francois Debrix, *Re-Envisioning Peacekeeping*, Minneapolis, University of Minnesota Press, 1999; Gearóid Ó Tuathail, *Critical Geopolitics: The Politics of Writing Global Space*, Minneapolis, University of Minnesota Press, 1996; and, Arjun Appadurai, *Modernity at Large: Cultural Dimensions of Globalization,* Minneapolis: University of Minnesota Press, 1996.

[7]Michael Hardt and Antonio Negri, *Empire*, Cambridge, MA, Harvard University Press, 2000, xvii.

[8]*Ibid.*, xi.

Dismissing those who see all sovereignty dissipating in the magic of markets, Hardt and Negri assert that sovereignty for most territorialized Nation-states is eroding away in the midst of global flow. Bigger changes in bio-political subjectivity are allegedly now at work, and a new power thrives within "a *decentered* and *deterritorializing* ruling apparatus that progressively incorporates the global realm within its open, expanding frontiers". This leaves many people in the twenty-first century discovering that "sovereignty has taken a new form, composed of a series of national and supranational organisms united under a single logic of rule".[9]

If Hardt and Negri are correct, globalization-from-above and globalization-from-below represent a struggle over the generation and management of biopower, in which spatial registers, by whom and in whose interests.[10] The exercise of governance, whether it proceeds under the horizons of territorial self-rule or not, entails that governing measures are entrusted to the experts and elites in charge of said generation and management. Who, where, when, why, and how: these are vital questions to those whose biopower is the object of the Empire's management. If power has evolved from coercive into productive forms, then the person who surveys the population, inventories that energy, and enhances their capabilities becomes very important, especially at operational complexes such as the now demolished WTC buildings.

Designed by Japanese-American architect Minoru Yamasaki (1912-1986), the World Trade Centre was the product of other empire-building dreams on behalf of New York Governor Nelson Rockefeller in Albany, his brother David (a major Manhattan property developer) in New York, and the New York Port Authority (an interstate transit authority governed by New Jersey and New York). The designs for the WTC were initialized in 1962. The first development, which entailed destroying the city's famous "Radio Row" high technology neighborhood, started in 1963, and the inaugural construction in lower Manhattan started in 1966.[11] The World Trade Centre's North Tower was completed in 1971, the South Tower in 1973, but the whole project of seven major buildings was not dedicated until April 1974.[12] The two main towers contained 200,000 tons of steel, 3,000 miles of electrical cable, windows requiring 215,000 square feet of glass to build, and consumed about 80,000 kilowatts of electricity a day. Each tower was approximately 1,360 feet high, 209 feet long on each side (nearly an acre squared), one hundred and ten

---

[9] *Ibid.*, xii.

[10] Michel Foucault, *The History of Sexuality*, vol. I, New York, Vintage, 1980.

[11] Peter Skinner, *World Trade Center*, Vercelli: White Star/Barnes & Noble, p. 38.

[12] *Ibid.*, p. 41.

stories tall, equipped with one hundred and four elevators, and built with 43,000 windows.[13]

The multitudes assemble at sites like the World Trade Centre, while the Empire's productive power enables them to exercise their rights. For today's population, the Empire as well as many other national, regional and local regimes, work through edifices similar to the WTC "to incite, reinforce, control, monitor, optimize, and organize forces under it: A power bent on generating forces, making them grow, and ordering them, rather than one dedicated to impeding them, making them submit or destroying them".[14] As new governing networks appear on a worldwide scale, they continue to operate in a discontinuous and unstable manner, characteristic of territorial sovereignty.[15] Through CNN, the UN, McDonald's, the Web, and Wall Street, new institutions can organize and operate the social body with elaborate structures such as the World Trade Centre, where a global assembly is both at work and at play. Nevertheless, the culture and constitution of this social body remains deeply contested.

While the United States might not be the undisputed center of Empire, it plays a key role within it. Through the combined operations of America's more formal material, and the Empire's much looser material, constitutions give rise to "the creative forces of the multitude that sustain Empire." These continuously forming and reforming social forces can autonomously construct a counter-Empire, or "an alternative political organization of global flows and exchanges".[16] As a result, the multitudes can reorient the world through, around, and beyond Empire, even as many World Trade Centre dealings along with other similar dealings elsewhere in the world solidify the Empire's reach and scope. Meanwhile, "Empire's rule has no limits", and it is "characterized fundamentally by a lack of boundaries".[17]

Ultimately, Empire's economic productivity cuts exclusive and inclusive divides into the multiple ethno-national diasporas behind the multitude's movements that sustain the material and immaterial commodity chains in the aggregate global product. "Every path is forged, mapped, and traveled. It seems that the more intensely each is traveled

---

[13]*Ibid.*, p. 41.

[14]Michel Foucault, *The History of Sexuality*, vol. I, New York, Vintage, 1980, p. 136.

[15]Robert D. Kaplan, *The Ends of the Earth: A Journey at the Dawn of the 21st Century*, New York: Random House, 1996.

[16]Michael Hardt and Antonio Negri, *Empire*, Cambridge, MA, Harvard University Press, 2000, xv.

[17]*Ibid.*, xiv.

and the more suffering is deposited there, the more each path becomes productive. These paths are what brings the "earthly city" out of the cloud and confusions that Empire casts over it".[18] Palestinians and Pakistanis produce Saudi oil; Mexicans and Canadians labor in American workplaces as one people under NAFTA; Egyptians, Algerians, and Kuwaitis sign up for graduate studies in Germany, France or California, and the multitude's movements and capital's commodity chains break down the territorial regime of states and nations. These movements of the multitude do,

> designate new spaces and its journeys establish new residences. Autonomous movement is what defines the place proper to the multitude. Increasingly less will passports of legal documents be able to regulate movements across borders. A new geography is established by the multitude as the productive flows of bodies define new rivers and ports. The cities of the earth will become at once great deposits of cooperating humanity and locomotives for circulation, temporary residencies and networks of the mass distribution of living humanity.[19]

Recognizing this, countries like the United States, Australia, France or Great Britain push forth their own visions of "homeland security", but Empire's movements suggest they will be insufficient to protect their particular nationalities. The urban and rural spaces of the world are already intertwined by transport, communication, and production networks by "the productive flow of bodies" that are in many ways, far beyond most states' ability to control effectively.[20]

Despite efforts to restore the old WTC, a project led by a small group called the World Trade Center Restoration Movement, it was decided early on by New York City and state officials to start anew at the old WTC site.[21] The global competition to design and rebuild on Manhattan's World Trade Centre site drew scores of entrants from the United States and abroad. In rebuilding this edifice, the popular desire for a memorial to help commmemorate the "American" 9/11 victims, along with the city's need to keep the subterranean PATH train station on the site, attracted numerous design proposals. An early set of proposals authorized by Louis R. Tomson, president of the Lower Manhattan Development Corporation (LMDC), established the priority

---

[18] *Ibid.*, p. 398.

[19] *Ibid.*, p. 397.

[20] Paul Kennedy, *Preparing for the Twenty-First Century*, New York, Random House, 1992.

[21] Hugo Lindgren, "Keep Your Towers. They Want the Towers," *New York Times*, August 31, 2003, p. 2-23.

for a memorial plaza and a new tower. By August 2002, the corporation also asked the world's most prominent architects for designs. In December 2002, nine designs from seven groups were presented at the Winter Garden in the World Financial Center, but only the proposal by Daniel Libeskind was accepted.[22] Governor Pataki, Mayor Bloomberg and LMDC President Tomson dismissed the two main alternatives, one by the Think Team for a World Cultural Center and one by the firm of Peterson/Linenberg, for aesthetic and political reasons. For this final presentation, Libeskind spent the time "portraying his design as the embodiment of America's hopes and dream", while others talked concepts and engineering.[23] Here, once again, "Americanization" of 9/11 dominated.

Pataki and Bloomberg picked the Libeskind design in consultation with the LMDC, the survivors' groups, town hall meetings, and the Port Authority on February 27, 2003. Neither the Governor nor the Mayor were in a position to pay for the development, so Lawrence Silverstein was left to find the money from insurance settlements, the federal government, real estate capital makers, and finally, from the donations of private individuals and businesses. Silverstein has already started rebuilding WTC 7, and he convinced Libeskind to collaborate with that building project's architect, David M. Child, while the Port Authority has retained Santiago Calatrava to design a new PATH train station.[24] Michael Arad, the designer of the memorial, joined this high-powered team by signing with Handel Architects (the Lincoln Center's redesign firm in the 1990s) in April 2004.[25] In the new WTC design, some of the older streets will be restored, but most of the site will still be given over to new large buildings and the 9/11 memorials.[26]

On September 27, 2002, The Columbia Seminar on Art in Society brought together Sherwin Nuland, Leon Wieseltier, and Daniel Libeskind to reflect about "monuments and memory". At that event, Libeskind asserted

> [...] buildings are flesh. They are transformations of inert materials – stone, concrete, glass – into something living [...] This is the realm that

---

[22] Edward Wyatt, "Ground Zero Plan Seems to Circle Back," *New York Times*, September 13, 2003, B1, p. 5.

[23] *Ibid.*, p. B5.

[24] David W. Dunlap, "Design for Trade Center PATH Terminal To Be Unveiled," *New York Times*, January 22, 2004, p. B3.

[25] David W. Dunlap, "New Partners for Architect of Memorial at 9/11 Site," *New York Times*, April 25, 2004, Metro, p. 35.

[26] Edward Wyatt, "Ground Zero Plan Seems to Circle Back," *New York Times*, September 13, 2003, p. B5.

> I'd like to share with you. I am a great believer that space is not just a universal continuum projected by an abstract mind, but it is actually something more like a person, a physiognomy, a soul, a spiritual entity given in a particular locale.[27]

While he was at the time preparing the designs for a new WTC complex, his comments also apply to the WTC structures that were promoted, designed, and built in the 1950s and 1960s.[28]

The various levels of sovereign power, and their sometimes contradictory codes of inclusion and exclusion, are revealed at sites like the WTC. The sovereign strategies of New York City, New York State, and the United States of America include their citizens, and exclude 'outsiders' all within their quasi-congruent territorialities. At the same time, the sovereign tactics of Empire and its operations articulate themselves within the productive, collaborative, and bio-political dictates of consumption, commerce, and civilization embedded in architecture. At the WTC, then, sovereign powers (at the local, regional, national, and global levels) "decided" upon, and then "enacted" categories of inclusion and exclusion and created groups defined as 'friend' or 'foe', 'special' or 'superfluous', 'native' or 'alien', 'Us' and 'them'. Each of these interventions allows government to organize "normal" conduct. They also concretize the remembrance of remembrance.

The workings of the World Trade Center prior to the attack on 9/11 reveal traces of alternative everyday practices that were totally dependent upon workers, clients, visitors, and consumers from all over the world. Local and global, professional and domestic, legal and illegal, Manhattanites and suburbanites, long-timers and part-timers: all of these people were necessary to the proper functioning of the WTC as a key center of trade in Empire's worldwide bio-politics. However, by January 14, 2004 when the ultimate design for the World Trade Center memorial was revealed, rather than an "Empire", Americanizing state agents Governor George Pataki, Mayor Michael Bloomberg, and the

---

[27] Columbia Seminar Art in Society, *Monument and Memory: Daniel Libeskind, Leon Wieseltier, Sherwin Nuland*, New York, Department of Art History and Archeology, p. 11.

[28] Daniel Libeskind was born in Poland during 1946, but he became an American citizen in 1965. After studying music in Israel and New York, he started architectural studies at Cooper Union. A professor of architecture at the Hochschule für Gestaltung in Karlsruhe, he also is the Kret Chair at the University of Pennsylvania. Libeskind represents the globality of today's transnational multitude, and his particular career – in New York City, the U.S.A., and a world organized as "Empire" – seeps into the new WTC's conceptualizations.

Lower Manhattan Development Corporation, approved it *locally* and *regionally*.

These political authorities, in turn, agreed that what then was "the official current count" of 2,982 victims would be commemorated at the site.[29] The politics involved in designing the memorial focused upon who could be included or excluded in the process of memorializing the human losses of 9/11. The identity of the victims after 9/11, and the reason behind their deaths, also became deeply entangled in America's national mythography.

Empire as New World Order

Postmodernism is not an entirely new social order, but rather the production and reproduction of a commercialized lifestyle, generalized on a transnational scale.[30] Some argue that destroying the WTC and damaging the Pentagon were futile efforts to topple the global economy and American military power. The population recognizes that such iconic buildings are signs, as well as sites, of wealth, power, and culture for Empire. Directing dramatic violence against centres of today's transnational ways of life, if not then destroying or damaging such significant buildings, constitutes a first strike in the war against Empire and against the stronger states that host its regimen.

These indistinct zones permit the strategic specification of American national state sovereignty to coexist in close imbrication with the tactical textures of Empire's global totality. Both the Nation-state and global empire work towards making subjects and objects operate in tandem. Global and local, world trade center and neighborhood retail outlet, transnational node and urban neighborhood, the WTC perhaps was neither central to Empire nor peripheral to the nation; however, these counterintuitive strategic and tactical characteristics allowed logics of exclusion and inclusion to interplay continuously, at the former WTC.

Core strategies for Americanizing the logics of inclusion and exclusion with respect to the memorialization of the 9/11 victims now dominate the rebuilding of the World Trade Centre. Its centerpiece will be the Freedom Tower seventy stories high, plus another several hundred feet of constructivist cables, windmills, beams, and antennas, which will rise to 1,776 feet. As Governor George Pataki said at the design

---

[29] Glenn Collins and David W. Dunlap, "Unveiling the Trade Center Memorial Reveals an Abundance of New Details," *New York Times*, January 15, 2004, p. 133.

[30] Arjun Appadurai, *Modernity at Large: Cultural Dimensions of Globalization*, Minneapolis: University of Minnesota Press, 1996.

unveiling, "This is not just a building. This is a symbol of New York. This is a symbol of America. This is a symbol of freedom".[31] With 2.6 million square feet of office space, which is more than the Empire State Building, it should be completed by 2009. In height, it will exceed the old twin towers as well as all other existing or future buildings. Of course, with the events of 9/11 in mind, architects Daniel Libeskind and David M. Child assert also that it "probably will be the safest building in the world".[32] The groundbreaking will happen on July 4, 2004: American Independence Day and the eve of the 2004 Republican National Convention.

The estimated price of the Freedom Tower will be one billion dollars, while the "Reflecting Absence" memorial at the WTC site is expected to cost around 350 million dollars. Covering nearly ninety-seven percent of the North Tower and fifty-seven percent of the South Tower footprints, two curtains of water will cascade downwards. Each victim's name will be etched on the lip of a viewing promenade; and, in within the north footprint, a chamber positioned at the core for unidentified human remains will be open to the sky. More than 1,000 of the 2,792 people missing in 2003 will be buried in the memorial in the form of 12,000 packets of dried and vacuum sealed body parts.[33]

A ramp to descend into the Memorial will take visitors past the exposed slurry wall.[34] Another 60,000 to 100,000 square feet of space devoted to a memorial centre museum located under the former World Trade Center Marriott, will display 9/11 artifacts. Picked out of over 5,200 entries from 63 countries, the original architect is Michael Arad (who was assisted by Michael Walker, the WTC site's landscape architect, and Daniel Libeskind, the master planner/architect for the LMDC).

Even though the design competition was truly global, the 9/11 memorial at the former World Trade Centre site is simply another exercise in inclusion and exclusion logics. Kimmelmann notes, "Memorials are ultimately local.... They are above all for the families and for a community, common ground to grieve".[35] Here again, all the global victims of 9/11 will be Manhattanized, New Yorkified, and Americanized, while a thousand nameless people from all over the world also will be

---

[31] David W. Dunlap, "1,776-Foot Design is Unveiled for World Trade Center Tower," *New York Times*, December 20, 2003, p A1.

[32] *Ibid.*, p. B4.

[33] Michael Kimmelmann, "Finding Comfort in the Safety of Names," *New York Times*, August 31, 2003, n° 2-2, p. 22.

[34] David W. Dunlap and Eric Lipton, "Revised Ground Zero Memorial Will Include an Artifact Center," *New York Times*, January 14, 2004, p. B1, p. B7.

[35] August 31, 2003, p. 2-22.

buried as "unknowns" in a black monolith. This intense dark edifice might be the tomb of Empire's multitude, or it could become the grave of nameless New Yorkers. Once built, the new WTC complex with its memorial and museum spaces will be a compelling example of how "America" and "Empire" contest each other's respective authority, while sustaining each other's sovereignty. In these constructed rhetorical spaces, logics of inclusion and exclusion (national, class, racial, occupational, gender, and ideological) will continue to remain fully at play.

Bibliography

APPADURAI, Arjun, *Modernity at Large: Cultural Dimensions of Globalization*, Minneapolis,University of Minnesota Press, 1996.
BAMYEH, Mohammed, *The Ends of Globalization*, Minneapolis, University of Minnesota Press, 2000.
BRILL, Steven, "A Tragic Calculus," *Newsweek*, CXXXIX, n° 1, December 31, 2001.
COLLINS, Glenn and David W. DUNLAP, "Unveiling the Trade Center Memorial Reveals an Abundance of New Details," *New York Times*, January 15, 2004.
DEBRIX, François, *Re-Envisioning Peacekeeping*, Minneapolis, University of Minnesota Press, 1999.
DUNLAP, David W. "1,776-Foot Design is Unveiled for World Trade Center Tower," *New York Times*, December 20, 2003.
DUNLAP, David W. "Design for Trade Center PATH Terminal To Be Unveiled," *New York Times*, January 22, 2004.
DUNLAP, David W. "New Partners for Architect of Memorial at 9/11 Site," *New York Times*, April 25, 2004.
DUNLAP, David W. and Eric LIPTON, "Revised Ground Zero Memorial Will Include an Artifact Center," *New York Times*, January 14, 2004.
FOUCAULT, Michel, *The History of Sexuality*, vol. I, New York, Vintage, 1980.
HARDT, Michael and Antonio NEGRI, *Empire*, Cambridge, MA, Harvard University Press, 2000.
KAPLAN, Robert D., *The Ends of the Earth: A Journey at the Dawn of the 21st Century*, New York, Random House, 1996.
KENNEDY, Paul, *Preparing for the Twenty-First Century*, New York, Random House, 1992.
KIMMELMANN, Michael, "Finding Comfort in the Safety of Names," *New York Times*, August 31, 2003, p. 2-22.
LEVITAS, Michael, *A Nation Challenged: A Visual History of 9/11 and Its Aftermath*, New York, New York Times/Callaway, 2002.
LINDGREN, Hugo, "Keep Your Towers. They Want the Towers," *New York Times*, August 31, 2003, p. 2-23.
SKINNER, Peter, *World Trade Center*, Vercelli, White Star/Barnes & Noble.
TUATHAIL, Gearóid Ó, *Critical Geopolitics: The Politics of Writing Global Space*, Minneapolis, University of Minnesota Press, 1996.
WYATT, Edward, "Ground Zero Plan Seems to Circle Back," *New York Times*, September 13, 2003.

Discours de haine/
Hatred Discourses

« Mériter [ou non] de mourir » : les héroïnes lapidées de Yasmina Khadra et de Marie-Claire Blais

Annie Lise Clément
Université d'Ottawa

Il y aurait beaucoup à dire sur les lapidations et les lynchages dans *Les Hirondelles de Kaboul*[1], de l'écrivain algérien Yasmina Khadra (pseudonyme de Mohammed Moulessehoul). Écrit quelques mois après les attaques terroristes de septembre 2001, le roman pénètre l'univers intime de deux couples pour jeter un éclairage terrifiant et désespéré sur l'avant-11 septembre, au plus fort et au cœur du règne taliban en Afghanistan : « L'Heure attendue est arrivée », heure avec un grand H, comme l'asserte le mollah Bashir dans le roman, tout en poursuivant ainsi son prêche (rappelons-nous, en parallèle, les discours à la nation de George W. Bush) : « Le moment de gloire est à portée de nos mains, [...] Ceux qui en douteraient une seconde ne sont pas des nôtres. Le Diable les habite[2] ». Il y aurait, oui, beaucoup à dire sur les mises à mort publiques de victimes innocentes parce qu'elles sont nombreuses au fil du roman, parce qu'elles structurent ce récit qui s'ouvre et se clôt sur un lynchage, parce que, en pénétrant l'univers intime d'une nation sous contrôle intégriste, leurs représentations fictives vont au-delà du propos médiatique pour le lecteur occidental désireux de transcender l'analyse dualiste et la banale et dévastatrice réciprocité des discours, bien illustrée par l'extrait que nous venons de citer.

Dans *Les Hirondelles de Kaboul*, aussi, mis à part les actes de violence, les « moments » principaux du mécanisme victimaire révélé par René Girard depuis *La Violence et le Sacré* sont en outre bien en évidence : soit la perte du social, la contagion puis la crise mimétique par une foule indifférenciée qui veut expurger son mal et ses ressentiments[3] (le *tous-contre-tous* de la violence mimétique, suivant l'acception girardienne), la

---

[1] Yasmina Khadra, *Les Hirondelles de Kaboul*, Paris, Julliard, 2002.
[2] *Ibid.*, p. 92-93
[3] Voir sur le « ressentiment » les chroniques mensuelles internet de Eric Gans (Department of French & Francophone Studies, UCLA) intitulées « Chronicles of Love and Resentment », [http://www.anthropoetics.ucla.edu/views/home.html].

multiplication des accusations stéréotypées et la désignation spontanée de boucs émissaires arborant des signes victimaires préférentiels[4] (le *tous-contre-un* de la violence mimétique), la chosification des victimes et, finalement, leurs meurtres sacrificiels par les foules en liesse... dans l'attente de la prochaine expulsion victimaire.

Or voici, une lecture dans les interstices du roman de Khadra donne deux grands absents girardiens, indispensables à la compréhension comme au fonctionnement du mécanisme victimaire, et dont la dissimulation nous apparaît plus significative que la présence : le début et la fin du mécanisme, soit le désir mimétique (ou « l'imitation désirante[5] ») puis la réconciliation de la communauté suivant l'exclusion de la victime ; et c'est sans faire état, ultimement, de la divinisation ou deuxième transfiguration mythique[6] de celle-ci, moment essentiel observé par Girard dans les mythes, absent aussi du roman. Trois œuvres viennent ici étonnamment à notre rescousse (nous disons *étonnamment* parce qu'il ne s'agit pas des *best-sellers* girardiens) : la toute première et parmi les dernières de Girard, soit *Mensonge romantique et vérité romanesque* — parue en 1961 et encore si pertinente pour l'analyse littéraire —, ainsi que *Je vois Satan tomber comme l'éclair* et *Celui par qui le scandale arrive*, publiées respectivement en 1999 et 2001. La première parce qu'interrogeant en fin d'analyse les héros romantiques « contemporains », et les deux autres parce que tentant de saisir les dynamiques désirantes et l'usure du mécanisme victimaire dans l'ère mondialisée.

L'après-désir mimétique dans Les Hirondelles de Kaboul

Citons d'entrée de jeu *Mensonge romantique et vérité romanesque* :

> Le romantique croit sauvegarder l'authenticité de son désir en se réclamant pour lui-même le désir le plus violent. Le romantisme contemporain part du principe inverse. Ce sont les Autres qui désirent intensément, c'est le héros, c'est-à-dire le Moi, qui désire faiblement ou même ne désire plus du tout ! [...] Le premier romantique cherchait à prouver sa spontanéité, c'est-à-dire sa divinité, en désirant plus intensément que les Autres. Le second romantique cherche à prouver exactement la même chose par des moyens opposés[7].

---

[4] Voir *Le Bouc émissaire* (Paris, Grasset, 1982, p. 33) au sujet des stéréotypes de la persécution analysés par Girard.

[5] René Girard, *Celui par qui le scandale arrive*, Paris, Desclée de Brouwer, 2001, p. 18.

[6] Se rapporter notamment à *Je vois Satan tomber comme l'éclair* (Paris, Grasset & Fasquelle, 1999), p. 92-97.

[7] René Girard, *Mensonge romantique et vérité romanesque*, Paris, Grasset, 1961, p. 324-325.

Des êtres privés de désir, des héros contemporains, soit, mais qui préféreraient ne pas l'être, voilà bien en quoi diffèrent les personnages de Khadra des « seconds romantiques » perçus par Girard. Nous voici en présence d'anti-héros privés en tous points de la bonne réciprocité girardienne[8], celle-là qui précède son glissement dans la mauvaise réciprocité, anti-héros qui ne peuvent s'offrir le luxe de la spontanéité, ne serait-ce qu'un éclat de rire sur la place publique, lequel éclat, précisément, conduira deux des protagonistes du roman à la mort. L'écrivain algérien fait évoluer des personnages fantomatiques captifs de l'ennui et privés d'espoir, qui préfèrent errer au côté des morts dans des cimetières que de confronter les foudres de la rue, le bal des « cravaches » « devenue(s) une langue officielle[9] », pour éviter surtout la banale lapidation d'un innocent parce qu'il discourt à voix haute ou soulève les tchadris des femmes. Même les chiens, sur lesquels « s'exercent les enfants » du roman, sont victimes de lapidation.

Aussi, le critique littéraire qui, vainement, chercherait le désir mimétique ne trouverait-il que celui de personnages secondaires du roman, détenteurs du pouvoir ou frayant dans ses alentours, ces hommes qui, par exemple, tentent d'attirer l'attention des talibans pendant une exécution pour obtenir une promotion dans ce régime de violence, ou de s'enrichir rapidement en prenant soin d'en faire profiter le tyran.

Khadra n'a pas créé des héros qui feignent de se différencier de la foule désirante, de clamer « l'autonomie » de leurs désirs — loin de là. Les anti-héros de Khadra voudraient bien désirer mais n'y arrivent plus. Et c'est là le constat le plus douloureux du roman : cette situation dont la seule issue est la mort. Khadra fera mourir trois des quatre protagonistes, en réservant un sort plus qu'incertain au quatrième.

Dans *Les Hirondelles de Kaboul*, comme le souligne le titre, l'histoire est centrée autour de protagonistes féminins, ces « hirondelles effarouchées [qui, pendant l'invasion soviétique] se dispersèrent dans le ballet des missiles[10] », aujourd'hui « momifiées dans des suaires de couleur de frayeur ou de fièvre, [...] absolument anonymes[11] » ; ou encore, selon le point de vue taliban : « [...] des fantômes, sans voix et sans attraits, qui traversent les rues sans effleurer les esprits ; des nuées d'hirondelles en décrépitude, bleues ou jaunâtres, souvent décolorées, en retard de plusieurs saisons, et qui rendent un son morne lorsqu'elles

---

[8]La « bonne réciprocité » relevée aussi par Girard a souvent été ignorée au profit de la « mauvaise » et mériterait d'être analysée davantage; Girard y fait entre autres référence dans *Celui par qui le scandale arrive, op. cit.*, p. 32-35.
[9]Yasmina Khadra, *op. cit.*, p. 121.
[10]*Ibid.*, p. 18-19.
[11]*Ibid.*, p. 18.

passent à proximité des hommes[12]. » Dans ce monde où l'autorité et la foule victime de son mimétisme totalitaire appellent les femmes des « chiennes malodorantes[13] », des « putains » ou encore des êtres inutiles parce que malades, Khadra s'attarde sur le dire et le faire de deux de ces femmes exclues de la sphère sociale et du discours, ou plus précisément de deux couples diamétralement opposés (la théorie girardienne sied bien aux paradoxes) dont les destins vont se rejoindre : il y a le couple Moshen-Zunaira, d'abord, lui fils d'un bourgeois prospère, elle fille de notable, avocate et « musulmane éclairée, port[ant] des robes décentes[14] ». Le désir mimétique, dans le roman de Khadra, est antérieur à la fable : Moshen se rappelle de Zunaira, jeune fille, en ces termes : « C'était une fille brillante. [...] Tous rêvaient de l'épouser. » Ils forment maintenant un couple empêché de travailler, qui tente de faire durer son amour à l'abri de la contagion violente. Le second couple du roman est constitué d'Atiq et de Mussarat, lui geôlier qui arbore la barbe intégriste, elle, atteinte d'une maladie incurable, devenue l'épouse de ce dernier non par amour mais pour lui avoir sauvé la vie alors qu'il était soldat.

Khadra déroute d'entrée de jeu son lecteur : le roman débute alors que celui qu'on n'attendait pas, l'éduqué Moshen, « comme absorbé par un tourbillon[15] » lancera sa « première pierre » lors d'une lapidation publique. Pierre qui s'avérera fatale pour une femme anonyme coupable d'adultère. Bien qu'horrifiée d'abord en apprenant le geste meurtrier de son mari, Zunaira aura tôt fait de comprendre la virulence de l'emballement mimétique venu happer ce dernier et lui pardonnera — notons dans la citation qui suit la richesse du paradigme mimétique :

> Zunaira n'est pas un taliban, et son mari n'est pas fou ; s'il s'est égaré un instant, le temps d'une *hystérie collective*, c'est parce que les horreurs quotidiennes s'avèrent plus fortes que l'éveil, et la déchéance humaine plus profonde que les abysses. Moshen est en train de *s'aligner sur les autres*, de *ressembler* à leur détresse, de *s'identifier* à leur régression. Son geste est la preuve que tout peut basculer sans crier gare[16].

Dans son livre *Je vois Satan tomber comme l'éclair*, René Girard fait précisément référence à cette contagieuse et assassine « première pierre », expression qui « continue à jouer parmi nous un rôle métaphorique universellement compris ». Il poursuit : « Loin d'être purement rhé-

---

[12] *Ibid.*, p. 140.
[13] *Ibid.*, p. 153.
[14] *Ibid.*, p. 74.
[15] *Ibid.*, p. 39.
[16] *Ibid.*, p. 73.

torique, la première pierre est la plus difficile à jeter. Mais pourquoi […] ? Parce qu'elle est la seule à ne pas avoir de *modèle*[17]. » Aussi, pour la première fois, Moshen cédera-t-il au « modèle » violent environnant, au mimétisme conflictuel qui ne viendra pas apaiser sa désolation, au contraire. Un épisode de violence suivra dès après qui entraînera la fin du couple : lors d'une sortie en ville, que redoutait Zunaira mais que souhaitait son époux, ils seront assaillis par les talibans pour avoir osé rire en public ; on obligera Moshen à se rendre à la mosquée et sommera violemment Zunaira d'attendre à la porte, agonisant pendant deux heures de chaleur, de honte et de rage — « déshumanisée », en ses termes. Suite à cette altercation, incapable de s'identifier au modèle taliban, Zunaira associera son mari à ce pseudo-modèle (donc, l'indifférenciera, selon le modèle girardien) puis se terrera dans un mutisme profond. Elle ira jusqu'à s'imposer la violence de porter en permanence son tchadri, pour tenter de correspondre au discours des talibans, et deviendra à son tour « hallucination[18] » pour son époux : « Elle a cherché ses mots, les plus durs, […] pour lui dire combien elle souffre à cause de ce qu'il représente désormais pour elle, comme elle n'arrive pas à le dissocier des sbires enturbannés qui ont transformé les rues en arènes et les jours en agonie […][19] ».

Quand, au bout de dix jours, Moshen la suppliera d'enlever son tchadri, elle refusera : « Il n'en est pas question. Puisque la charia de ce pays l'exige. […] Tu n'es qu'un vulgaire mufle et tu ne vaux guère mieux que ces fous furieux qui se pavanent dehors[20]. »

Depuis près de quarante ans, René Girard souligne cette évidence toute simple sur papier et horrible dans le réel, impossible à réfuter : la violence entraîne toujours plus de violence. « […] dans la montée des scandales [à comprendre sous le sens de conflits mimétiques], chaque représaille en appelle une nouvelle, plus violente que la précédente. Si rien ne vient l'arrêter, la spirale débouche nécessairement sur les vengeances en chaîne, fusion parfaite de violence et de mimétisme[21]. » Khadra l'a bien senti dans *Les Hirondelles de Kaboul* : c'est la première pierre de Moshen « qui entraînera toutes les autres[22] », c'est après que

---

[17]René Girard, *Je vois Satan tomber comme l'éclair, op. cit.*, p. 82-84.

[18]Yasmina Khadra, *op.cit, p. 123.*

[19]*Ibid.*, p. 121.

[20]*Ibid.*, p. 129 et 131.

[21]*Ibid*, p. 37.

[22]Voir l'éclairante analyse de Yannick Rolandeau, *René Girard et le mécanisme victimaire*, [En ligne], [http://membres.lycos.fr/yrol/LITTERA/GIRARD/girard.htm, 2001].

ce dernier aura cédé au « *behavorial mimesis*[23] » de la violence qu'auront lieu les meurtres subséquents. D'une situation de foule, plongé dans le *tous-contre-un* de la violence mimétique, le lecteur passera à une situation intime, où le modèle extérieur parvient à s'imposer. Par un mimétisme en apparence feint[24], par ressentiment et par la puissance du modèle extérieur, la belle Zunaira qui hier encore attirait toutes les convoitises, musulmane « militante pour les droits des femmes », tentera de correspondre par dépit à une imagerie qui n'engendre que violence : elle tuera accidentellement son mari puis sera condamnée à la lapidation. « *The first stone has the potential to make us all killers* » (la première pierre a le potentiel de faire de nous tous des tueurs), rappelait récemment Michel Serres à son auditoire[25].

Dans les œuvres des romanciers dits « géniaux », René Girard remarque « une unité [dans leurs] conclusions romanesques[26] » reposant sur la conversion des héros au seuil de la mort. Quelques jours avant son lynchage public, repentante, Zunaira parlera ainsi de son mari avec le geôlier Atiq, qui à son tour s'est épris d'elle :

> Il vous brutalisait, n'est-ce pas ? Pour un oui ou pour un non, il retroussait ses manches et s'acharnait sur vous.
> [...] Il était merveilleux, laisse-t-elle entendre d'une voix sereine. C'est moi qui ne me rendais pas compte de ma chance[27].

Il ne « méritait pas de mourir », insiste-t-elle, et souhaite mourir à sa suite. Quand Atiq lui propose de s'enfuir, elle refuse : « Le dernier lien qui me restait s'est volatilisé par ma faute[28]. »

---

[23]Dans « On Violence and Theory », Andrew McKenna rappelle la différence entre *objective* and *subjective mimesis*. Il souligne que le propre du roman est de se pencher sur la structure dynamique du désir mimétique en étudiant, à l'intérieur du cadre fictif, les relations entre les êtres et les groupes humains. Source : « On violence and theory », *Philosophical Designs for a Socio-Cultural Transformation. Beyond Violence and the modern Era,* Tokio (Japon) /Boulder (USA), École des Hautes Études en Sciences Culturelles (E.H.E.S.C.)/ Rowman & Littlefield Publishers, 1998, p. 655-666.

[24]Ce mimétisme rappelle le « mimicry » au sens de Homi Bhabha. Il en sera question plus loin dans l'article. Voir « On Mimicry and Man : The Ambivalence of Colonial Discourse », *October*, n° 28, 1984, p. 126.

[25]Lors de la conférence inaugurale du colloque international René Girard (Colloquium on Violence & Religion), le 2 juin 2004, Abiquiu, New Mexico. Conférence inédite.

[26]René Girard, *Mensonge romantique et vérité romanesque, op. cit.*, p. 351.

[27]Yasmina Khadra, *op. cit.*, p. 150.

[28]*Ibid.*, p. 158.

L'autre femme du roman, Mussarat, l'épouse malade du geôlier, est celle qui sera lapidée à la place de Zunaira : étonnamment bouleversée par l'amour de son mari pour Zunaira, lui qui n'avait jamais éprouvé un tel sentiment, et se sachant condamnée par la maladie, elle propose de se substituer incognito à la future lapidée, dans ce pays des violences indifférenciées où, comme elle l'affirme, « Ce ne sera jamais qu'un tchadri se substituant à un autre[29]. »

Or ce nouveau sacrifice, quoique proposé de bonne foi, ne donnera pas les résultats escomptés : il entraînera encore plus de violence que celui en début de roman. Non seulement ne viendra-t-il pas apaiser la foule, pas trop habituée à ce genre de spectacle[30] et réclamant toujours plus de sang, mais, comme nous met en garde Girard, il participe du mensonge romantique et conduira à sa perte l'amoureux aveuglé par son propre désir : Khadra, cruel pour son lecteur mais « dans le vrai » dirait Foucault, lui évite une finale toute hollywoodienne, et, après l'exécution de l'innocente Mussarat, fera disparaître la convoitée Zunaira sans que ni Atiq ni le lecteur n'aient la moindre idée où elle ira. Dans la rue, Atiq se précipitera alors sur toutes les femmes afin de leur retirer leur tchadri, le même geste qui avait perdu Moshen mais à l'intérieur de la sphère privée, et il sera lynché par les hommes « scandalisés ». Une conclusion romanesque (et non romantique) où amour et violence sont démystifiés, où les hommes « scandalisés[31] » et « déshonorés » lynchent un innocent après avoir pris soin de « piétiner » les femmes décoiffées.

---

[29] *Ibid.*, p. 169.

[30] Dans *Je vois Satan tomber comme l'éclair*, Girard souligne « l'usure des sacrifices » (p. 112), lesquels soit en appellent de plus violents, soit « finissent par se dissiper ». Ce qui n'empêche pas toutefois leur retour éventuel. Il en sera question dans la seconde partie de l'article portant sur Marie-Claire Blais.

[31] Yasmina Khadra, comme Marie-Claire Blais, fait usage du vocable « scandalisé » étudié surtout par Girard dans *Je vois Satan tomber comme l'éclair* : « Si la rivalité mimétique joue un rôle essentiel dans les Évangiles, comment se fait-il, objecterez-vous, que Jésus ne nous mette pas en garde contre elle ? En réalité, il nous met en garde mais nous ne le savons pas. Lorsque ce qu'il dit s'oppose à nos illusions nous ne l'entendons pas. Les mots qui désignent la rivalité mimétique et ses conséquences sont le substantif *skandalon* et le verbe *skandalizein*. Dans les Évangiles synoptiques, Jésus consacre au scandale un enseignement aussi remarquable par sa longueur que par son identité. [...] Les scandales ne font qu'un avec le faux infini de la rivalité mimétique. Ils sécrètent en quantités croissantes l'envie, la jalousie, le ressentiment, la haine, toutes les toxines les plus nocives non seulement pour les antagonistes initiaux mais pour tous ceux qui se laissent fasciner par l'intensité des désirs rivalitaires. » (p. 34-35).

De l'efficacité du stéréotype et de la répétition chez Marie-Claire Blais

« Mériter de mourir » : ces trois mots tirés du roman de Yasmina Khadra, qui donnent son titre à la présente étude, venaient, non sans un certain malaise, titiller notre mémoire : nous les avions remarqués précédemment dans un roman de la Québécoise Marie-Claire Blais, mettant étonnamment en scène, lui aussi, lynchages et lapidations.

Passons donc à l'analyse d'un tout autre roman, situé dans un cadre tout autre aussi, mais suggérant les mêmes prisons, les mêmes et répétitives violences : *Dans la foudre et la lumière*[32], de la romancière Marie-Claire Blais, publié en 2001, soit juste avant les « événements » de septembre 2001 cette fois. Deuxième volet d'un imposant triptyque (dont le troisième volume reste à paraître), le roman regroupe des protagonistes de tous les coins de la planète, dont certains évoluaient déjà dans *Soifs*, paru en 1995. Les héros sont en majorité des Occidentaux (trois générations de Nord-Américains et d'Européens) séjournant dans une île antillaise, ainsi que des Antillais ou réfugiés d'Amérique latine. Dans ce deuxième volume, se rajoutent l'Égyptien Lazaro et sa mère Caridad, qui ont fui un régime intégriste, un père et mari violent et une famille de « terroristes » ; soulignons rapidement que, dans le roman, la tentative de Caridad de tenir son fils à l'écart d'un passé violent échoue, lui qui ira jusqu'à renier sa mère mécontent de ses idées « modernes » et désireux d'« obéir », comme ses frères et son père, à « loi du sang[33] ».

Voilà pour un aperçu des plus sommaires d'une véritable fresque planétaire postmoderne, dépourvu de frontières spatio-temporelles, où les discours et les pensées des uns viennent renforcer ceux des autres, par opposition ou par symétrie, qu'ils soient ceux des personnages principaux ou secondaires. À un point tel que le lecteur ayant accepté un tel contrat de lecture — quoique exigeant —, envoûté par l'ampleur du récit et les interventions de ses acteurs, accepte de considérer l'intrusion sporadique de personnages qui semblent « accessoires » à la fable. Apparaît, dans un tel contexte, le personnage de Rafa, jeune Jordanienne ayant trouvé refuge dans une prison pour retarder le moment de son exécution par son frère, « le coup de l'arme rituelle[34] », parce que coupable d'un crime d'honneur : elle aura été durant trois jours l'amante d'un ouvrier et dit alors « mériter de mourir[35] ». Il ne sera jamais précisé dans le roman s'il s'agit d'un adultère ; la perte de

---

[32]Marie-Claire Blais, *Dans la foudre et la lumière*, Montréal, Boréal, 2001. Les références subséquentes au roman seront dans le texte, avec la mention *Dans la foudre*, le folio suivant la citation.

[33]*Ibid.*, p. 176.

[34]*Ibid.*, p. 107.

[35]*Ibid.*, p.105.

virginité est plutôt évoquée, ainsi que la nature « sincère » de son éphémère et mortelle passion pour un « ouvrier sans remords[36] », tel que le décrit la protagoniste Mélanie, une militante pour les droits des femmes, qui se demande d'un même souffle « combien d'autres jeunes filles » l'ouvrier fera ainsi « lapider ».

À une première lecture, ce personnage épisodique (trois pages dans un roman de 251 pages) et l'univers dont il est issu arborent tous les traits stéréotypés qu'on associe aux pays arabes où la Charia fait loi. La femme est présentée telle « l'agneau » sacrificiel « à abattre » et l'homme en bourreau insensible. On est loin ici d'un Moshen ou d'une Zunaira, dépeints par Yasmina Khadra. Le personnage de Rafa agace, même, tant il semble une reprise directe d'un fait divers peu nuancé (pensons notamment à la pétition récente voulant empêcher la lapidation de Amina Lawal Kurami, dont l'information circulait largement par l'entremise du courrier électronique — voir [www.amnistie.qc.ca]). Et pourtant le personnage dérange, et hante notre mémoire.

Car l'écriture blaisienne, quoique en apparence d'une grande « liberté » (comme l'affirme le plus souvent la critique), est d'une fine et rigoureuse composition. Et jamais, à notre connaissance, s'est-on penché suffisamment sur la question du stéréotype dans son œuvre, évitant peut-être ses écueils pour perpétuer l'image presque mythique de l'écrivaine.

Le littéraire Andrew McKenna, appelé à commenter son travail guidé par l'œuvre de René Girard, aura cette réflexion stimulante et utile à notre analyse : « *For me, literature doesn't copy reality. It studies the relation between reality and fantasy. Sure literature studies reality but it also studies what human subjects do to misunderstand and misrepresent. Mythologised reality*[37]. » Et sur quoi insiste Marie-Claire Blais dans ces courtes trois pages ? Sur l'innocence flagrante de la victime, sur l'absence manifeste de lien entre la passion momentanée d'une femme et la « souillure » qui en découle sur sa famille : « j'ai été l'amante d'un ouvrier, et à cause de cela je dois mourir [...], oui, coupable je le suis, car pendant trois jours j'ai été l'amante d'un ouvrier, et à cause de cela je dois mourir, comme le disent mes frères[38] ». Marie-Claire Blais interpelle ensuite dans cet épisode la dynamique mythique, laquelle, suivant Girard, perpétue les crimes victimaires et dissimule les violences réelles au profit du pouvoir : « Rafa répétait à ses geôliers, je suis coupable, j'ai attiré sur moi ce sort maléfique par mes actes irréfléchis qui ont scandalisé[39] mes jeunes frères, car il est connu que l'honneur du père,

---

[36]*Ibid.*, p. 107.

[37]« On Violence and Theory », *op. cit.*, p. 662.

[38]Marie-Claire Blais, *op. cit.*, p. 105.

[39]Voir note plus haut au sujet du « scandale » chez Khadra et Girard.

des frères repose sur la vertu de leur sœur[40] ». Après cet aveu de la jeune fille arrive la seule vérité attestable, soit « le passage de vie à trépas[41] », quand la narratrice du roman évoque des assassinats équivalents à celui de Rafa : « [...] et Rafa entendait le rire du frère de Suzanne, l'assassin sans remords si efficace et diligent, demain, une adolescente viendrait à la porte de la même prison se confesser à la police, oui, j'ai eu tort, je le sais[42] ».

Voilà donc un univers que tente de déconstruire Marie-Claire Blais, en soulignant l'inutilité de ces crimes à répétition commis sur le dos de victimes innocentes et bien réelles (on note aujourd'hui environ 30 cas par année en Jordanie, selon [www.acat.asso.fr] ; l'article 340, du Code Pénal n° 16 prévient le meurtrier d'être poursuivi par la justice ; voir [www.equalitynow.org]) au profit d'assassins « sans remords » parce que, souligne Girard, mystifiés par les conflits mimétiques et maintenus dans cette logique sacrificielle[43]. L'ignorance de la foule au sujet de la non-culpabilité de la victime est essentielle pour la réussite du mécanisme. Aussi ce que souhaite Girard, en diapason avec Blais, est bien que cesse cette désignation fortuite de bouc émissaire, que les « répétitions innombrables "usent" l'effet sacrificiel [...] [que] la terreur qu'inspirent leurs propres sacrifices à ces apprentis sorciers que sont toujours, en somme, les sacrificateurs, fini[sse] par se dissiper[44]. »

La présence du personnage de Rafa a une autre fonction essentielle dans le roman : elle vient mettre en perspective la difficulté, voire l'inefficacité d'un militantisme occidental s'arrêtant à une représentation stéréotypée de l'autre : « Que savez-vous de nos coutumes tribales, de nos familles, de notre religion, de nos férocités et de nos guerres

---

[40]Marie-Claire Blais., *op. cit.*, p. 106.

[41]Voir l'article de Patrick Imbert, « Girard, Bhabha et Platon : La mimésis d'appropriation, le mimétisme et la mimésis platonicienne confrontées au déplacement de l'objet libéral et à l'appropriation de l'expérience de production/consommation », *Objets mobiles/Changing Objects*, dir. Laurier Turgeon, Québec, CELAT, 2005. Patrick Imbert y rappelle : « Le seul point hors discours indéniable est bien le passage de vie à trépas d'où l'intérêt profond pour les dictatures modernes de faire disparaître les cadavres ». Ce texte fait partie d'une recherche subventionnée par le CRSH (2002-2005) avec Daniel Castillo Durante (Université d'Ottawa), Amy Colin (University of Pittsburgh, USA), Patrick Imbert (Université d'Ottawa, directeur) et Adriana Rizzo (Universi-dad nacional de Rìo Cuarto, Argentine) : « Les discours économiques trans-nationaux et la mondialisation dans les médias et les textes de vulgarisation au Canada en comparaison avec l'Amérique latine : déplacements culturels et économiques ».

[42]Marie-Claire Blais., *op. cit.*, p. 106-107.

[43]*Celui par qui le scandale arrive*, *op. cit.*, p. 52.

[44]*Je vois Satan tomber comme l'éclair*, *op. cit.*, p. 112.

à jamais ancestrales[45] » demande Rafa à Mélanie et à d'autres femmes tentant de lui venir en aide. Cette construction de l'autre comme indéfectiblement autre, sa crispation[46] stéréotypée, en facilite le désintérêt ou l'expulsion, tout en faisant, et c'est beaucoup plus grave, le beau jeu des consciences occidentales refusant de reconnaître leur propre violence. Or, le démontre Marie-Claire Blais et d'autres écrivains faisant écho comme elle aux violences du siècle dernier dans leur œuvre, cette violence que nous représentons autre est aussi (ou peut-être d'abord) en nous[47] : « De toutes les menaces qui pèsent sur nous, la plus redoutable, nous le savons, la seule réelle, c'est nous-mêmes[48] », affirmait récemment Girard.

La représentation stéréotypée de l'autre, observe Homi Bhabha, est aussi la stratégie discursive par excellence du pouvoir. Et elle est d'autant plus efficace si « ambivalente ». Pour servir son propre intérêt, le colonisateur dit reconnaître l'autre comme « *almost the same* », en précisant d'un même souffle : « *but not quite* ». Quand Marie-Claire Blais écrit dans son roman : « et Rafa entendait le rire du frère de Suzanne, l'assassin sans remords si efficace et diligent », le lecteur entend bien, par ce « rire » et ce « si efficace » cette voix en frontière du récit qui dénonce la terrible et stratégique efficacité du crime. L'écrivaine exacerbe cette déconcertante ironie en allant jusqu'à supposer que la boucle noire qu'entend porter Rafa, au moment de son exécution, serait « quelque coquetterie sublime, [...] pour elle-même ou pour le frère[49] ». Beaucoup de « révélations » sur la violence et ses perversités contenues en trois pages !

À l'ère mondialisée où l'accès à la technologie et au savoir sur la violence a atteint des sommets, on ne peut qu'être attentif à cette fine et pertinente dénonciation en filigrane du discours blaisien lequel, comme les analyses girardiennes, font la preuve que l'« aveuglement au mimétisme laisse la porte grande ouverte aux escalades de la violence[50]. » Khadra met aussi en garde le lecteur. Son roman de l'après-

---

[45]Marie-Claire Blais., *op. cit*. p. 107.

[46]Voir Daniel Castillo Durante, « Les enjeux de l'altérité et la littérature », *Littérature et dialogue interculturel*, dir. Françoise Têtu de Labsade, Sainte-Foy, PUL, 1997, p. 4-17.

[47]Pensons par exemple à la phrase percutante « Le Rwanda est en moi, en toi, en nous », de Véronique Tadjo, tirée de *L'Ombre d'Imana. Voyages jusqu'au bout du Rwanda* (Arles, Actes Sud, 2000, p. 50). Ce roman est publié dans le cadre du projet : « Rwanda : Écrire par devoir de mémoire », Lilles, 1998.

[48]*Celui par qui le scandale arrive, op. cit.*, p. 15.

[49]Marie-Claire Blais., *op. cit*. p. 107.

[50]*Ibid*., p.41.

désir mimétique s'ouvre et se ferme sur une scène apocalyptique désacralisée où « les prophètes sont morts et leurs fantômes crucifiés sur le front des enfants [...][51] ».

Bibliographie

BHABHA, Homi, « On Mimicry and Man : The Ambivalence of Colonial Discourse », *October*, n° 28, 1984.

BLAIS, Marie-Claire, *Dans la foudre et la lumière*, Montréal, Boréal, 2001.

CASTILLO DURANTE, Daniel, « Les enjeux de l'altérité et la littérature », *Littérature et dialogue interculturel*, dir. Françoise Têtu de Labsade, Sainte-Foy, PUL, 1997, p. 4-17.

GANS, Eric « Chronicles of Love and Resentment », [En ligne], [http://www.anthropoetics.ucla.edu/views/home.html].

GIRARD, René, *Celui par qui le scandale arrive*, Paris, Desclée de Brouwer, 2001.

GIRARD, René, *Je vois Satan tomber comme l'éclair*, Paris, Grasset & Fasquelle, 1999.

GIRARD, René, *Le Bouc émissaire*, Paris, Grasset, 1982.

GIRARD, René, *Mensonge romantique et vérité romanesque*, Paris, Grasset, 1961.

IMBERT, Patrick, « Girard, Bhabha et Platon : La mimésis d'appropriation, le mimétisme et la mimésis platonicienne confrontées au déplacement de l'objet libéral et à l'appropriation de l'expérience de production/consommation » *Objets mobiles/Changing Objects*, dir. Laurier Turgeon, Québec, CELAT, 2005.

KHADRA, Yasmina, *Les Hirondelles de Kaboul*, Paris, Julliard, 2002.

MCKENNA, Andrew, « On violence and theory », *Philosophical Designs for a Socio-Cultural Transformation. Beyond Violence and the Modern Era*, dir. Tetsuji Yamamoto, Tokio (Japon) /Boulder (USA), École des Hautes Études en Sciences Culturelles (E.H.E.S.C.)/Rowman & Littlefield Publishers, 1998, p. 655-666.

ROLANDEAU, Yannick, *René Girard et le mécanisme victimaire*, [En ligne], [http://membres.lycos.fr/yrol/LITTERA/GIRARD/girard.htm, 2001].

TADJO, Véronique, *L'Ombre d'Imana. Voyages jusqu'au bout du Rwanda*, Arles, Actes Sud, 2000.

---

[51] Marie-Claire Blais, *Les Hirondelles de Kaboul, op. cit.* p. 8.

Fighting Against Hatred Through Education

Amy D. Colin
University of Pittsburgh/
W.E.B. Du Bois Institute at Harvard University/City for the Cultures of Peace

The key terms *xenophobia, racism, anti-Semitism, and hatred* encompass a variety of emotions, beliefs, attitudes, and actions whose common denominator is the rejection of difference. Such underlying similarity invokes the notion of a "family resemblance" in Wittgenstein's sense. The common denominator and "family resemblance" have prompted a further examination of the relationship among these destructive forces as a means of comprehending them and fighting against them. In this crucial process, language turns into both a crucial means of and an obstacle to interpretation. For the key terms xenophobia, racism, and anti-Semitism designate realities which are far too complex to be captured in words. The term anti-Semitism, for instance, misrepresents the signified precisely because it does not denote animosities against the Semitic race in general, but specifically against Jews. As a result of such linguistic ambiguity, the above-mentioned terms are inadequate means of communication and interpretation. It is in light of such inadequacy of language that the present essay will examine new efforts to combat xenophobia, racism, and anti-Semitism through education tools in which language plays a significant part.

The Paradigm "Universal Versus Particular"

In search for new approaches towards the study of xenophobia, racism, and *Anti-Semitism,* some analysts have interpreted the relationship between these different destructive forces and hatred as exemplifying the duality between the universal and the particular. The well-known paradigm which looks back on a long tradition found its first comprehensive theoretical formulation in Jean-Jacques Rousseau's work. Rousseau distinguished between a universal and a particular dimension of human identity, arguing that the modern state needs to take into account and respect only the universal rights and needs of its citizens, while the latter should retain the possibility of living out their particular traditions within the private sphere. Unlike Rousseau, his disciples often implied a hierarchy of value judgments when using the binary opposition "universal" versus "particular". But for most analysts of xenophobia, racism, and anti-Semitism, the paradigm "universal versus particular" is no denigration of the "particular," rather it is a cognitive tool. Understanding hate as the universal problem becomes for them a means of comprehending and combating its manifestations.

In his comprehensive study *The Hatred of Jews and the Jews* (1919), the seminal German-Jewish philosopher Constantin Brunner (1862-1937), for instance, explicitly underlined that in his view anti-Semitism is a form of hatred of humankind. As a result, Brunner argued that "hate" as universal phenomenon had to be comprehended and combated first in order to undo its "particular form of manifestation," that is, anti-Semitism. In a second fascinating study entitled *The Tyranny of Hate: The Roots of Anti-Semitism* (*Memsheleth Sadon: Letztes Wort über den Judenhass und die Juden*) published in Berlin in 1920, Constantin Brunner uses the same paradigm to analyze the relationship between judgment in general and bias against Jews in particular. In this book, Brunner strives to uncover the universal within the particular, that is, negative judgments about humankind in general within anti-Semitic biases. By unmasking such dynamics he hopes to teach those who hate "otherness" including anti-Semites to overcome their animosity. It is through rationalization and the realization of a social responsibility that Brunner hoped to promote change in society. Brunner writes:

> Once the hatred of Jews is understood to be hatred of the human being, simply called 'hatred of Jews' in our case, bearing a different name elsewhere, and to be found everywhere, this hatred of Jews loses all meaning; then it becomes impossible to say that the Jews are at fault because of this and that. Who is prepared to understand that hatred of Jews tells us nothing about Jews but a great deal about all the world? The whole world is against the whole world, in so far as it can be, and the extremity of this hostility is seen in its attitude towards the Jews. It is not the Jews who are at fault [...] The hater is responsible, not the hated, otherwise all human beings would have to be scoundrels, which in fact they are not, except in the judgment of their haters.[1]

Brunner was a fashionable philosopher. His works were read by representatives of many different religious denominations. He certainly convinced some of his readers, but history showed that the broad German public remained untouched by the message of his books and his efforts to enlighten them. After Hitler's rise to power, Brunner fled to Holland. He died in 1937. His eighty-two year-old wife Leoni Brunner and his daughter Lotte were deported from Holland and gassed at Sobibor.

---

[1] Constantin Brunner, *The Tyranny of Hate: The Roots of Anti-Semitism* (original title: *Memsheleth Sadon: Letztes Wort über den Judenhass und die Juden*, Berlin 1920), trans. by Graham Harrison. Ed. Aron Rappaport, Lewiston, Edwin Mellen Press, 1992, p. 120.

Many decades after Brunner's death, the American-Jewish sociologist William Brustein published a comprehensive work on anti-semitism with a title that displays remarkable similarities to Brunner's *The Hatred of Jews and the Jews*. William Brustein's *Roots of Hate: Anti-Semitism in Europe before the Holocaust* (2003) analyzes the religious, racial, social, economic, and political roots of anti-Semitism, and arrives at the very same conclusions as Brunner. Yet Brustein entirely ignored and still ignores the name and existence of Brunner. It is the use of the very same paradigm—universal versus the particular—which prompts him to interpret anti-Semitism as a form of hatred. Consequently he examined the roots of such hatred as a means of combating animosities against Jews—animosities which darkened the life of his own family.

The use of the paradigm universal versus particular as a means of understanding xenophobia, racism, and anti-Semitism in their relation to hatred is questionable. It triggered numerous debates. Although the latter cannot be presented within the context of this essay, it is important to note here that this paradigm is often linked to an equally questionable basic assumption regarding the possibility of combating hatred through education. In spite of historical facts which prove the opposite, there is wide-spread belief in the power of education as a means of teaching humaneness rather than hatred. The belief is rooted in the German tradition of Enlightenment, which promoted education and humaneness. "Humanität und Bildung" was the slogan of many generations. "Humanität" is a complex term, but it can be adequately translated by the English word "humaneness"; the word "Bildung" is harder to translate because it means not only knowledge ("Wissen"), but also culture. "Und" is easy to translate, but in such a context the conjunctive is most difficult to understand, opening a space for speculations.

Major writers and thinkers representing a tradition of tolerance in German and Austrian culture—Lessing, Schiller, and Grillparzer—were fully aware of the fact that there was no direct road leading from humaneness to culture ("Bildung") or vice versa. But time and again, most people believed and still believe that education and culture can and will lead to humaneness. In Germany, the rise of Nazi barbarism destroyed such hopes. The mass murderer Mengele played the violin, loved music, was fluent in several languages, and wrote poems. But such knowledge did not prevent him and many other Nazi criminals from committing such atrocious crimes.

It is not education in general—one could argue—but education in the service of humaneness—the teaching of tolerance and respect for the other which helps society. How can one use modern pedagogical strategies to teach humaneness and the consequences of prejudices and hatred? This crucial question is inextricably linked to other questions. How can teachers who have not been victims of hatred, persecution, and violence make these fundamental problems imaginatively available to students who know nothing about them? How can even those teachers who did experience a trauma such as persecution reach students who ignore the problems? How can teachers convince biased students to give up their prejudices? There are ample examples of failures, but there are also examples of success. Both are sources of learning.

The subsequent section of this essay will discuss case studies of failures as well as successful educational tools.

Case Studies

a) Case Study 1

This is the story of a Danish journalist born into a tolerant and open minded family. In her youth the journalist fell madly in love with a German, married him, became pregnant, and left with him for Berlin. Soon thereafter she made a shocking discovery: the man she was so madly in love with was a Nazi. The journalist left her husband right away, divorced him, and returned to Denmark. But husband and Nazi authorities forced her to give up her baby son. After World War II she met her son again. When she realized that he was an anti-Semite, she went out of her way to educate him about Nazism, anti-Semitism, and the Holocaust. Not only did she try to explain and teach him history, but she also took him to watch a documentary film about the concentration camps. It was a deeply moving and disturbing documentary, which made imaginatively available the atrocities and showed heaps of corpses in Auschwitz. After the film, the son had only one question: Why did Hitler not exterminate all the Jews?

The elderly journalist had tears in her eyes when she told me her story. Anti-Semitism seemed to be so deeply rooted in her son's mind that not even her educational efforts could reach him. Perhaps the documentary was too overwhelming, provoking a reaction which was the precise opposite of what she expected.

b) Case Study 2

As a professor of literature at the University of Washington (Seattle) and Pittsburgh I often have students from Germany in my courses. When asking these students about Holocaust education in Germany, I repeatedly receive two kinds of answers: a) we studied this far too often or far too much—implying that they had enough of this; or b) we studied it, but we have more to learn.

At one point, I persuaded one of the students who explicitly told me that she could no longer bear hearing about the Holocaust, to come along with me to Ernst Lubitsch's film "To be or not to be". When I told her that the film dealt with the Nazi past, the student refused to watch it. But when I emphasized that it was a very funny movie, she changed her mind and joined me. After the film, she thanked me for taking her along.

Is a film which does not document the crimes, but makes the viewer sympathize with Jewish actors a more effective pedagogical tool in the fight against hatred? Empathy as a means of education is certainly used by many films, including the Hollywood movie *Holocaust*, *Schindler's List*, and *Life is Beautiful* in order to reach the broad public. Although these films misrepresent and even distort the Holocaust, they have a crucial pedagogical impact upon the public, for they help inscribe the necessity of respect for the other into people's consciousness.

c) Case Study 3
When the Hollywood film *Holocaust* was shown on German TV, my mother who worked in an architectural state firm told me about the following incident. One of the most cultured and nicest architects in her office talked about the film right after seeing it. He was deeply moved and kept telling his colleagues that the film had opened his eyes. On the week-end he went home to visit his old parents. Upon return to the office, he told everybody that he had had a lengthy discussion with his father who assured him that the film was entirely wrong. It was not the Jews but the Germans the one's who suffered.

In this case, the parental authority and education undid the empathy triggered by the film, annihilating understanding.

There are numerous other case studies of unsuccessful attempts to educate the "other". They seem to indicate that each person requires a "specific" approach in order to address "specific" sources of hatred and animosity. This calls into question the use of universal educational tools such as films. But there are also educational approaches, documentaries, fictional and non-fictional texts, and in particular autobiographies which have yielded positive results. Among them are such powerful literary writings as Art Spiegelman's *Maus I* and *Maus II*, Jurek Becker's novel *Jacob der Lügner* (Jacob, the Liar), and Elie Wiesel's *Night*. Among them are also important educational tools recently developed and effectively used to combat racism and anti-Semitism.

Tools
a) Tool 1: The Pyramid of Hate
The "Pyramid of Hate" was developed by the Anti-Defamation League as an educational tool in order to help understand the ways in which latent prejudices can easily turn into xenophobia, racism and anti-semitism. It is a "classroom lesson that teaches about the impact and consequences of bigotry and intolerance." The description of the "Pyramid of Hate" explicitly outlines its rationale and objectives:

> History provides examples of the way in which stereotyping, scapegoating, dehumanization and discrimination can escalate to mass murders that have, in some instances, resulted in genocide. This activity provides participants with the opportunity to understand the pain caused by bias and the ways in which prejudices can escalate. It is designed to promote recognition of the value of interrupting that progression.[2]

There are three main objectives: 1) to examine the dynamics which cause bias to escalate into acts of violence; 2) to analyze and show the impact of prejudice on individuals and on society; and 3) to document the possibility and role of the individual in interrupting the escalation of hate.

There are different "lessons" using the "Pyramid of Hate"; they usually last 45 to 60 minutes. In most cases, the "lesson" starts with students answering questionnaires, and the teacher listing these answers on the blackboard. Among the question and possible responses are:
— Why do you think people tell ethnic jokes about other groups, insult others, or exclude them socially? (A possible response might be "others" are different.)
— Why would these differences cause a person to "put down" someone else?   (Possible responses might be: it makes them feel superior or more important or they are afraid of the other or failure to understand another culture).
— Where do people learn to disrespect people who seem different? (Responses may include home, school, friends, or media—newspapers, television, movies, music).
— Can you give examples of a prejudice you have learned through the media?

In a subsequent step, the class is read the following case study.

In one school, a group of four boys began whispering and laughing about another boy in their school that they thought was gay. They began making comments when they walked by him in the hall. Soon, they started calling the boy insulting anti-gay slurs. By the end of the month, they had taken their harassment to another level. Tripping him when he walked by and pushing him into a locker while they yelled slurs. Some time during the next month, they increased the seriousness of their conduct – they surrounded him and two boys held his arms while the others hit and kicked him. Eventually, one of the boys threatened to bring his father's gun into school the next day to kill the boy. At this point another student overheard the threat and the police were notified.[3]

---

[2]See [On line], [www.vhf.org/pyramidofhate/].
[3]*Ibid.*

Students are asked to examine this particular case, to recall similar incidences in their own life, and to think about the ways in which they would act in this case. Following the discussion, students are given the "ADL's Pyramid of Hate" as a handout. It illustrates the progression from prejudiced attitudes manifesting themselves in "whispering and laughing" to the "escalation of violence" culminating in genocide.[4]

After discussing this pyramid and its different levels, the teacher informs students about the United Nation's definition of genocide and asks them to think of examples of persecution and genocides (e.g. Native Americans, Aboriginals of Australia, enslaved Africans, Rwandans, Armenians, Muslim Bosnians, Jews in Nazi-occupied Europe). Thereafter the teachers shows video clips of Holocaust survivors talking about their experiences before, during and after the Holocaust. The students are asked to categorize these experiences, place them on the different levels of the pyramid of hate, and discuss different means of changing a situation detailed in the video clips. The lesson ends with a video clip testimony about resistance to Nazi barbarism.

Expert trainers from the Anti Defamation League, Court TV, the Shoah Foundation, the Museum of Tolerance, the Montreal Holocaust Memorial Center as well as other institutions use the "The Pyramid of Hate" as well as the different versions of the above-mentioned "lesson" in order to teach respect for the other. These institutions do not just preach to the converted, but rather search to address prejudiced and violent people, including neo-Nazi paramilitary groups.

b) Tool 2: The *Encarta Africana*

The *Encarta Africana* developed by Henry L. Gates and Anthony Appiah realized W.E.B. Du Bois' vision of combating racism by means of education. In 1909, two years after the publication of the *Encyclopedia Judaica*, Du Bois had a vision: an *Encyclopedia Africana* which would prove the complexity of African culture and its significant contribution to modern society. In the subsequent decades, Du Bois developed his vision into a blueprint. But he could not realize his project. It is primar-

---

[4]On the lowest level, which is level 1/ there are prejudiced attitudes (accepting stereotypes, not challenging belittling jokes, scapegoating [assigning blame to people because of their group identity]), on level 2/ acts of prejudice (name calling, ridicule, social avoidance, telling belittling jokes, social exclusion), on level 3/ discrimination (employment, housing, educational discriminations, harassment (hostile acts based on a person's race, religion, nationality, sexual orientation or gender), on level 4/ violence (against people: threats, assaults, terrorism, murder; against property: arson, desecration [violating the sanctity of a house of worship or a cemetery]) and at the top, which is level 5/ genocide which is the deliberate, systematic extermination of an entire people.See picture of the pyramid: [On line], [http://www.vhf.org/pyramidofhate/].

ily thanks to Gates and Appiah that the dream was turned into reality almost one hundred years later. The *Encarta Africana* is an encyclopedia which uses essays, articles, photographs, music, and film clips in order to document the history of the African continent and its culture as well as to "chronicle the experiences of peoples of African descent scattered across the world. The *Encarta Africana* comprises nine major sections: *Timeline, Music Timeline, Civil Rights Timeline, Historic Sites, the Library of Black America, Virtual Tours, Africana on Camera, Africa Map, and Africa to the Americas*. Each article includes links to photographs, artworks, sound clips, film clips, and related articles and Web sites. In the *Virtual Library*, for instance, the viewer finds an archive of fiction, non-fiction and historical documents: among the texts are poems, narratives, essays, biographies, autobiographies, short stories, and novels; they give an insight into the richness of African culture in its global dynamics. *Timeline* documents important events in the history of African peoples from ancient to modern times, one of them being the abolition of slavery. The *Civil Rights Timeline* centers on the years 1950 to 1968 in the United States and their impact upon contemporary American society. The *Africana on Camera* contains a series of filmed interviews with notable African Americans; *Africa Map* and *Africa to the Americas* links multimedia and articles to interactive maps which help readers visualize the sites, places, and people.

The encyclopedia is used as an educational tool to help fight against racism not only in schools and universities, but also in prisons. By giving its users a comprehensive view of African culture, this encyclopedia successfully undoes racist prejudices against Africans, thereby realizing W.E.B. Du Bois prime objective: to combat hatred and racism through education.

The pedagogical success of the "Pyramid of Hate" and the *Encarta Africana* is based on three main factors:

- the link between the universal and the particular as a means of making realities imaginatively available; the "Pyramid of Hate" integrates first-person testimonies from the Shoah Foundation's visual history archives as well as the experiences of the students into the discussion. The *Encarta Africana* inscribes interviews, video and music clips, autobiographical narratives into the encyclopedia.
- the bond between interactive learning and accumulation of knowledge about past events; this bond inherent in both "The Pyramid of Hate" and the *Encarta Africana* facilitates the process of interpretation and understanding of biases.
- the application of knowledge about the past upon the understanding of the present; the "Pyramid of Hate" and the *Encarta Africana* make students and readers aware of the relevance of the past for understanding the present and the future.

The "Pyramid of Hate" and the *Encarta Africana* are educational tool which are based on the assumption that hatred is a universal phenomenon manifesting itself in the particular such as animosity, racism, and anti-Semitism. The link between the universal and the particular discloses itself in the interactive learning process, its use of knowledge about the past, and its application in the study of current situations. These three aspects constitute the strength of these educational tools which have a proven record of promoting change in society, although their underlying assumption and their use of the paradigm "universal versus the particular" remains debatable.

Bibliography

BRUNNER, Constantin, *The Tyranny of Hate: The Roots of Anti-Semitism* (original title: *Memsheleth Sadon: Letztes Wort über den Judenhass und die Juden*, Berlin 1920), trans. by Graham Harrison. Ed. Aron Rappaport, Lewiston, Edwin Mellen Press, 1992.

BRUSTEIN, William, *Roots of Hate: Anti-Semitism in Europe before the Holocaust*, Cambridge, Cambridge University Press, 2003.

The Pyramid of Hate, Anti-Defamation League, 2003.

The Encarta Africana, Henry L. Gates and Anthony Appiah, CD-ROM. Microsoft, 1999-2003.

L'Antisémitisme au Canada, en Argentine et au Brésil

Alain Goldschläger
University of Western Ontario

Le mardi 6 avril 2002, jour de la Pâque juive, un incendie criminel ravageait la bibliothèque de l'école primaire United Talmud Torah à Montréal, l'école juive la plus ancienne du pays. Plus de 10 000 livres partirent ainsi en fumée. Cet incident qui suit de près une série d'actes de vandalisme contre des synagogues et la profanation de plusieurs cimetières juifs à Toronto et dans les environs a donné lieu à des condamnations sévères. Le Premier Ministre du Canada souligne que « cet assaut n'est pas dirigé contre la communauté juive de Montréal, c'est un acte de violence dirigé contre tous les Canadiens et un acte auquel nous devons répondre collectivement ». Il conclut en disant : « Ceci n'est pas mon Canada. Ceci n'est pas notre Canada. » *The Globe And Mail*, le journal canadien le plus répandu et respecté fit de cette phrase son titre frontispice.

En des termes clairs, Jean Chrétien indiquait une des fonctions bien involontaires de ce fléau qu'est l'antisémitisme, soit de constituer une réalité sociale. Il oblige toute société qui le nourrit, de confronter ses propres ombres et de justifier son attitude vis-à-vis de ses minorités. De nos jours, les réactions aux actes d'antisémitisme, violents ou cachés, marquent la santé démocratique d'une société. Malgré des variations quant à son intensité et à ses expressions, l'antisémitisme, forme spécifique de racisme, reste le miroir dans lequel se reflètent les pires ou les plus subtils excès de l'exclusion de l'Autre. Les subtilités de langage qui rebaptisent périodiquement le phénomène sous des vocables tels que cosmopolitisme, antisionisme, judéophobie, anti-Israël et nouvel antisémitisme masquent mal la pérennité de cette peur et de cette haine du Juif, bouc émissaire par excellence, comme le soulignait René Girard, dans son ouvrage homonyme.

Nous le savons, l'antisémitisme a fort peu à voir avec la réalité de la présence et de l'activité des Juifs dans un pays. Il se nourrit des fantasmes, des haines, des envies et des peurs des racistes et, en ce sens, il expose bien les persécuteurs, car leurs discours dévoilent au fond leur vraie nature. Pure projection sur un peuple opprimé des angoisses et des hantises des locuteurs qui se drapent dans une indignation agressive, l'antisémitisme s'abreuve à la fontaine de la violence et du rejet multiforme de l'Autre. L'histoire a montré, que ce soit en Espagne sous l'Inquisition ou en Allemagne sous le régime nazi, que la haine et les persécutions des Juifs mènent à une détérioration, à l'appauvrissement économique et intellectuel et souvent même, à la décadence ou à la disparition de la société qui abrite et favorise ce poison.

Parallèlement, l'antisémitisme constitue l'exemple le plus suivi et le plus complet — historiquement et géographiquement — de la manière dont chaque nation considère, traite, accepte ou opprime ses minorités et celle dont elle conçoit l'harmonie sociale. Si par le passé, cette harmonie correspondait évidemment dans l'esprit des peuples à l'homogénéité religieuse et ethnique du groupe, il n'en est plus de même aujourd'hui dans nos sociétés occidentales. Le peuple juif a vécu et continue de vivre dans une condition d'exclusion politique et sociale qui perdure depuis plus de vingt siècles à travers le monde. Les justifications de l'oppression ont évolué avec le temps ; elles se sont multipliées en se fondant sur des interprétations religieuses, économiques ou raciales mais la raison fondamentale demeure inchangée ; elle donne naissance à la même réaction : l'Autre-en-soi est malédiction et donc j'ai le droit de l'exclure. Tout comme l'agression de l'Autre permet au raciste de ne pas se questionner sur sa propre nature, l'exclusion représente une réaction qui permet à toute société de ne pas se mettre en cause et d'examiner ses propres valeurs. Quand il est présent, le Juif — nomade porteur de questions et d'étrangeté — est gêneur, car il brise l'uniformité sociale, bouscule la structure hiérarchique en place, introduit une polyphonie. Même quand il n'est pas physiquement là, son ombre néfaste joue son rôle car il symbolise dorénavant l'Autre, l'Étranger.

La présence contiguë de cet Autre constitue un questionnement par la visibilité de ses valeurs différentes, ainsi que la possibilité de solutions nouvelles, originales et souvent surprenantes. Face à cette nouvelle réalité, la structure en place se sent facilement mise au banc des accusés et se doit de justifier sa primauté et le bien-fondé de ses actions ainsi que de ses prérogatives. La réaction défensive fut souvent de tenter, soit d'isoler l'Autre en créant des ghettos ou des réserves, soit de l'incapaciter ou de le handicaper socialement et politiquement, voire de l'annihiler physiquement comme l'histoire nous donne de très nombreux d'exemples. Cependant le monde d'aujourd'hui avec sa technologie rend de moins en moins possible un isolement protecteur de l'immobilisme social et politique. Nous assistons en effet à de nouvelles réactions vis-à-vis de ces contacts multiples et nombreux avec des civilisations différentes, certaines heureusement positives, d'autres dangereuses dans cette confrontation de la présence de l'Autre. Toute communauté doit donc soit trouver des moyens nouveaux pour isoler celui qui est différent, soit tenter de l'intégrer et de lui accorder une place dans une société qui s'assouplit peu à peu. Heureusement, avec des variantes et des rythmes différents, les pays des deux Amériques se sont engagés dans la seconde voie même si, pour ce faire, une réévaluation profonde des fondements nationaux s'avère nécessaire. Encore une fois, la manière dont les pays traitent leur minorité juive s'avère révélatrice de leurs positionnements dans cette évolution que nous voudrions croire inéluctable, car elle est positive. Nous désirons nous pencher sur cette remise en question et les transformations sociales qu'elle suscite dans trois pays : le Canada, l'Argentine et le Brésil.

Nous nous concentrons ici uniquement sur l'antisémitisme social tel qu'il apparaît sur les scènes locales, laissant de côté l'antisémitisme étatique. Qu'il nous suffise de reprendre ici la définition de l'antisémitisme des états avancée par Irwin Cotler, Ministre de la Justice du Canada, qui met en parallèle la volonté d'un groupe de pays d'isoler Israël de la communauté des nations aux efforts des sociétés européennes qui, du Moyen âge jusqu'au XIXe siècle, refusaient que le Juif appartienne à toute communauté nationale. Que l'on songe aux tentatives répétées d'exclure Israël des Nations unies et de nombreuses organisations internationales comme l'Unesco, les Jeux Olympiques, et à son maintien en-dehors de la Croix-Rouge ainsi qu'aux récents appels d'universités européennes d'interdire tout lien avec des chercheurs et enseignants israéliens. Ces tentatives d'isoler Israël et plus encore de délégitimer son droit à l'existence — comme le font nombre de pays arabes et les mouvements palestiniens — représentent autant de volontés de rendre au peuple juif son statut de paria et de le condamner à errance perdurante.

Il serait bien sûr artificiel de totalement oublier la situation internationale et d'ignorer ses échos sur le public des différents pays. Les Juifs suscitent les accusations éculées d'une double allégeance ce qui compromet les bonnes relations entre les Juifs de tous les pays et leurs concitoyens. Mais plutôt que de revenir sur ce sujet analysé à profusion, nous voudrions nous arrêter un instant sur le rôle des médias, que ce soit sous ses formes écrites, visuelles ou électroniques.

Comme plusieurs commentateurs l'ont fait remarquer, la place que prend le conflit israélo-palestinien dans l'espace médiatique est absolument hors de proportion quand on le compare aux nombreux conflits qui jonchent l'actualité. Si un martien arrivait sur Terre, il pourrait facilement croire que le seul problème que confronte la planète est le conflit du Moyen-Orient. Prenons au hasard des chiffres révélateurs. Le 22 avril 2004, un relevé des événements de la journée selon le nombre d'entrées dans le service d'actualité, *News Google*, basé sur une compilation électronique des médias du monde entier donne comme résultat à l'événement le plus important : la libération de Mordechai Vanunu (966 entrées) suivi d'une déclaration d'Ariel Sharon à son parti, le Likoud (871 entrées), vient ensuite un attentat à Riad qui fit au moins quatre morts et 148 blessés (791 entrées) et une décision de Tony Blair sur un référendum européen (746 entrées) et pour clore, un attentat à Bassorah où 73 personnes (dont 17 enfants dans un bus scolaire) périrent auprès de 86 blessés, nouvelle qui recueille un grand total de 193 entrées. Des massacres ayant lieu en Afrique — au Soudan et au Congo — le même jour ne se retrouveront mentionnés que plusieurs jours plus tard quand le nombre des morts dépassera les centaines et qu'un désastre humain se dessinera à l'horizon. Quand on sait que les agences de presse ont plus de correspondants permanents en Israël que dans toute l'Afrique, on s'étonnera moins de l'attention disproportionnée donnée au conflit. La presse semble accepter sans hésitation et sans nuance qu'un état démocratique comme Israël la laisse critiquer ses moindres actions tout comme cette même presse accepte de se voir interdire des théâtres d'actions où des catastrophes humaines se déroulent impunément. Le racisme peut se révéler dans la manière inégale d'appliquer les critères de jugement ou de rester silencieux. Israël reste sous le microscope de la presse internationale qui exige de ce pays dans des éditoriaux répétés de maintenir des standards de conduite auquel aucun autre pays n'est soumis. Le mauvais traitement de dix Palestiniens devient un crime bien plus horrible que le massacre de 3000 civils au Congo. S'étonnera-t-on dès lors que, selon un récent sondage, les Européens estiment que la situation du Moyen-Orient qui implique une demi-douzaine de millions de personnes est plus dangereuse pour la paix mondiale que le conflit armé entre l'Inde et le Pakistan, deux puissances nucléaires en guerre, séparées par un mur de plusieurs milliers de kilomètres et qui impliquent plus d'un milliard de personnes, par exemple ? Le déséquilibre médiatique alimente des prises de position politiques partisanes qui, en Europe comme en Amérique, ne servent ni la cause de la paix internationale ni celle de l'harmonie sociale.

Les médias par leur attention obsessive sur Israël, entretiennent et créent parfois au niveau local des tensions qui peuvent raviver un racisme ancestral et compromettre bien des efforts déployés depuis les cinquante dernières années pour créer des sociétés multiculturelles harmonieuses.

Le cas du Canada se révèle instructif à cet effet. L'antisémitisme a vécu pendant très longtemps sous deux formes spécifiques. Historiquement au Québec, le rejet du Juif plongeait ses racines dans un catholicisme fondamentaliste, base d'un nationalisme ardent. Perçu comme un déraciné, le Juif ne pouvait avoir de morale ou de conscience, car c'est la terre, comme l'avançait Lionel Groulx, chantre du nationalisme, qui donne à l'individu ses fondements moraux et humains. Le Québec, terre chrétienne, ne pouvait qu'exclure cet Autre, sans souche ni allégeance. Il y a une quarantaine d'années, la Révolution Tranquille balaie cette vision religieuse frileuse et la société québécoise ouvre progressivement ses portes sans pour autant que certains réflexes ne survivent. La notion de « Québécois pure laine » demeure active et il faudra sans doute attendre encore une génération ou deux pour qu'elle s'estompe définitivement. Comme l'a montré de façon convaincante Esther Delisle (1992), il existe encore un courant bien vivant qui considère tout Québécois non nationaliste comme un traître. Ce courant considère que des personnalités bien québécoises comme Pierre-Elliot Trudeau ou Jean Chrétien font partie de ce groupe. Il arrive aussi que les communautés ethniques et la communauté juive en particulier reçoivent facilement ce titre infamant. Le Premier Ministre Jacques Parizeau attribua l'échec du référendum de 1995 visant l'indépendance du Québec aux votes de l'argent et des communautés ethniques intimant que celles-ci entravaient la bonne marche des « vrais Québécois ». On ne s'étonnera pas dès lors que la communauté juive se soit sentie directement et doublement visée et s'estime facilement en état de siège depuis lors.

L'antisémitisme dans la sphère anglophone est de nature différente. Moins ancré dans sa composante religieuse, il utilise davantage la notion de l'impossibilité de l'intégration de l'Autre à la société. Si le Québec tend à l'expulsion, le monde anglo-saxon penche davantage vers l'isolation interne du groupe des « intouchables ». La ségrégation se fait présente sous des formes polies et subreptices mais elle ne s'avère pas moins redoutable et efficace. Par exemple, on refusa en 1998, l'entrée du Président et propriétaire juif de McDonald Canada dans le club huppé de golf Rosedale à Toronto sous le prétexte qu'il ne trouverait pas de partenaire pour faire une ronde.

Le Canada d'aujourd'hui est fier de son image de pays accueillant aux diverses cultures. Sous l'égide de sa politique de la « Mosaïque », le Canada se veut une terre où les cultures du monde sont les bienvenues et où tout est fait pour qu'elles puissent s'épanouir. Ces intentions généreuses se voient souvent contrecarrées par une réalité bien moins idyllique. Nombre de communautés importent leur haine ancestrale d'autres groupes ou cultivent des valeurs humaines différentes et potentiellement en conflit avec la vision majoritaire. Elles provoquent parfois des réactions racistes qui forcent la population à se questionner sur les limites de l'inclusion de l'Autre et de ses coutumes. Paradoxalement, cette politique de la mosaïque tend à souligner et à entretenir les signes distinctifs de visibilité ethnique, ce qui peut avoir pour conséquence que l'intégration sociale harmonieuse s'en trouve plus compliquée que simplifiée. Des événements comme celui de Montréal constituent des moments choc où la société canadienne se pose des questions sinon sur ses intentions mais du moins sur les conséquences de sa politique.

Dans le miroir d'actes antisémites, il est possible de constituer un rapide bilan politique et sociétal pour le Canada. Du coté négatif, on relèvera : *primo*, qu'il continue à exister un fond raciste qui ne cherche qu'à relever la tête et que la communauté juive se voit souvent la victime des attaques et que sa sécurité est parfois compromise; *secundo*, que l'antisémitisme ancestral, notamment européen a été importé et continue de motiver certains immigrants récents; *tertio*, qu'à l'instar de l'Europe, l'antisémitisme, longtemps l'apanage d'une pensée de droite est devenu aujourd'hui le cheval de bataille de la gauche et notamment de nombreuses O.N.G. (organisations non gouvernementales) y compris nombre de groupes de promotion des droits de la personne et féministes; *quarto*, que la presse entretient, nous voulons croire de façon involontaire, l'accusation de double allégeance par un manque d'équilibre et de nuance dans sa description des événements du Moyen-Orient et l'insinuation que tout groupe juif soutient ardemment la politique d'Ariel Sharon. Cette situation permet un discours publie raciste de rejet des Juifs car, comme l'avançait le Président allemand Johannes Rau dans son discours inaugural devant la Conférence sur l'Antisémitisme européen qui s'est tenue à Berlin en 2004 : « Tout le monde sait qu'un antisémitisme massif se cache derrière certaines critiques des actes politiques du gouvernement israélien des dernières décennies[1]. »

Du coté positif, on relèvera premièrement que la communauté juive est profondément intégrée et très largement acceptée comme faisant partie du tissu social ; deuxièmement, que les réactions de sincère indignation ont fusé de quasiment toutes les communautés culturelles y compris de la communauté musulmane ; troisièmement, que les instances politiques ont réagi avec énergie ; quatrièmement, que le système d'éducation a pris sur lui de combattre l'intolérance raciste en prenant souvent l'Holocauste comme exemple référentiel. La Mosaïque s'est réveillée et a tendu une main charitable.

Si nous nous penchons sur les cas de l'antisémitisme au Brésil et en Argentine, nous pouvons tracer de manière schématique des réactions comparatives. Nous sommes conscient de faire ici un survol rapide et de parler d'une expérience vue de l'extérieur.

L'Argentine se voit facilement comme le pays d'Amérique latine le plus proche culturellement de son passé européen. Le souvenir des interdits de l'Inquisition, dont l'histoire a été très bien traitée par Marcos Aguinis (1999) a donné pendant longtemps les bases d'une attitude de méfiance vis-à-vis des Juifs qui se vit renforcée par la connivence qui liait les élites argentines au fascisme français notamment et au nazisme pendant l'entre-deux-guerres. (2000) Le régime de Peron fut accueillant à nombre d'immigrants européens d'obédience d'extrême droite. Il reflétait une attitude très franciste quant aux Juifs, c'est-à-dire

---

[1]Conférence sur l'antisémitisme européen, Berlin, 28-29 avril 2004.

qu'ils étaient indésirables et qu'il ne fallait pas les inviter. Néanmoins, une fois sur le territoire, ils étaient admis et protégés. La dictature militaire entre 1976 et 1983 tolérait et même encourageait l'antisémitisme : on estime que plus de 10% (1000 sur 9000) des cas de disparus sans documentation étaient juifs, nombre tristement disproportionné par rapport à la population juive d'Argentine (0,7% de la population). Ce chiffre nous invite cependant à faire quelques nuances puisque la communauté juive se concentre à Buenos-Aires, centre névralgique de l'opposition, et qu'elle est majoritairement réformiste et de gauche. La société argentine évolua sur le sujet mais les souvenirs et les hommes sont encore présents. Si les nombreux crimes de la dictature restèrent foncièrement impunis, une législation prohibant la discrimination fut adoptée en 1988, et fut suivie en 1994 d'une réforme constitutionnelle qui devrait améliorer les droits des minorités ethniques. C'est assurément un pas dans la bonne direction mais la route légale et plus encore celle des changements de mentalités demeure longue et ardue. Les attaques à la bombe contre l'Ambassade d'Israël et le centre communautaire AMIA qui coûta la vie à une centaine de personnes au début des années 90 ont été vite interprétées comme des conséquences directes de la situation au Moyen-Orient. La vindicte fut dirigée contre la communauté arabe accusée d'avoir inspiré ces actes de violence. Mais la lumière est loin d'être faite sur les événements, comme le souligne Marcos Aguinis dans son récent roman *Asalto al paraíso*. Il en est de même pour les profanations de plusieurs cimetières juifs en 1997 et 1998. Le Président Carlos Menem qui dirigea le pays pendant les années 90 engagea un dialogue positif avec la communauté mais le manque de résultats des différentes enquêtes sur les attentats pèse lourdement sur les institutions. En effet, on soupçonne que le manque d'agressivité ne soit la conséquence d'un antisémitisme latent de la part de la police, du système judiciaire et des autorités politiques (surtout locales). En fait, quand le procès s'ouvrit après sept ans d'enquêtes, plus de 100 000 pages de documentation et plusieurs démissions retentissantes, les questions centrales ne furent pas : « Qui sont les responsables du crime? Quels furent les motifs des attentats ? » mais « Comment la police a-t-elle fait pour organiser la dissimulation des faits, détruire tant de pièces à conviction, commettre tant d'irrégularités judiciaires? » Les tensions restent vives même si elles sont souterraines et la proportion de l'émigration constitue un symptôme révélateur. Au cours des quelques dernières années, plus de 10 000 juifs ont quitté l'Argentine (on estime que plus de 45 000 en ont fait de même depuis 1948). Cela est remarquable puisque la population juive totale dépasse à peine 250 000 habitants. Il est vrai que la médiocrité de l'économie joue un rôle certain mais il ne suffit pas à expliquer à lui seul cette émigration. La communauté reste sur le qui-vive mais l'horizon ne semble pas trop menaçant pour le moment.

Le Brésil, quant à lui, a suivi une route différente. L'émigration est faible par rapport à l'Argentine puisque depuis 1948, sur une population de plus de 150 000 habitants, moins de 8000 Juifs sont partis alors que l'économie brésilienne a, elle aussi, vécu des soubresauts difficiles. La démocratisation de la Constitution date de 1945 et, depuis ce temps la communauté s'est vu reconnue et ses institutions respectées. En fait, les Juifs se perdent dans un horizon multiculturel dense où un climat relativement serein s'est installé entre les différentes ethnies, et ce, malgré la quantité élevée de problèmes concernant la situation des ethnies aborigènes et les profondes inégalités sociales et économiques qui sévissent entre elles. Leur très faible nombre (le dixième d'un pour cent de la population totale) leur offre une protection de fait. Et si l'on remarque la présence de législateurs ou de personnalités politiques, ce sera pour souligner l'intégration de la communauté dans le paysage politique et social. Les institutions communautaires sont désormais bien établies et ne sont la cible d'attentat qu'exceptionnellement. En fait, l'assimilation constitue et de loin, le danger le plus pressant pour la communauté étant donné que le taux de mariage en dehors de la foi atteint un record. Plus de la moitié des mariés juifs ont pour conjoint quelqu'un d'une autre religion. Intégrés à une nation qui reste extrêmement centrée sur elle-même, les Juifs brésiliens tendent de faire de l'appartenance nationale une priorité face aux souvenirs des traditions ancestrales. Paradoxalement, le manque d'antisémitisme actif et le sentiment d'appartenance à la communauté nationale risquent d'avoir pour résultat final la disparition de la communauté juive. L'acceptation, le respect et l'ouverture d'esprit sembleraient plus efficaces que la violence et le meurtre. Peut-être aurions-nous alors une définition contraire de celle de Jean-Paul Sartre qui avançait : « Est Juif, celui que les autres désignent comme Juif ». Dans le cas présent, il serait plus justifié de dire : « Nul n'est Juif, car nul n'est désigné comme tel ». Quand elle s'exerce, la violence antisémite désigne le Juif et par le fait même, elle le définit socialement. Elle l'isole et le maintient dans son état et dans sa nature. Elle le force aussi à confronter sa situation d'exclu et d'être-à-part mais aussi à valoriser ce qu'il possède comme traditions identitaires. L'absence d'antisémitisme actif lui retire sa définition et lui ouvre les voies de l'assimilation. Si l'exclusion appelle la violence, l'inclusion qui se voudrait harmonie, pourrait également signifier perte d'identité.

Bibliographie

AGUINIS, MARCOS, *Asalto al Paraíso*, Buenos Aires, Planeta, 2003.

AGUINIS, MARCOS, *La Matriz del infierno*, Buenos Aires, Editorial Sudamericana, 2000.

AGUINIS, MARCOS, *La Gesta del Marrano*, Buenos Aires, Planeta, 1999.

ALLALI, Jean-Pierre, *Les habits neufs de l'antisémitisme : Anatomie d'une angoisse*, Paris, Desclée de Brouwer, 2002.

DELISLE, Esther, *Le Traître et le Juif*, Montréal, L'Étincelle, 1992.

FAYE, Jean-Pierre et Anne-Marie de VILAINE, *La Déraison antisémite et son langage*, Arles, Actes Sud, 1993.

GIRARD, René, *Le bouc émissaire*, Paris, Grasset, coll. « Le Livre de poche-biblio-essais », 1982.

GOLDSCHLÄGER, Alain et Jacques-Charles LEMAIRE : *L'Antisémitisme après la Shoah*, Bruxelles, Espaces et Libertés, coll. « La Pensée et les Hommes », 2003.

GROULX, Lionel, *L'appel de la race*, 2e éd., Montréal, Fides, 1980

POLIAKOV, Léon, *Histoire de l'anti-sémitisme*, Paris, Calmann-Lévy, 1981.

TAGUIEFF, P.-A., *La Force du préjugé*, Paris, La Découverte, 1987.

TAGUIEFF, P.-A, *Les Protocoles des Sages de Sion : études et documents*, Paris, Berg international, 1992.

TAGUIEFF, P.-A., *La nouvelle judéophobie*, Paris, Mille et une nuits, 2002.

TRACHTENBERG, Joshua, *The Devil And The Jews : The Medieval Conception of the Jew and Its Relation to Modern Anti-Semitism*, Philadelphia, Jewish Publication Society of America, 1943.

Localisation et déplacement des frontières/Localization and Displacement of Borders

On (Mis)representing the Other in Contemporary Latin-American Iconic Signs

Fernando Andacht

Unisinos, São Leopoldo, Brazil

The long and winding road to synechism

This paper involves a detailed semiotic analysis of an iconic token known as hypoicon—Charles Peirce's (1839-1914) technical term for the embodiment of the sign of quality or icon. This class of signs includes any material image, be it perceptual or technologically manufactured. According to semiotic theory, we perceive the world both directly and through signs, in a mediated way. Therefore, hypoicons constitute the basic logical process that underlies all our dealings with the 'Other', with his or her right to be, in relation to our own. A media image that depicts a form of racism was chosen to illustrate **altericide**, namely, the symbolic or physical jeopardizing of the other's integrity, be it done in jest, as it is the case in this commercially produced fantasy, or in earnest.

The central argument of this paper, one which concerns the logical or semiotic functioning of exclusion in our globalized world, is that as long as the dualistic mode of thought which has ruled modernity ever since Descartes continues to be hegemonic, there is **no** hope for a non-utopian inclusion of 'otherness'. I attempt to show some aspects of the present day evils that thrive on "dualism", the philosophical mode of thinking which Peirce (CP 7.570) acutely described as the doctrine which "performs its analyses with an axe, leaving as the ultimate elements unrelated chunks of being".[1] The Peircean doctrine of **synechism** or logical continuity is offered as a way out of Cartesian dualism. According to the semiotician (CP 7.571), the synechist can never say "I am altogether myself, and not at all you".

Unless we start to reflect seriously on the real risk of transforming even a well-intentioned and organized social movement, such as anti-racism, into a collective effort with opposite effects to those originally

---

[1] The convention of quoting Peirce with the notation "CP [x.xxx]," referred to volume and paragraph in *The Collected papers of Charles S. Peirce* (1936-58) is followed here.

[2] Pierre-André Taguieff, *La force du préjugé. Le racisme et ses doubles*, Paris, La Découverte, 1987.

aimed at,[2] there is not much hope for establishing and developing the true conversation of mankind, to use Oakeshott's phrase. Instead, we will end up reiterating the frightening monologue of altericide, the symbolic or material suppression of 'otherness', in our societies. Some Latin American images drawn from a television advertisement will be analyzed in the semiotic and triadic framework proposed by Peirce, in order to account for the disturbing reiteration of altericide, whether it be through stereotypes and jokes used in publicity, or in popular humor. It may also serve to reflect on the possibilities that can encourage a semiotic inquiry into 'otherness'. The Peircean analysis of iconicity or the theory of the signs of "likeness" is used to describe the advantages of an epistemological model, one that presupposes a direct and mediated access to reality.

Between the evil of suppression and the deep subordination of the 'Other': two logics of exclusion

In *Other inquiries* (1952), Jorge Luis Borges recalls an autobiographical episode. It is a narrative trope that he uses in many of his short stories, which are often a mixture of narrative *haikus* and philosophical essays. This particular episode takes place during the Second World War, in Buenos Aires. Borges[3] tells us how he was invited to an assembly specifically organized in order to "confound anti-Semitism", an initiative he heartily approved of. With a mixture of cynicism and wistfulness, he remarks, however, that the purpose of the well intended congregation failed:

> There are several reasons for me not to be an anti-Semitic; the main one is the following: the difference between Jews and non Jews seems to me, in general, insignificant; at times illusory or imperceptible. Nobody, on that day, wanted to share my opinion; everyone swore that a German Jew is vastly different from a German. In vain, I reminded them that that is precisely what Adolf Hitler says; in vain, I hinted that an assembly against racism must not tolerate the doctrine of the Chosen Race; in vain I adduced the wise statement by Mark Twain.[4]

I will give now the original English-language quote from Mark Twain, partially reproduced by Borges: "I have no color prejudices nor caste prejudices nor creed prejudices. All I care to know is that a man is a human being, and that is enough for me; he can't be any worse."[5]

---

[3]Jorge Luis Borges, "Dos libros", *Obras Completas II*, Buenos Aires, Emecé, 1996, p. 102.

[4]The English translation of all the texts by Borges is mine.

[5]The quoted passage comes from an essay called "Concerning the Jews", which is part of the collection *The Man That Corrupted Hadleyburg and Other Stories and Essays* (New York: Harper & Brothers, 1900). In his usual, allusive, even misleading way Borges's reference is only to the collection's title.

The goal of this bittersweet Borgean anecdote, in what is actually a review of "two books" as the quite simple, almost Magritte-like title announces, becomes then clear:

> In this book as in others, H.G. Wells makes a vehement appeal for us to remember our essential humanity, and to refrain from mean differential traits, no matter how pathetic or picturesque they may be. In truth, this admonishment is not exorbitant: it just asks from the states, for their better coexistence, what an elementary courtesy demands from individuals.[6]

Borges ends his review of Wells' then recent (1941) book *Guide to the New World. A Handbook of Constructive World Revolution*, by mentioning that "in the work whose commentary I have sketched, Wells urges us to rethink the history of the world without any preference of geographical, economic or ethnical kind".[7] Through his use of litotes, and under the guise of a review, Borges produces a powerful statement concerning one of the worst dangers of racism, of the logic of exclusion in general, under any of its forms. The vast architectonics of the theory of signs or semiotic built by Peirce over half a century ago is, to a large extent, a systematic attempt to point out and correct the fallacies of dualistic, Cartesian metaphysics, which became the official way of thinking in modernity, both in science and in life. Among the many deleterious social effects brought about by dualism, there is the reproduction of the very logic of exclusion, which it aims to undo. Borges elucidates this very fact when, as an upshot of his frustrated experience in the already mentioned anti-nazi assembly in Buenos Aires, he provocatively asserts that H.G. Wells, the author he reviews

> Amazingly is not a Nazi. Amazingly, because almost all my fellow citizens are, even though they deny it or ignore it. Since 1925, there is no propagandist who does not think that the inevitable and trivial fact of having been born in a certain country and of belonging to a certain race (or to a certain good mixture of races) is a remarkable privilege and a good enough talisman. Proclaimers of democracy, who believe they are very different from Goebbels, enjoin their readers in the very dialect of the enemy to listen to the beats of a heart, which obeys the intimate commandment of the blood and of the soil.[8]

This is basically the same conclusion made by Taguieff (1987) after his lengthy and well-argued treatise of over 640 pages on "racism and

---

[6]The other book under review, which is alluded to in the title, is Bertrand Russell's *Let the people think*.

[7]Jorge Luis Borges, *op. cit.*, p. 102.

[8]*Ibid.*, p. 101.

its doubles", the book's subtitle. Both the Argentinian writer and the social scientist converge to denounce and analyze what Taguieff[9] describes as "the ideal-typical schematization" of racism. Taguieff accounts for this by determining "the conditions necessary to the consideration (*pensabilité*) of racism in relation to its possibility of expression (*exprimabilité*)." This is the methodological approach I will follow in this paper, with the help of Peircean semiotic, (i.e. the triadic analysis of sign action) with respect to the iconic:

> Our hypothesis has been that such ideal-typical schematization of that which is thinkable about racism, that such a modelling of the conditions of representation of racism offered the advantage of being a privileged way of entry to the analysis of contemporary representations of the Other in general. Only apparently a paradox: to study the ways of constructing the figure of rejection of the Other (racism) and at the same time to reject it as other.[10]

In what follows, I will rely on Taguieff's criteria in order to distinguish between two types of racism, described in his analysis of racist discourse as: **autoracism** (*autoracisation*) or "auto-referential racism ordered according to Me vs Us", and **heteroracism** (*hétéroracisation*) or "altero-referential racism ordered according to the Other". Autoracism underlies radical exclusion, the implacable extermination of the 'Other', whether carried out materially or symbolically, while heteroracism explains the subordination or exploitation of the 'Other', as in colonialism. The iconic representation that I use as an illustration of autoracism in the present text aims at depicting the rhetorical strategy of legitimizing, of making acceptable to common sense, the blunt refusal to relate to the threatening 'Other', thereby rejecting entirely a "differential relationship".[11] The chosen example contrives **not** to represent iconically the 'Other' as our rightful *interpretant*. The interpretant is defined as a more developed, complex sign which Peircean triadic semiotic posits as the only logical place wherein we can grasp the meaning of both our surrounding world and of our Self in it:

> We attain meaning and we come to the Other as that element which must somehow be interpreted, as that which—by definition—brings something new, or different into our understanding. The Other as an interpretant is always, in some measure, unexpected, or not entirely predictable.[12]

---

[9]Pierre-André Taguieff, *op. cit.*, p. 63.

[10] *Ibid.*, p. 62.

[11]*Ibid.*, p. 63.

[12] Fernando Andacht "The Other as our Interpretant", *S. European Journal for Semiotic* Studies, vol. 12-4, 2000, p. 634.

Borges' epigrammatic text from the first half of the twentieth century helps us understand the complexity of the logic of exclusion of the 'Other'. In the second half of the nineteenth century, the American semiotician Peirce systematically developed the doctrine of **synechism** or of logical continuity, in order to understand the all inclusive social logic which upholds mankind's growth of reasonableness (CP 5.4). This is a powerful logical tool, one which can contribute to overcoming the straitjacket of Cartesian dualism. Most importantly, when social exclusion is involved, synechism can help society to ward off the suppression of 'otherness'. Such suppression comes about by considering ourselves in complete detachment from others. The philosophical doctrine of continuity or synechism which underlies sign theory, holds as its central tenet that:

> You must abjure this metaphysics of wickedness. In the first place, your neighbors are, in a measure, yourself, and in a far greater measure than, without deep studies of psychology, you would believe. Really the selfhood you attribute to yourself is, for the most part, the vulgarest delusion of vanity. In the second place, all men who resemble you and are in analogous circumstances are, in a measure, yourself, though not quite in the same way in which your neighbours are you.[13]

In the end of his review-cum-humanist manifesto, Borges quotes Wells one more time to remind us that in the dualistic logic, in the very notion of a chosen people as opposed to lesser one, lies one of the greatest evils for mankind. Thus, if we were to entertain the fallacious idea that the people of Great Britain are a more noble kind of Nazis who struggle against the Germans to dominate the world, then there is little hope for us to overcome dualism, to enjoy freedom and equality. If the former do not represent all of humanity, they are nothing. Such a duty is a privilege, concludes Wells and with him, Borges, his reviewer. For peddling this good, in an odd way, as it turned out, did enjoy a remarkable commercial success, ever since it was launched in southern Brazilian television, if one is to judge from the commercial benefits it produced.

How to eradicate the 'Other' in a light key: the joy of keeping our own to ourselves

The example I chose to illustrate an instance of iconic mis-representation of the 'Other' in contemporary Latin America does not consist of the secret filming of an act of vandalism carried out by two middle-class young men, at a solitary warehouse full of large crates that contain the

---

[13]CP 7.571.

brand of beer they say they love and admire, the Polar beer made in the south of Brazil. It is a professionally performed audiovisual piece dedicated to extol the virtues of its good in an unconventional manner, and, if we are to judge from the commercial benefits it has produced for the advertised brand, it has enjoyed a remarkable success since its launch on southern Brazilian television. A very brief ethnical-geopolitical explanation of the cultural presuppositions underlying the Polar beer commercial seems to be in order. The two young male characters depicted in the ad are from Rio Grande do Sul, the southernmost region of Brazil. Their regional origin is to be inferred from their exaggerated rendering of the typical *gaúcho* accent. That part of the country can be considered an approximate Latin American equivalent to the Northern portion of Italy. The kind of prejudiced stories a traveler is often told in that part of Europe concerning the ways of people who dwell in the lower, southernmost part of Italy is an almost perfect echo of what one is told in Southern Brazil about the northeast, or even the whole northern territory of Brazil. The current stereotypes present the latter as a land of laziness, ignorance, backwardness and racial hybridity and, consequently, a place where there is a plentiful lack of desire to work and to advance and prosper in life (the way people do in the South of Brazil).

Contrary to expectations, the advertisement does not make use of beautiful young people, shown having a great time, while drinking a large amount of golden, bubbly liquid. *Prima facie*, the staged scene resembles a political manifesto, a radical ideological statement on a highly debated cause, most likely a kind of nationalism or some other fanatic struggle to assert one's identity. Except for the barely visible glass of beer in hand, and for the bottle that one of them wields angrily at the end of the advertisement, no image indicates the real nature of this publicity. The tone, the posture, the defiant looks and the outburst at the end of the advertisement, which depicts the two young men brandishing their spray-paint as they happily cross out the word "EXPORT" printed on the large wooden crates containing Polar Beer, all evoke iconically an engaged genre of discourse instead of a trivial TV beer advertisement. Whence comes the power of these otherwise trite images? Not only do the visual signs represent the most consumed kind of alcohol in Brazil, but also the "imagined community" described in Anderson's (1983) work on the creation of nationalistic symbols in the nineteenth century. In order to support this argument, I will go first to Peirce and then to Goffman, the microsociologist who developed a formal account of situational meaning in everyday life.

The hypoicon has "the distinctive function of making their objects immediately available, as they are in themselves, in any respect or perhaps even in *every* respect, which is quite a different function from that served by indexical or symbolic signs".[14] In this epistemic function lies the everyday value of the hypoicon. In a previous attempt to account for the ideological use of the hypoicon, I wrote the following:

> The lure of the hypoicon for mankind, its huge success story all through the past century and in this one, is inseparable from the oscillation between its being nothing but a diaphanous dream-like capsule in which we can immerse ourselves to have access to reality—thus an iconic variation of the suspension of disbelief attitude that is presupposed by literary enjoyment—and its hard, artifactual, technological implementation. I would like to call this semiotic lure *the see-through function* of hypoicons.[15]

Taken at face value, what is iconically and symbolically represented in this advertisement is a fierce challenge, a summons to a deadly duel involving the use of knives, against a menacing 'Other'. More concretely, this Other refers to the non-southerners in Brazil who dare drink the Polar beer produced "here in the South", because "the best is from here", as the slogan at the end of the advertisement states defiantly.[16] The trope used here is a metonymy which reunites product and producer, with a further link to the (supposedly) natural consumers of said beer. Notwithstanding the centrality of the violent challenge that is crucial to comprehend the advertisement, this speech act has been *etiolated*. Or, in John Austin's terms, this public discourse has been drained of its original *illocutionary force*. The whole episode depicted in the Polar beer commercial is the logical upshot of applying a key or frame, according to Goffman (1986), in order to determine the meaning of everyday situations that we experience as protagonists or as onlookers.[17] In all its daunting variety, the publicity genre keys or playfully

---

[14] Joseph Ransdell, "On Peirce's concept of iconic sign", *Iconicity. Essays on the nature of Culture*, P. Bouissac et al. (eds.), Tübingen, Stauffenverlag, 1986, p. 68.

[15] "Those powerful materialized dreams: Peirce on icons and the human imagination", *The American Journal of Semiotics*, vol. 17-3, 2001, p. 97.

[16] The dialogue includes these lines uttered with an unmistakable southern drawl by the two protagonists:—Because if you guys start to export this beer, there will be a fight!;—Yeah! With knife, a hard fight! (*Peleja brava, de faca!*)

[17] By the term key Goffman refers "to the set of conventions by which a given activity, one already meaningful in terms of some primary framework, is transformed into something patterned on this activity but seen by the participants to be something quite else. The process of transcription can be called keying. [...] the systematic transformation that a particular keying introduces may alter only slightly the activity thus transformed, but it utterly changes what it is a participant would say was going on. ... A keying, then, when there is one, performs a crucial role in determining what it is we think is really going on."

transforms every imaginable aspect of daily life, and produces an etiolated purport in familiar signs. In the present case, it is an unserious depiction of a political, segregationist statement that seems to take up where the Farroupilha revolution (1835-1845), that proclaimed the *República Riograndense* (Republic of Rio Grande do Sul), left off. However, it is not hard to find serious expressions of this sentiment nowadays. An example of this is found in the manifesto of the separatist movement of Rio Grande do Sul, the "*O Sul é o nosso país*" (= The South is our own country), which appears in many *gaúcho* websites.[18]

The reason for my Goffmanian approach to the semiotic issue of situational meaning is that one of the oldest and most common discourse defense strategies is involved here. The use of a playful key is always ready at hand when we face an embarrassing social situation, the unwanted effect of something we said or did wrongly: 'It was (only) a joke!' It may be a lame excuse, but it is the sort of reply we would probably receive, I assume, if we were to tell the people responsible for this publicity, be it the manufacturer or the advertisers, that this advertisement is a problematic, disturbing iconic mis-representation of the 'Other', or that the 'Other' is being overtly denied the right to consume something that is deemed to be excellent, simply because she or he is not one of us, not from here. It does not take a feat of the imagination to extend this partial denial – *not to consume our X* – to a far more disquieting and generalized refusal, namely *not to be in our X* (land, place, etc.), and therefore *not to be or have anything to do with 'Us'* at all.

Before discussing the exclusion logic as seen in this iconic representation, which may appear to be nothing but a simple matter of political correctness, I would like to call your attention to another interesting aspect of this atypical advertisement. How can the two young men blatantly deny the highest value to which every kind of good and service aims, in our globalized, consumer-oriented world? Let us first observe the facts, because even in the fantasy ridden land of publicity, facts do exist. In truth, the crux of this advertisement, the belligerent plea not to export this brand of beer brewed in the south of Brazil since

---

[18] "Não é sem razão, que o sulino sempre afirmou orgulhoso, que as fronteiras brasileiras se consolidaram na "ponta de sua lança e nas patas de seus cavalos". Somos um povo que tem seu passado escrito com o sangue e o trabalho de nossos ancestrais, e exatamente por termos consciência deste patrimônio histórico, é que nos sentimos responsáveis pela história que haveremos de deixar para os que vierem depois de nós. Somos amantes do trabalho e da liberdade, mas queremos ser os responsáveis pelo nosso destino." This statement was taken from a website that displays the star-spangled blue flag of the secessionists as well as other symbols and explanations of their legitimate status in present day Brazil. See *Página do Gaúcho* website [http://www.paginadogaucho.com.br/ hist/gesul.htm].

1945 to be consumed (exclusively) there, is based on a lie. The untruthful statement is probably one of the oldest and simplest strategies in "adland." Words such as 'Premium', 'Special', '(For) Export', 'Class A', all function as semantically empty place-holders that through time and heavy use, have become almost invisible, semiotically inactive. That is where this advertisement placed all of its creative energy. It selected a regional beer, the third most popular in sales with 15.8% of market-share according to the publicity agency, and then tautologically stated the obvious by denying the false: that which is consumed 'here' must only be consumed 'here', and not be sent abroad (which it never was and, probably, never will be). Among the various brands produced by the Brazilian beer giant AMBEV, (now merged with the even larger Interbrew from Belgium) there are some other beer brands which are indeed of national and/or international scope. The clever marketing strategy was to turn a commercial weakness because of limited local consumption—a simple fact thus neither good nor bad—into a matter of pride, to spite the potential consumers from outside of said region and thus outside of the area of influence of this brand. In the Polar beer advertisement, these matter-of-factly outsiders are told to remain there, to stay away, as troublesome and excluded others. Then, the playful key sets in: it employs an already "meaningful primary framework" such as the notorious 'machismo' image of the Southern Brazilians.[19]

One outcome of this publicity campaign was the odd sight of many young men (more men than women) who happily tore off the *EXPORT* part of the label of the Polar beer bottle. Furthermore, a dramatic increase in the sales of this product in the region resulted. Because of their age, young consumers could be expected to be rebellious, and also to share the two actors' self-assertive nature, however, they obediently followed the command shown in the commercial. In that manner, they were playing a rather vicious game: one which repels a potential exchange or contact with the 'Other' through the sharing of material and symbolic goods deemed to be the best for 'Us'. The 'Other' is construed as a threatening presence who can take away all that is most valued by 'Us.' Although my present argument may seem to be an odd defense to an all too common commercial strategy, one in which the globalizing process resides, what I am trying to illustrate is that the

---

[19]In 2003, there was a joke made in a humorous program on national television (*Casseta e Planeta*, in Rede Globo), in which mock reporters who attended the Gay Pride March in cosmopolitan São Paulo, asked gay people who were parading there, when they had assumed their *gaucho* identity, when they had come out of the closet and accepted being *gaúchos*, etc. This joke caused quite an uproar, one which even involved the intervention of politicians from this region of Brazil, and intense internet activity for boycotting the television program for its aggression against the manly, traditional gaúcho way of life.

denied in a mocking yet savage way—the commercial's main rhetorical trope—is a thinly disguised way to use the 'Other' as a target for anger, and to enforce the exclusion of anyone who was not born there and who, thereby, does not belong to the southernmost part of Brazil. To reject vehemently the EXPORT symbol in this way is equivalent to the violent rejection of any proximity or affinity with the 'Other' on behalf of preserving ourselves safely apart.

Far from encouraging any kind of imaginary encounter or exchange with the 'Other', and not only of commercial nature, this iconic representation discards brutally such a possibility. In a way that resembles racist or ethnic jokes against minorities, the interpretant or sign effect that the advertisement is aimed at producing, is the exaltation of the frightening dualistic logic that carries out its analyses with an axe, leaving behind unrelated chunks of society, to paraphrase Peirce. An excessive emphasis on one's own racial or regional difference to the detriment to the Other, as Borges[20] timely warns us, comes perilously close to asserting the sheer evil embodied by the Other. This inevitably leads to expressing the desirable termination of his or her existence. Although downplayed in this 2003 Brazilian television commercial as just another endless gag used by contemporary marketing to sell a persuasive sentimental education,[21] it still asserts the need to extirpate the Other's troubling existence, which supposedly is a threat to our own. This can in no way be an acceptable iconic sign in an age when a closer contact with the 'Other' is so desperately needed. In fact, the last thing society needs is to foster mistrust and alienation from the Other, who can only be a source of understanding of ourselves, not the barrier to the precious process of self-interpretation. Maybe a *semiotician cum ombudsman*[22] could be of some possible help to develop the critique of media ecology, which has become as necessary as the preservation of our material environment.

Some concluding signs that lead to a brighter future

What the humanist Borges wrote so succinctly and modestly while reflecting on the complexity of the logic of exclusion in the first half of the twentieth century, and what the logician Peirce developed as the

---

[20] Jorge Luis Borges, *op. cit.*

[21] It is a learning process that involves, at its heart, our becoming familiarized with those things that cannot buy happiness, as a rather cynical Master Card TV campaign shows, by giving the prize tag of each displayed good, but which do promise our coming quite close to happiness, by simply consuming all those things.

[22] "El semiótico como Ombudsman", *Estudios Semióticos*, vol. 13-14, 1988, p. 255-261.

philosophical kernel of his general system of signs in the second half of the nineteenth century, have helped me analyze a concrete case of (mis)representation of the 'Other' in contemporary Latin American media, and to reach the following conclusion. Borges' defense of "our essential humanity" finds an echo in Peirce's doctrine of synechism. The latter is a most powerful logical tool to learn how to avoid the blind alleys to which dualism inevitably leads us. Instead of acknowledging our essential debt to the Other, dualistic thought suppresses 'otherness' and fosters individualism, the inclination to consider ourselves as wholly disconnected from the community. Without a doubt, it would help mankind "to refrain from mean differential traits" (Borges), and to bear in mind the purport of *synechism*.

In a recent publication, Imbert[23] discusses the notion of space in modernity, which, as he rightly observes, is closely linked to *"les paradigmes dualistes"* (the dualist paradigms). A central aspect of modernity is to construe "the Self as synonymous with the inner (realm) and the 'Other' with the external". In a modest but insightful footnote, Imbert[24] posits a crucial idea, namely, that the logic of exclusion is based on unwarranted synonymy: "If 'self' (*soi*) and interior, just like 'other' (*autre*) and 'external' are not synonymous, alterity could come to be acknowledged as being internal, in the way it is emphasized by Lévinas, a dynamics which would preclude the known dynamics of exclusion".[25] Neither utopian nor dystopian, my sociosemiotic analysis of the relationship with the 'Other' in our complex times of globalized coexistence attempts to provide a tool for clarifying "an intellectual conception", as Peirce conceived the epistemological and methodological aim of his pragmatic maxim to be, one hundred years ago: "In order to ascertain the meaning of an intellectual conception, one should consider what practical consequences might conceivably result by necessity from the truth of that conception; and the sum of these consequences will constitute the entire meaning of the conception".[26]

By discussing in some detail a banal but influential iconic misrepresentation of the Other drawn from Latin American media, my aim is to contribute to the esthetic and ethical undoing of the formidable barrier created by the mis-recognition and mis-interpretation of the Other as someone who is completely separate from us. By so doing, we can

---

[23]Patrick Imbert, "Cartographies de la modernité étatique et de la postmodernité économique et libérale", *L'interculturel et l'économie à l'œuvre*, Ottawa, Les Éditions David, 2004, p. 52.

[24]*Ibid.*, p. 52.

[25]My translation.

[26]CP 5.9, 1905.

entertain the hope of there being, in visual terms, a real acknowledgment of the *internal* status of alterity, as Imbert discusses it. The greatest mystery and finest achievement in these times is to account for the Other in the Self: him or her as an active component of our self-definition, of what we fear and admire in ourselves and around us. This non-utopian representation would be a most adequate upshot of the pragmatic maxim when we apply it to that most complex notion, our identity in these troubled, global times.

Bibliography

ANDACHT, Fernando, "Crónica de un otricidio", *El paisaje de los signos*, Montevideo, Montesexto, 1987, p. 129-143.

ANDACHT, Fernando, "El semiótico como Ombudsman", *Estudios Semióticos*, vol. 13-14, 1988, p. 255-261.

ANDACHT, Fernando, "The Other as our Interpretant", *S. European Journal for Semiotic Studies*, vol. 12-4, 2000, p. 631-655.

ANDACHT, Fernando, "Those powerful materialized dreams: Peirce on icons and the human imagination", *The American Journal of Semiotics*, vol. 17-3, 2001, p. 91-116.

ANDERSON, Benedict, *Imagined communities: reflections on the origin and spread of nationalism*, London, Verso, 1983.

BORGES, Jorge Luis, "Dos libros", *Obras Completas II*, Buenos Aires, Emecé, 1996.

GOFFMAN, Erving, *Frame Analysis. An essay on the organization of experience*, Boston, Northeastern University Press, 1986.

IMBERT, Patrick, "Cartographies de la modernité étatique et de la postmodernité économique et libérale", *L' interculturel et l'économie à l'œuvre*, Ottawa, Les Éditions David, 2004, p.47-71.

PEIRCE, Charles Sanders, *Collected Papers of C. S. Peirce Vol. I-VIII*, C. Hartshorne, P. Weiss and A. Burks (eds.). Cambridge, Mass., Harvard University Press, 1931-1958.

RANSDELL, Joseph, "On Peirce's concept of iconic sign", *Iconicity. Essays on the nature of Culture*, P. Bouissac et al. (eds.), Tübingen, Stauffenverlag, 1986, p. 51-74.

TAGUIEFF, Pierre-André, *La force du prejugé. Le racisme et ses doubles*, Paris, La Découverte, 1987.

TWAIN, Mark, "Concerning the Jews", *The Man That Corrupted Hadleyburg and Other Stories and Essays*, New York, Harper & Brothers, 1900.

Carlos Fuentes
ou la frontière dans tous ses états

María Fernanda Arentsen
Université d'Ottawa

> *Cette question de la frontière est extrêmement complexe.*
> *Parce que nous ne savons pas au fond, jusqu'où cela va;*
> *par exemple, il n'y a pas de société qui soit vraiment une,*
> *la plupart des sociétés sont divisées en groupes et ces*
> *sous-groupes sont déjà des espèces de frontières qui en*
> *quelque sorte s'humanisent, qui deviennent moins impénétrables,*
> *qui offrent des possibilités d'échanges.*
> René Girard, *Des choses cachées depuis la fondation du monde*

Dans notre monde globalisé, où les grands récits se déconstruisent, où les discours se déterritorialisent et territorialisent, où les certitudes s'effacent, nous pourrions penser que, pareillement, les limites qui signalent l'exclusion s'estompent à cause des déplacements : déplacements des capitaux, des technologies, des savoirs, des êtres humains. Mais la situation est plus complexe comme on le verra par une lecture de la représentation du déplacement dans *Le vieux gringo* de Carlos Fuentes. Ce roman est publié en 1985 mais l'histoire se déroule à l'époque de la Révolution mexicaine. On analysera donc comment sont représentés les déplacements par rapport aux frontières pour voir si les frontières sont un facteur d'exclusion ou bien si elles sont là pour être franchies et pour accueillir.

Dans *Le vieux gringo*, Carlos Fuentes présente la frontière comme une cicatrice. Les cicatrices, physiques ou psychiques, sont les marques des anciennes blessures, dont les origines peuvent être multiples : trahisons, révolutions, pertes, discrimination, pauvreté... Nombreuses sont encore celles qui saignent; tel est le cas de la frontière Nord du Mexique. Fuentes explore la frontière en tant que cicatrice à partir non seulement du regard des Mexicains, mais aussi de celui des Gringos. Or, dans ce roman, les représentations de la frontière en tant que cicatrice suggèrent-elles un principe d'exclusion ou, au contraire, un point de liaison? C'est dans cette perspective que nous nous pencherons sur trois types de frontières : celles qui délimitent le territoire des États-nations, celles qui se trouvent à l'intérieur des États que l'on appelle humaines et finalement, celles qui appartiennent à l'individu, c'est-à-dire les frontières personnelles. Nous glisserons donc volontairement du référent réel au référent figuré de la frontière pour toucher le domaine du métaphorique.

La notion d'exclusion suppose son contraire, l'inclusion, concept binaire qui correspond à celui d'intérieur/extérieur, à ce qui est dedans et ce qui est dehors. Ces représentations nous aident, dans un premier temps, à mieux comprendre l'enjeu de la problématique de l'exclusion, même si elle ne suffit pas à exposer toute sa complexité[1]. L'image d'un extérieur et d'un intérieur en suggère, à son tour, une autre : la présence d'une ligne, réelle ou imaginaire, qui morcelle, découpe, divise, sépare une partie d'une autre. Cette démarcation, nous l'appelons lisière, borne ou frontière[2].

La frontière géopolitique

Le paradigme intérieur/extérieur évoque donc un espace clos, physique, temporel ou idéologique... Il s'agit d'un espace fermé, protégé. En ce sens, Michel Oriol commente : « La frontière (*border*), ligne pleine et continue, marque l'opposition d'un intérieur et d'un extérieur, et se substitue à des limites (*boundaries*) fort imprécisément spatialisables, tenant plutôt aux mœurs et aux pratiques, et qui signalent la coprésence du même et de l'autre[3]. »

Examinons d'abord l'idée de l'espace géographique délimité par la frontière. L'intérieur de ce domaine, habité par le Même, est un espace perçu comme un lieu d'échange, de communication, comme opportunité et possibilité de vie. Or, il arrive souvent que ce lieu de protection soit perçu comme un lieu menacé par une mort éventuelle, une fin qui découlerait de la menace potentielle que représente l'Autre, c'est-à-dire celui qui habite au-delà de la frontière.

L'espace de la frontière a toujours inspiré une énorme fascination. René Girard explique que dans les sociétés primitives, les rites et les interdits garantissaient une certaine paix puisqu'ils établissaient ce que les membres d'une même communauté ne pouvaient pas désirer. Par le biais des interdits, les sociétés assuraient leur survie. Mais comment contrôler le désir de l'Autre[4]? Étant donné que l'Autre pouvait toujours

---

[1]Comme le souligne Roland Barthes dans *Éléments de sémiologie*, le binarisme est insuffisant pour rendre compte pleinement de la complexité des signes, mais il reste un instrument précieux à l'analyse.

[2]Pour d'autres notions concernant la frontière, voir, dans le présent volume, le texte d'Anthony Purdy « Heterotopia Revisited in an Age of Globalization ».

[3]Michel Oriol, « Identité produite, instituée, exprimée », *Cahiers internationaux de sociologie*, vol. LXVI, 1979, p. 25.

[4]En ce sens, Girard explique que le conflit n'est autre chose qu'un mouvement d'identification réciproque par rapport à un objet. Deux individus désirent le

pénétrer dans l'espace sécuritaire et s'approprier des biens de la communauté en propageant la mort et la destruction à l'intérieur même de cet espace qu'on avait pris soin de fermer pour se protéger et pour l'exploiter.

Cette dynamique d'appropriation territoriale demeure une constante dans l'histoire de l'humanité. Ainsi, d'un point de vue géopolitique, pourrait-on définir les frontières, comme le fait Jorge Mañac : « un front d'avance qui s'est stabilisé. [En effet], après une phase dynamique d'exploration pacifique ou de conquête violente, la lutte pour un territoire s'arrête plus ou moins définitivement[5]. » De sorte que la fixation de la frontière est presque toujours arbitraire, elle matérialise un geste de pouvoir, d'où le fait qu'elle repousse et séduit en même temps.

Cette histoire toujours renouvelée est aussi celle de la frontière sud des États-Unis, qui s'est avancée dans la conquête du territoire mexicain pour s'arrêter seulement au Rio Bravo « la blessure qui, au Nord, s'ouvrait comme le fleuve[6] ». L'image de la blessure est clairement formulée dans le roman :

> [...] Pour les Mexicains, la seule cause de la guerre étaient toujours les Gringos.
> Mansalvo regarda, sans le vouloir, la frontière du côté nord-américain.
> — Le Vieux gringo disait qu'il n'y a plus de frontière pour les Gringos, ni vers l'Est, ni vers l'Ouest ni vers le Nord, seulement vers le Sud, toujours vers le Sud- dit le combattant et il déplia une coupure de presse.
> — Toujours vers le Sud — répéta Inocencio Mansalvo. — Quel dommage! C'est pourquoi celle-ci n'est pas une frontière mais une cicatrice[7].

Ainsi, le sentiment des Mexicains est un sentiment de perte, de rancune, comme l'exprime le colonel Frutos Garcia, en s'adressant au cadavre du Vieux gringo : « — Ne pensez-vous pas que toute cette terre a été la nôtre? Ah! Notre rancune et notre mémoire vont ensemble[8]. »

---

même objet et coïncident dans le mouvement d'appropriation de celui-ci, ce qui fait éclater le conflit.

[5] Jorge Mañac, *Teoría de la Frontera*, Puerto Rico, Editorial Universitaria de Puerto Rico, 1970, p. 52, notre traduction.

[6] Carlos Fuentes, *Gringo Viejo*, México, Fondo de Cultura Económica, 1985, p. 16, notre traduction.

[7] *Ibid.*, p. 175, notre traduction.

[8] *Ibid.*, p. 17, notre traduction.

Polyvalence de la frontière

Toutefois, il y a aussi des raisons plus profondes, voire religieuses (dans un sens archaïque) qui expliquent la fascination et l'effroi que provoquent les frontières. Girard précise que les cultures sont liées à des fondations victimaires et spatiales. Durant ces fondations, les collectivités génèrent des victimes humaines, dont les cadavres sont mis en morceaux pour être ensuite déposés dans des lieux différents, dans les limites de leurs territoires. Chez les Grecs aussi, précise-t-il, les condamnés à mort étaient mis à la frontière.

> Par conséquent le lieu de l'humain dans les sociétés archaïques c'est à l'intérieur de ces frontières. [...] Cela implique qu'au-delà des frontières rien n'est humain, c'est-à-dire que tout est permis et qu'on se trouve dans un domaine de l'incompréhensible, du danger absolument permanent qui est aussi un domaine tout à fait fascinant[9].

Si au-delà de son propre territoire tout est permis, il n'est pas étonnant que Harriet se soit déplacée au Mexique pour se sentir en vie, pour se permettre d'aimer, de jouir et de se débarrasser de ses propres barrières. Pour elle, la traversée de la frontière est double : elle est géopolitique et personnelle. Mais la frontière personnelle est franchie parce que l'autre frontière l'a été aussi. C'est en étant Gringa, c'est-à-dire étrangère, qu'elle se permet la vie et la liberté.

Quant à l'autre sens souligné par Girard, celui de la frontière comme espace de danger absolu, voire de mort, c'est l'espace recherché par le Vieux, lui aussi, non seulement étranger, mais Gringo. Lorsque le Vieux traverse la frontière, il est déjà un homme mort. Il ne sait pas exactement quand, où, ni comment il va mourir, mais il a la certitude de sa mort, « être Gringo au Mexique, ça c'est de l'euthanasie! », répète-t-il souvent.

Ceci dit, il faut préciser que le territoire de la frontière est un espace contradictoire, complexe et plurivalent[10], comme l'explique Girard :

> ce domaine, dans la mesure où il commence à s'appriviser un peu, devient le domaine de l'échange avec l'autre. [Parce qu'] à l'intérieur

---

[9] Marie-Louise Martinez, « Entretien avec René Girard. Vers une anthropologie de la frontière. » Propos recueillis le 31 mai 1994 au CIEP, Sèvres, dans [http://home.nordnet.fr/~jpkornobis/frontiere1.htm].

[10] À titre d'exemple, à propos du double aspect de la frontière, citons ce commentaire de Jorge Mañac : « la mission de la frontière est double : d'une part, elle doit agir comme limite, c'est-à-dire qu'elle doit contenir, dans le domaine qu'elle démarque, les essences particulières qui constituent ce qui distingue sa personnalité, les objets légitimes de son amour propre. [...] D'autre part, la tâche de la frontière c'est d'offrir au peuple ou aux peuples qui l'épaulent, l'opportunité de contempler, non pas d'une manière abstraite, mais par le biais d'une expérience de compénétration, la valeur relative de deux réper-

d'une même communauté on ne peut plus rien faire, on ne peut plus se nourrir sans risquer la rivalité mimétique, on ne peut plus se marier, on ne peut plus posséder, penser, etc. Par conséquent c'est à partir d'échanges avec l'extérieur qu'on va prospérer[11].

Or, les frontières ne signalent pas uniquement les limites des États-nations, mais aussi les limites d'autres types d'espace sécuritaire, que Michel Oriol définit comme « imprécisément spatialisables, tenant plutôt aux mœurs et aux pratiques, et qui signalent la coprésence du même et de l'autre[12]. » Les individus qui habitent ces univers clos, fixés, perçoivent leur appartenance au groupe en s'y associant de manière identitaire[13], puisque l'identité est élaborée en fonction des relations de l'individu avec les autres membres de sa communauté, par rapport auxquels il établit des liens de ressemblance et de différentiation.

Cette frontière invisible dans laquelle nous nous enfermons, soit volontairement, soit par nécessité ou par imposition sociale, ne reste pas moins une prison, et de ce fait, elle est aussi source de conflit. Arroyo, en parlant de la Révolution avec Harriet, lui signale l'existence de cette subtile forteresse ; l'identité construite pour avoir intégré le discours de son groupe :

> — Gringa, je suis encore enfermé. [...] Je me sens encore prisonnier de ce que je fais, comme si, encore une fois, je ne bougeais plus.
> Il était enfermé dans le destin de la révolution où elle l'avait surpris[14].

D'ailleurs, les frontières sont rarement équitables, bien au contraire, elles se bâtissent sur une claire hiérarchie. La complexité plurivalente des frontières (limite mais aussi point d'échange) se manifeste également dans tous ses aspects. Mañac explique cet aspect de la frontière : « Toute frontière est une situation dans laquelle opèrent en même temps des relations de continuité et d'opposition entre deux sphères d'intérêts et ceux-ci peuvent être plus ou moins importants. Il existe donc une hiérarchie des frontières, selon l'importance des intérêts et les destins que ceux-ci engagent[15] ». En ce sens, le déséquilibre de la fron-

---

toires de valeurs différentes et le profit qui s'en suit d'adopter du voisin les valeurs universelles qui manquent à sa propre culture, voilà le métier de la communication. Donc, la frontière échoue quand elle se renferme dans un dogmatisme d'hostilité de province [...].

[11] Martinez, *op. cit.*

[12] Michel Oriol, *op. cit.*

[13] Dans une perspective philosophique et psychologique, l'identité est ce qui est égal, équivalent ou semblable à soi-même.

[14] Fuentes, *op. cit.*, p. 123, notre traduction.

[15] Jorge Mañac, *op. cit.*, p. 81, notre traduction.

tière Nord du Mexique est mis en évidence par le fait qu'elle peut être traversée par les Gringos, mais ne peut être franchie que par certains Mexicains, nullement par tous :

> — Eux, les Gringos, oui — dit le colonel Frutos García —, ils passent leur vie à traverser les frontières, les leurs et celles des autres — et maintenant le vieux l'avait traversée vers le sud parce qu'il n'avait plus de frontières à traverser dans son propre pays[16].

Les divisions à l'intérieur des États-nations

Le sentiment d'appartenance à un groupe quelconque va de soi en ce qui concerne les adhésions — ou, tout du moins, les sympathies — intellectuelles (groupes politiques, idéologiques, religieux) et les intérêts matériels (alimentation, protection, etc.). Quoique ces espaces soient « imprécisément spatialisables », ils n'en demeurent pas moins excluants. Ainsi, on est paysan ou noble, catholique ou protestant, Chinois, Arabe ou Juif, Noir ou Blanc, homme ou femme, riche ou pauvre, normal ou handicapé, etc. Ces exclusions ont basculé trop souvent vers des génocides dont les morts se comptent par millions. Jacques Allard, en examinant les « frontières intimes » du Québec, commente :

> [...] Après l'éclatement de l'URSS, de la Yougoslavie ou de la Tchécoslovaquie, le mot a resurgi dans la terrible singularité du vécu. Il y a eu tout à coup cette frontière qui reprenait sa place : la culturelle. En dépit de toutes les délimitations étatiques, les limites intérieures reparaissaient. On avait beau forcer l'union des peuples et jouer la mondialisation, revenait la pertinence des regroupements humains : la culture, en particulier la langue et la religion qui l'informent.
> On pouvait par la violence faire varier le territoire des États, mais, à travers l'histoire, ne semblaient productifs et pérennes que ceux dont la culture était unifiée. Et l'on recommença à dire que les nations ou ethnies vivaient de leurs différences, des frontières propres qui les constituaient[17].

De la sorte, nous pourrions affirmer que la définition de Mañac s'applique aussi aux espaces intérieurs. Ou, pour le dire avec les mots de Girard, il s'agit de frontières humaines, de sous-groupes qui sont déjà des espèces de frontières qui en quelque sorte s'humanisent. D'où les efforts pour attirer l'adhésion des individus envers une certaine idéologie, pour les convertir à une religion, donc pour provoquer leur adhésion au groupe dans le but d'en augmenter les membres. Ou, bien

---

[16] Carlos Fuentes, *op. cit.*, p. 13, notre traduction.

[17] Jacques Allard, « Le mot de l'Académie — Frontière », *Le Devoir*, mardi 25 juin 2002.

au contraire, dans le cas des luttes antagoniques d'exclusion de type économique, de pouvoir ou ethniques, les efforts sont déployés dans le but d'augmenter son propre pouvoir économique ou symbolique. De ces efforts résulte souvent l'exclusion et, en ce sens, elle fait partie de cette avancée (plus ou moins violente) qui aboutit au scellement d'une frontière. La Révolution mexicaine évoquée par Fuentes illustre bien la lutte, à l'intérieur d'un État-nation, entre deux groupes sociaux pour envahir le « territoire » de l'Autre et de ce fait pour en renverser le pouvoir économique, politique et social.

Même à l'intérieur des États-nations, les frontières ne sont pas uniquement humaines. Dans le cas des classes sociales aisées, les possessions et les propriétés privées sont des territoires délimités bien distinctement. C'est le cas de l'hacienda de la famille Miranda, qui « possédait » ces terres parce qu'elle en avait pris possession. Selon Arroyo, ces terres étaient

> cernées par un désert qu'ils ont voulu stérile et dur pour se protéger, mur de soleil et d'acacia pour démarquer ce qu'ils ont pris, dit Arroyo, et une autre chose c'était d'en être vraiment le propriétaire parce que nous avons travaillé pour l'acquérir. […]
> – Nos documents sont plus anciens que les leurs[18].

Le droit à la propriété, prouvé par les documents du Général Arroyo, représente le droit à la liberté. La propriété sauve les agriculteurs du travail servile, forcé. Elle permet de rejeter la condition d'esclave mais aussi celle de brigand[19].

Le refus du servage suppose le droit au déplacement, comme l'explique Patrick Imbert, au sujet de la plus grande révolution du XIXe siècle, qui eut lieu aux États-Unis et qui consista à démocratiser le droit à la propriété :

> Le rapport à un territoire immense et considéré comme vide ou barbare, selon le célèbre paradigme dualiste barbarie/civilisation diffusé par Sarmiento dans son essai *Facundo*, passe donc par l'arpentage, la définition de nouvelles limites, l'exploration et par le rêve d'autres espaces. Cela a pour corollaire le droit à la propriété, qui est l'idée révolutionnaire mise en place par la Révolution américaine. Ce droit se traduit par le don ou la vente de titres basés sur le cadastrage scientifique du territoire, ainsi que sur l'enregistrement légal. Mais bien des problèmes se posent dans ce domaine où la propriété, avec le droit de vendre, est ce qui permet de capitaliser, de se déplacer (par opposition au servage) et d'affirmer une valeur individuelle et symbolique, dans un monde qui assure une base économique générant des changements

---

[18] Carlos Fuentes, *op. cit.*, p. 34-35, notre traduction.
[19] *Ibid.*, p. 36, notre traduction

et une possibilité d'expansion, les deux planifiés sur la possibilité d'obtenir un crédit (par opposition aux non-propriétaires qui dépendent de l'offre de travail)[20].

Pour le Général Arroyo, la Révolution représente l'opportunité de redonner à ses gens ce qui leur appartient, non dans un sens idéal ou métaphorique, mais d'une justice incontestable car, paradoxalement, seul le fait d'être propriétaires de la terre garantit aux hommes et aux femmes la liberté et, avec elle, le droit au déplacement. Un des personnages, Ignacio Mansalvo l'explique ainsi à Harriet : « Je veux que les haciendas soient détruites et qu'on laisse les paysans en liberté pour qu'on puisse aller travailler là où on veut, en ville ou au Nord, dans votre pays, Mademoiselle. Et oui, jamais je ne me lasserai de lutter. Penché, seulement, non : je veux qu'on me voie le visage[21]. »

Ainsi, il faut se battre pour franchir les limites territoriales, sociales et économiques dans lesquelles les paysans sont enfermés. Cette lutte d'affranchissement est aussi un front d'avancement, bien qu'il ne soit pas perçu comme une invasion du territoire de l'Autre, mais comme une récupération, qui aura comme corollaire un mouvement vers l'inclusion dans un territoire plus vaste et incertain, celui de la liberté du déplacement.

Les murs personnels

En approfondissant encore l'exploration de la segmentation imposée par les frontières, il faudrait parler des frontières individuelles. En effet, l'identité individuelle se construit par identification et par opposition. Nous nous définissons par notre histoire personnelle, par nos choix, par une certaine sensibilité, mais aussi par rapport à certains traits identitaires que nous partageons avec d'autres individus, comme la langue, le sexe, la religion, l'apparence physique, l'adhésion à un système de croyances. Nous construisons nos propres murs individuels qui nous protègent, nous procurent la sensation d'abri, d'interdépendance et de différentiation.

De ce fait, nous pensons être en mesure d'accueillir ou de refuser l'Autre, nous croyons que nous pouvons juger et condamner les *différents*[22]. Paradoxalement, nous nous appliquons à construire, voire à cultiver notre différence pour nous distinguer des *Autres*. Ces murs intérieurs sont les fondations qui permettent la solidification des autres

---

[20]Patrick Imbert, « Corps, territoire et texte au Canada et en Amérique Latine aux XIXe et XXe siècles », sous presse, Mendoza, Ediciones Norte-Sur, 2004.

[21]Carlos Fuentes, *op. cit.*, p., notre traduction.

[22]Quelle est cette différence ? Fuentes, dans le *Vieux Gringo*, l'exprime ainsi : « Cette nuit-là, pendant qu'il sommeillait, habillé en noir, sur la natte, en

frontières, celles du groupe (culturel, ethnique, religieux, sexuel ou national). Harriet Winslow, un des personnages de *Gringo Viejo*, l'exprime ainsi :

> « Et la frontière d'ici, à l'intérieur? », avait dit la Gringa en se touchant la tête. « Et la frontière là-dedans? », avait dit le général Arroyo en se touchant le cœur. « Il y a une frontière que nous osons traverser seulement la nuit — avait dit le Gringo viejo — : la frontière de nos différences avec les autres, celle de nos combats avec nous-mêmes »[23].

Les humains, êtres complexes constitués d'un corps physique (sexué), d'une psyché, d'une vie spirituelle et d'une vie affective refoulent dans leur abri personnel leur propre système de croyances, leurs désirs, leurs rêves... leurs cicatrices. Il arrive souvent que ces cicatrices psychiques deviennent des murs, voire de nouvelles frontières. Pour revenir à la définition de Mañac, nous pourrions avancer que les cicatrices devenues frontières ont bien souvent la même origine : il s'agit d'une marque laissée par une blessure produite par un geste d'avancée à caractère généralement violent. Dans le cas de Tomas Arroyo, personnage par qui s'exprime la voix de la Révolution, ce ne sont pas les étrangers qui lui ont occasionné une blessure, mais ses propres compatriotes, les propriétaires de l'hacienda où il est né. Arroyo raconte :

> Ils s'ennuyaient : les seigneurs de l'hacienda venaient ici seulement de temps en temps, pour passer les vacances. Le contremaître administrait leurs affaires. [...] Lorsqu'ils venaient, ils s'ennuyaient et ils buvaient du cognac. Aussi, toréaient-ils les vaches. Ils galopaient aussi dans les humbles champs de culture pour effrayer les pions penchés sur les humbles cultures de Chihuahua de salade, et du faible blé, les haricots, et les hommes les plus chétifs, ils les frappaient avec leurs machettes plates sur le dos et ils liaient les femmes et après ils les baisaient dans les étables de l'hacienda, tandis que les mères des jeunes chevaliers feignaient ne pas entendre les cris de nos mères, et les pères des jeunes chevaliers buvaient du cognac dans la bibliothèque en disant, ils sont jeunes, c'est l'âge de la fête, il vaut mieux maintenant que plus tard. Ils vont se calmer. Nous avons fait pareil[24].
> [...] — Je suis le fils de la fête, le fils du hasard et du malheur, made-

---

écoutant la lourde respiration de ses amphitryons, sentant les odeurs épaisses du couple et de leurs chiens, différents de lui parce qu'ils mangeaient différemment, et qu'ils pensaient, aimaient et craignaient différemment, il a aimé cette idée, qu'ils lui avaient offert une maison. » Fuentes, *op. cit.*, p. 20, notre traduction.

[23]*Ibid.*, p. 13, notre traduction.
[24]*Ibid.*, p. 64, notre traduction.

moiselle. Personne n'a défendu ma mère. Elle était une jeune fille. Elle n'était pas mariée et n'avait personne pour la défendre. Regardez miss. Personne ne défendait personne ici. Même pas les taureaux. Castrer des taureaux, c'était plus excitant que baiser les paysannes. J'ai vu comment leurs yeux brillaient lorsqu'ils criaient en castrant : *bœuf, bœuf!* [25].

Comme le Général Arroyo, chaque personnage du récit a ses propres blessures. Le Vieux gringo est un vieux amer, dévoré par l'angoisse de se sentir responsable de la mort de ses êtres chers. Il est venu au Mexique pour traverser la dernière frontière, celle de la mort. Quant à Harriet, elle est blessée aussi par l'abandon de son père, par la rigidité de son éducation puritaine, par l'hypocrisie de sa société, par l'exclusion à laquelle la condamne la pauvreté. Mais par-dessus tout, elle est blessée par son impuissance à se sentir en vie, à aimer et être aimée. C'est pourquoi elle est venue au Mexique, pour traverser la frontière de la vie.

Le temps extraordinaire de la Révolution permet à Arroyo, au Vieux et à Harriet quelques instants d'intimité, pendant lesquels ils laissent tomber masques et carapaces pour communiquer. Toutefois, à la fin du récit, les murs personnels de chacun se redressent et, tout en s'amalgamant à d'autres frontières, ils les renferment pour toujours dans leurs destins : la mort pour Arroyo et le Vieux gringo, la solitude pour Harriet. Aussi implacable que dans une tragédie, la rigidité des frontières, les personnelles ou celles du groupe, les conduisent irrémédiablement vers leur destin (« Mon destin est le mien », disent souvent le Vieux et Arroyo).

Après la mort du Vieux et d'Arroyo, Harriet rencontre aussi son destin. Elle rentre seule aux États-Unis. Lorsqu'elle a traversé le fleuve, le pont explose, tout comme il avait sauté lors de la traversée du Vieux vers le Sud. Le pont en tant que lien qui sert à franchir le Rio Bravo, frontière-cicatrice, est détruit. À cet instant, la frontière redevient unidimensionnelle. Elle ne sert plus comme lieu d'échange mais seulement comme ligne de séparation. Ce triomphe de la frontière comme cloison avait été annoncé par le Vieux : « Mais lui, il avait une autre crainte, qu'il exprima au moment de traverser la frontière : — J'ai peur que chacun de nous porte la véritable frontière dans son intérieur[26]. »

Les murs personnels ont donc triomphé, ils se sont imposés et tout se referme. Il ne reste que le souvenir et le désir. Le roman se termine par l'expression du désir de Harriet, au-delà de la frontière :

> — [...] Je veux apprendre à vivre avec le Mexique, je ne veux pas le sauver — dit-elle de justesse et elle abandonna le groupe de journa-

---

[25]*Ibid.*, p. 65, notre traduction.
[26]*Ibid.*, p. 20, notre traduction.

> listes, elle abandonna le cadavre du Vieux et courût de retour à la frontière, au fleuve, au soleil fatigué de ce jour qui se couchait le long de l'occident frontalier, elle courût comme si elle avait oublié quelque chose qu'elle ne mentionnât pas aux journalistes, comme si elle voulait dire quelque chose à ceux qu'elle avait laissé derrière elle, comme si elle voulait leur faire comprendre que ces mots ne signifiaient rien, sauver le Mexique pour le progrès et la démocratie. Ce qui était important c'était de vivre avec le Mexique malgré le progrès et la démocratie, et que chacun portait dans son intérieur son Mexique et ses États-Unis, sa frontière obscure et sanglante que nous osons traverser seulement la nuit : ceci l'avait dit le Vieux gringo[27].

Les frontières séparent et excluent (surtout lorsque les ponts sont brûlés), mais nous pouvons *apprendre* à faire autrement si l'on suit René Girard qui suggère dans ses ouvrages que c'est à partir d'échanges avec l'extérieur qu'on va prospérer. Nous pouvons *apprendre* à vivre avec l'Autre, malgré tout, et oser traverser ces frontières, les franchir, obscures ou sanglantes, la nuit ou en plein jour, dans nos rêves, mais aussi au beau milieu de notre lucidité.

Bibliographie

ALLARD, Jacques, « Le mot de l'Académie – Frontière », *Le Devoir*, mardi 25 juin 2002.

BARTHES, Roland, *Éléments de sémiologie*, Paris, Éditions du Seuil, 1964.

FUENTES, Carlos, *Gringo Viejo*, México, Fondo de Cultura Económica, 1985.

GIRARD, René, *Des choses cachées depuis la fondation du monde*, Paris, Livre de Poche, 1978.

IMBERT, Patrick, « Corps, territoire et texte au Canada et en Amérique latine aux XIXᵉ et XXᵉ siècles », Mendoza, Ediciones Norte-Sur, 2004, sous presse.

MAÑAC, Jorge, *Teoría de la frontera*, Puerto Rico, Editorial Universitaria de Puerto Rico, 1970.

MARTINEZ, Marie-Louise, « Entretien avec René Girard. Vers une anthropologie de la frontière. », propos recueillis le 31 Mai 1994 au CIEP à Sèvres, dans [http://home.nordnet.fr/~jpkornobis/frontiere1.htm].

ORIOL, Michel, « Identité produite, instituée, exprimée », *Cahiers internationaux de sociologie*, vol. LXVI, 1979, p. 19-28.

---

[27] Carlos Fuentes, *op. cit.*, p. 177, notre traduction.

L'écriture migrante et la figuration de l'exclusion

Amaryll Chanady
Université de Montréal

Ce texte vise à étudier certaines figurations de l'exclusion dans la nouvelle *Regarde, regarde les lions*[1] d'Émile Ollivier, écrivain québécois d'origine haïtienne, récemment décédé. Cette nouvelle est particulièrement intéressante du fait qu'elle représente la marginalisation des immigrants de façon novatrice dans le contexte de la mondialisation et la construction spatiale de la société. La littérature écrite par les immigrants du monde non développé représente souvent l'exclusion sociale. Confrontés à une situation précaire et apparemment sans espoir sur les marges du marché global, ou persécutés par un système politique oppressif dans leur pays d'origine, ces immigrants cherchent une vie meilleure dans le « Nord », mais y parviennent avec difficulté[2]. Cependant, la figuration de l'exclusion des immigrants dans le pays d'accueil chez Ollivier ne se limite pas à la description de la marginalisation, de la discrimination et de la « ghettoïsation ». La nouvelle littérature écrite par les immigrants, surtout par ceux appartenant à des « minorités visibles » peut offrir des images complexes de l'exclusion qui font appel à une représentation symbolique des structures spatiales et à un interdiscours occidental sur la race et sur « l'autre » non-européen afin de théoriser, à l'intérieur même du texte littéraire, par divers procédés narratifs et descriptifs, certains problèmes liés à l'exclusion. Il s'agit donc ici de représenter autrement que par une description directe de premier niveau.

De nombreuses stratégies symboliques et allégoriques sont mises à contribution dans la nouvelle d'Ollivier pour susciter une réflexion sur l'exclusion qui va plus loin qu'une simple condamnation humaniste ou qu'une constatation sociologique de la marginalisation. La nouvelle illustre en effet comment l'espace reflète des mécanismes de pouvoir et comment il est en même temps produit par ces derniers. Dans sa monographie consacrée à ce qu'il appelle la « production de l'espace »,

---

[1] Émile Ollivier, *Regarde, regarde les lions*, Paris, Albin Michel, 2001.

[2] Pour une étude de l'exclusion spatiale de certains groupes sociaux dans la ville, voir David Sibley, *Geographies of Exclusion*, London/New York, Routledge, 1995.

Henri Lefebvre souligne la suprématie de l'espace sur le temps dans le monde contemporain[3]. Il soutient que la « pratique spatiale » consiste en une « projection "sur le terrain" de tous les aspects, éléments et moments de la *pratique sociale*, en les séparant, et cela sans abandonner un instant le contrôle global, à savoir l'assujettissement de la société entière à la *pratique politique*, au pouvoir d'État[4] ». Il considère l'espace comme une véritable « morphologie sociale » qui a le même rapport au « vécu » que la forme à l'organisme vivant[5]. L'espace social constitue donc la forme même de la pratique sociale, ainsi qu'un « produit social » qui sert « d'instrument à la pensée comme à l'action[6] ». Lefebvre insiste ainsi sur le côté actif, opératoire et instrumental de l'espace[7]. Dans la nouvelle d'Ollivier, cet aspect est illustré de façon percutante. Même si l'importance que donne Lefebvre au pouvoir de l'État n'a plus autant de pertinence à l'ère de la mondialisation, ses réflexions sur la signification et la fonction de l'espace social jettent une lumière nouvelle sur certaines pratiques narratives de la nouvelle.

Le personnage principal de *Regarde, regarde les lions*, Manès Delphin, récemment arrivé d'Haïti et sans emploi, se rend à une entrevue dans un cirque où le dompteur de lions l'envoie immédiatement dans l'arène dans un costume de lion et le force à sauter à travers des cerceaux en flammes devant une foule de spectateurs. Croyant que le deuxième lion du spectacle est réel, Manès vit de longues minutes de terreur jusqu'à ce qu'il apprenne que l'adversaire qui le terrorise est également un Haïtien costumé comme lui. Les différentes composantes du cirque et les numéros présentés ont une fonction centrale dans la figuration métaphorique de l'exil, de l'immigration, et des structures de pouvoir inégales dans la société contemporaine.

Ce lieu d'amusement (pour les spectateurs) et de travail temporaire et mal payé est l'aboutissement d'un long périple pour le personnage principal. Dans ses pérégrinations de pays hostile en pays hostile, l'exilé politique Manès traverse l'espace sans jamais se retrouver dans un lieu permanent où il pourrait tisser des liens sociaux et s'enraciner. Son nom, qui signifie « les âmes des morts » en latin, symbolise son statut d'exilé errant ayant perdu sa famille, sa communauté et sa patrie. Le nom Manès nous rappelle aussi le terme latin pour « rester », *manere*, d'autant plus ironique dans le contexte de ses pérégrinations inces-

---

[3] Henri Lefebvre, *La production de l'espace*, Paris, Anthropos, 1974, p. 114.
[4] *Ibid.*, p. 15.
[5] *Ibid.*, p. 112.
[6] *Ibid.*, p. 35.
[7] *Ibid.*, p. 18.

santes, ponctuées « d'étapes, de stations, de refuges momentanés[8] » : « Tout était devenu provisoire, l'instant n'étant plus qu'un entre deux temps fugitifs[9]. » Il lui manque la profondeur temporelle nécessaire à la constitution d'une identité par l'intégration de diverses expériences dans un récit cohérent de sa vie et par l'appropriation d'un lieu avec son réseau de significations sociales et culturelles. Par ailleurs, l'absence d'une identité officielle, puisque Manès n'a pas de passeport, en fait un « sans-patrie, un être hybride, semblable à l'homme qui avait perdu son ombre : il ne lui restait même plus de passé[10] ».

Quand Manès arrive au Canada, il souhaite que son nouveau pays devienne « le lieu ultime de son exil, le bout du chemin[11] ». Mais dans la grande ville où il vit désormais, il doit entreprendre un deuxième voyage pénible, à une autre échelle. Luttant contre les dangers des rues enneigées et glacées avec grande difficulté, il finit par trouver le bâtiment isolé, situé loin des quartiers résidentiels et commerciaux, dans lequel a lieu l'entrevue. La description de son trajet à pied est une métaphore évidente des difficultés auxquelles il doit faire face pour refaire sa vie dans son nouveau pays d'accueil :

> Manès eut envie de lui crier que dehors, c'était l'hiver ; qu'un vent sec et froid lacérait les visages ; que les trottoirs brillaient comme miroirs des anges; qu'à chaque pas on risquait de se rompre l'échine; qu'avancer réclamait des talents d'acrobate-équilibriste [...] que, ne connaissant pas la ville, il s'était égaré dans des ruelles encombrées de véhicules coincés entre des congères ; qu'il avait dû longer, aveuglé par la poudrerie, les murs interminables de la vieille fabrique désaffectée ; qu'il avait eu toutes les peines du monde à trouver l'entrée réservée aux artistes et que, de surcroît, un képi avait mis un temps infini pour l'identifier avant de le laisser passer[12].

L'emplacement du site, l'abandon des lieux, et le contrôle à l'entrée de cet univers clos soulignent le statut médiocre de son travail et la présence perpétuelle de barrières, physiques autant que sociales, érigées devant les immigrants.

Une fois à l'intérieur du bâtiment, Manès entreprend un troisième voyage, en empruntant un long couloir mal éclairé aboutissant à une intersection en T et un « mur aveugle[13] », symbole du travail sans pos-

---

[8] Émile Ollivier, *op.cit.*, p. 43.
[9] *Ibid.*, p. 44.
[10] *Ibid.*, p. 45.
[11] *Ibid.*, p. 46.
[12] *Ibid.*, p 49.
[13] *Ibid.*, p. 47.

sibilité d'avancement qu'il postule. Il arrive finalement dans une arène de cirque éclatante de lumière et entourée de gradins remplis de spectateurs presque invisibles dans la lumière tamisée de cette partie du cirque. Le contraste entre le labyrinthe glacial des rues et l'arène baignée de chaleur et de lumière vive, semble suggérer que l'espace d'errance a été finalement remplacé par un lieu concret et accueillant. Cependant, cet endroit est un théâtre de l'illusion, où des acrobates, des clowns et des funambules amusent le public dans un monde d'apparence et de faire semblant, où les exploits des trapézistes comportent des risques de chutes mortelles et où les lions ne sont pas des lions : « [...] sur la scène, des êtres et des objets apparaissaient, disparaissaient comme par magie, emportés par des torrents de musique[14]. »

Le cirque est une véritable hétérotopie[15], pour reprendre le terme de Foucault[16], un espace situé à l'extérieur de la vie quotidienne de travail et de résidence. Éloigné physiquement de ces espaces de la vie « normale », le cirque de la nouvelle est non seulement un lieu d'apparences et d'illusion, mais aussi un non-lieu par lequel passent les immigrants sur leur difficile chemin d'intégration. Il correspond à ce que Foucault appelle une « hétérotopie du festival[17] », et qu'il décrit comme transitoire. Par ailleurs, c'est un endroit de contrainte et d'emprisonnement pour Manès, dont la nouvelle nous présente le point de vue de l'intérieur de cet espace autre. Cela nous rappelle le cinquième principe identifié par Foucault qui stipule qu'une hétérotopie n'est pas librement accessible, et qu'il faut se soumettre à des rituels pour y accéder[18]. Cet aspect du cirque est souligné dans la nouvelle, notamment par le trajet pénible jusqu'à l'endroit éloigné et par le contrôle de l'accès par un gardien de sécurité. Une fois à l'intérieur, la sortie est aussi difficile que l'accès. La prise de conscience de la nature illusoire des objets du cirque déclenche un souvenir d'enfance percutant, quand Manès revoit son intense déception lors de la mort d'une luciole qui avait brillé si intensément la veille (comme un « diamant tombé du ciel[19] »). L'exhortation de son grand-père de ne « jamais faire confiance au monde de l'apparence[20] » s'applique autant à la splendeur de la luciole qu'à celle du

---

[14] *Ibid.*, p. 50-51.

[15] Voir à ce propos le texte d'Anthony Purdy dans le présent ouvrage, « Heterotopia Revisited in an Age of Globalization ».

[16] Michel Foucault, « Of Other Spaces », trad. par Jay Miskowiec, *Diacritics*, nº 16,1, printemps 1986, p. 22-27.

[17] *Ibid.*, p. 26.

[18] *Ibid.*, p. 26.

[19] Émile Ollivier, *op. cit.*, p. 56.

[20] *Ibid.*, p. 56.

cirque. Mais ce souvenir d'enfance établit aussi un autre parallèle significatif : celui entre le cirque et la boîte dans laquelle la luciole est emprisonnée avant de mourir.

Le cirque est donc non seulement un lieu à l'écart, mais aussi une espèce de prison. Manès devient prisonnier de l'arène quand le dompteur fait claquer son fouet pour empêcher le faux lion terrifié de s'enfuir, et il se voit encerclé par un mur de gradins formant une barrière sombre et infranchissable entre l'arène et l'extérieur. La possibilité de fuite est elle-même illusoire, car Manès se trouverait de nouveau dehors dans le froid mortel, confronté au chômage. Le faux lion est aussi emprisonné par son costume, qui l'étouffe comme une camisole de force dans un asile d'aliénés. Il n'est pas le seul à être décrit explicitement comme confiné à un espace restreint et sans issue. Un autre passage souligne l'observation par Manès des mouvements circulaires du cycliste acrobate, dont le « parcours circulaire, frénétique[21] » le mène nulle part : « Un zouave, juché sur une roue, cyclant à tout-va, toujours en équilible instable, donnait l'impression d'être en attente d'une destination[22] ». Il est suggéré que le cycliste est aussi un immigrant, puisqu'il est présenté comme un « Zouave ». Le mouvement circulaire construit l'hétérotopie du cirque comme un lieu de passage qui retient indéfiniment les employés contre leur gré. Il est un lieu autre, un lieu à part, mais qui allégorise la vie dehors par des figurations spatiales et de la description des mouvements. Des espaces confinés, des mouvements frénétiques sans but, et même l'espace aérien à travers lequel volent les trapézistes en risquant leur vie à chaque moment, évoquent des souvenirs traumatisants de son enfance et de l'exil. Manès est ahuri par l'énormité des risques pris chaque jour par les travailleurs du cirque, des risques non moins grands que ceux auxquels il devait lui-même faire face sur le chemin de l'exil. Il cherche non pas des applaudissements, mais simplement un endroit libre de persécution, ainsi qu'un moyen de gagner la vie, ce qui s'applique sans doute aussi aux autres travailleurs du cirque.

D'autres éléments du cirque déclenchent chez Manès des souvenirs de son passé en Haïti. Un passage particulièrement significatif évoque sa réaction devant sa propre réflexion en costume de lion dans un miroir : « [...] le miroir en face de lui renvoya l'image d'un animal carnassier : il était un lion en tout point semblable à ceux que reproduisent sur leurs toiles les peintres naïfs de chez lui, eux qui pourtant n'en ont jamais vu[23]. » Symbole saisissant de la subjectivation et de la construc-

---

[21] *Ibid.*, p. 51.
[22] *Ibid.*, p. 51.
[23] *Ibid.*, p. 50.

tion de l'image de soi, et un autre exemple d'hétérotopie selon Foucault[24], cette scène du miroir évoque aussi les effets néfastes de la conceptualisation ethnoraciale du non-Européen et de l'effet de cette construction sur le sujet de couleur. Non seulement Manès voit-il son semblable comme lion (il croit en effet que l'autre lion du numéro de cirque est un vrai lion), mais il se voit lui-même dans le miroir comme un lion, dont la nature imaginaire est soulignée par la référence aux peintres qui n'en ont jamais vu. Ce passage illustre la description faite par Fanon de la subjectivation déformée chez le Noir par le regard péjoratif des Blancs, et de l'intériorisation de ce « schéma corporel » par le sujet : « Je promenai sur moi un regard objectif, découvris ma noirceur, mes caractères ethniques, — et me défoncèrent le tympan l'anthropophagie, l'arriération mentale, le fétichisme, les tares raciales [...][25] ». Fanon évoque explicitement le lien créé par ce regard entre le Noir et un animal : « Mon corps me revenait étalé, disjoint [...] Le nègre est une bête [...][26] » (il évoque aussi son « érotisme animal[27] »).

Cette scène du miroir qui évoque l'autoperception de l'homme de couleur analysée par Fanon est suivie de la description d'un incident qui déclenche un autre souvenir d'enfance, aussi significatif que l'épisode de la luciole dans le contexte du cirque. La voix d'une mère, spectatrice au cirque, disant à son enfant de regarder les lions (« Regarde, regarde les lions[28] », phrase qui reprend le titre de la nouvelle) lui rappelle la voix de sa propre mère, qui lui disait de regarder les loups-garous dans la parade du carnaval en Haïti (« Regarde, regarde les loups-garous[29] »). La réponse, « Non, maman! Non! Maman, j'ai peur![30] », pourrait être celle de Manès enfant aussi bien que celle du spectateur enfant au cirque. Mais il y a aussi un écho évident du passage dans *Peau noire masques blancs* dans lequel Fanon décrit la réaction d'un enfant blanc qui croise le narrateur noir : « Maman, regarde le nègre, j'ai peur![31] » L'image du Noir créée par les préjugés des Blancs est incarnée par le costume de lion que les deux Haïtiens sont obligés de revêtir, et qui est prise pour la réalité par l'enfant terrorisé aussi bien que par Manès qui croit que l'autre est un vrai lion.

---

[24] Michel Foucault, *op. cit.*, p. 24.

[25] Frantz Fanon, *Peau noire masques blancs*, Paris, Seuil, 1952, p. 90.

[26] *Ibid.*, p. 91.

[27] *Ibid.*, p. 102. Il s'agit aussi d'une construction évoquée ludiquement par Danny Laferrière dans *Comment faire l'amour avec un nègre sans se fatiguer*.

[28] Émile Ollivier, *op. cit.*, p. 59.

[29] *Ibid.*, p. 61.

[30] *Ibid.*, p. 60.

[31] Frantz Fanon, *op. cit.*, p. 90

Quant au regard omniprésent du Blanc qui influence l'autoperception du Noir, il est décuplé par la structure du cirque, qui dirige tous les regards vers le centre, tout en laissant les spectateurs dans l'ombre dans une représentation percutante de l'objectivation de l'autre.

La nouvelle soulève aussi très brièvement le danger de s'identifier à cette image déformée, non seulement dans son autoperception, mais également dans son comportement, par l'indication donnée immédiatement après l'exclamation de l'enfant terrorisé par le faux lion qu'un « vague instinct tapi » commande à Manès « de prendre une posture de combat[32] ». Ce danger reste sans conséquences dans la nouvelle d'Ollivier, mais il constitue la trame principale d'un récit de Stanley Péan[33]. Dans « Ce nègre n'est qu'un blanc déguisé en indien[34] », un homme noir qu'une panne de voiture retient dans un petit village lors d'un voyage d'affaires se fait dévisager par les habitants, dont un enfant qui s'exclame, dans une variation de la phrase rapportée par Fanon : « Regarde, Maman : un clown[35]! » Fanon est en fait explicitement mentionné dans cette nouvelle par la femme de l'homme d'affaires[36]. Dans une scène où Alix, le voyageur en panne, se contemple devant un miroir, il « s'étonne presque de trouver son propre reflet dans la glace fêlée, plutôt que l'image traditionnelle du cannibale de dessins animés [...][37] ». Mais pendant son attente, Alix subit graduellement une transformation inquiétante qui correspond au stéréotype du Noir comme bête : « [...] *ça* fait aussi monter dans sa tête les échos d'une noire contrée enfouie quelque part dans sa mémoire génétique, piaillements, rugissements, barrissements [...][38] ». Menacé par une bande de voyous racistes, Alix « émet un rugissement à glacer le sang[39]. » Après avoir de nouveau senti « des parfums de savane jaillir vers lui », il voit le miroir refléter « un visage maquillé de peintures de guerre[39] ». Il fracasse le miroir et, d'une « fureur aveugle de Maure tragique[41] », étrangle son amante d'une nuit, avant de « bondir vers la sortie, terrorisé par l'envahissant appétit qui lui dictait d'éviscérer la métisse, de la dépecer à

---

[32] Émile ollivier, *op. cit.*, p. 60.
[33] Stanley Péan, « Ce nègre n'est qu'un blanc déguisé en indien », *La Plage des songes et autres récits d'exil*, Montréal, CIDIHCA, 1988.
[34] *Ibid.*
[35] *Ibid.*, p. 41.
[36] *Ibid.*, p. 45.
[37] *Ibid.*, p. 50.
[38] *Ibid.*, p. 43.
[39] *Ibid.*, p. 48.
[40] *Ibid.*, p. 52.
[41] *Ibid.*, p. 53.

mains nues pour manger sa viande crue et s'abreuver de son sang encore chaud[42] ». Après avoir tué un chien agressif, il lutte contre l'envie de « lancer à la lune un sauvage hurlement de victoire[43] », et finit par émettre des sons gutturaux d'animal incompréhensibles, avant de pousser un « interminable hurlement bestial qui s'étire, se tord et se perd au plus noir des ténèbres[44] ». Le meurtre de la métisse, qui avait chaleureusement accueilli Alix chez elle après avoir évoqué sa propre position marginalisée dans la société, illustre cette haine de soi-même, conséquence d'une subjectivation passant par le regard méprisant de l'autre.

Manès évite ce destin du devenir-animal, sauf dans le monde d'illusion du cirque, en partie à cause de sa présence simultanée dans deux espaces — celui du cirque, et celui de son pays natal. Il y a un parallèle intéressant entre la situation de Manès, l'immigrant terrorisé applaudi par des spectateurs dans une arène faisant penser au Colisée romain (il se sent comme un « chrétien vivant dans la fosse aux lions[45] »), et le souvenir du carnaval dans son propre pays. En Haïti, les participants au carnaval ont des rôles analogues à ceux du cirque canadien. Des acrobates, des bossus, des diables cornus et des gens portant des masques et des costumes terrifiants et brandissant des fouets avancent dans les rues en dansant avec des plumes, des confettis et des lanternes, accompagnés de divers instruments.

Mais en dépit des ressemblances, les différences sont évidentes. Dans le cirque, une barrière physique (et peut-être aussi raciale, sociale et économique) insurmontable divise les spectateurs des artistes, les spectateurs regardent les artistes sans être vus, le fouet maintient la discipline chez les faux lions, les artistes risquent leur vie pour un salaire de misère, et le dompteur les domine tous avec une main de fer. Le cirque allégorise la société avec ses inégalités et ses contraintes. Par ailleurs, chaque événement est planifié selon un horaire rigide. Rien n'est laissé au hasard, à l'improvisation ou à l'imagination des participants dans le programme déterminé d'avance. Chaque seconde est calculée pour que les artistes se suivent sans temps mort. Le carnaval dans la ville haïtienne, en revanche, inclut tous les participants sur une base d'égalité. Aucune barrière ne sépare les spectateurs des artistes et danseurs, puisque tous, dans la foule, sont entraînés par la musique. Aucun maître de cérémonie n'impose un scénario pré-établi au carnaval. Les fouets frappent la rue au lieu des artistes[46], et la peur que font

---

[42]*Ibid.*, p. 53.

[43]*Ibid.*, p. 56.

[44]*Ibid.*, p. 57.

[45]*Ibid.*, p. 59.

[46]La référence aux fouets évoque le souvenir de la narratrice de la nouvelle de Péan intitulée « La plage des songes » : « Je lui parlai des grotesques per-

les loup-garous aux enfants par jeu n'est pas la même que celle provoquée par l'image déformée des Noirs (par le stéréotype ou le masque). Les participants ne sont pas payés et contraints à jouer des rôles humiliants, mais participent par plaisir. Ils ne risquent pas leur vie sur des trapèzes. Tout l'événement est laissé à l'initiative des participants/spectateurs qui improvisent en dansant dans la rue. Finalement, tandis que les artistes du cirque adoptent de façon frénétique des trajets circulaires, ou s'avancent avec trépidation sur des cordes dans un espace circulaire et fermé, la foule du carnaval progresse dans une direction en empruntant des rues ensoleillées dans la liberté d'un espace ouvert.

Il y a de l'illusion dans le cirque et dans le carnaval, mais tandis que le cirque constitue un endroit de travail (l'industrie de l'amusement) où les uns produisent et les autres consomment, le carnaval est un rituel public où chacun participe par plaisir et pour maintenir une communion sociale. Par ailleurs, le cirque met en place des barrières infranchissables non seulement entre artistes et spectateurs, mais aussi entre les artistes eux-mêmes, puisque le dompteur donne des coups de pied, pousse et fouette les faux lions, qui, à leur tour, se terrorisent et se menacent mutuellement (dans le cas de Manès, cette terreur est bien réelle). Finalement, le contexte des événements de la nouvelle est très différent à Montréal et en Haïti. Tandis que les participants du carnaval rentrent dans leurs familles et chez leurs amis dans un pays chaud, Manès et Felix, l'autre faux lion, quittent le cirque après la représentation pour faire péniblement leur chemin dans des rues enneigées, où une file de passagers attend l'autobus, rentrant les épaules pour se protéger du froid, ressemblant ainsi à « une armée après la déroute[47] ». Et tandis que la parade du carnaval procède dans des rues passantes, le spectacle du cirque a lieu dans un quartier abandonné et périphérique. Une barrière physique absolue divise le monde du cirque de celui de la vie quotidienne, tandis que le carnaval a lieu au cœur même de la ville. L'hétérotopie du cirque, construit à l'écart et réservé à l'amusement dans un climat glacial, forme un contraste saisissant avec les espaces communautaires du pays d'origine, qui sont utilisés pour des activités diverses.

La figuration de l'espace dans la nouvelle indique des différences importantes entre le Nord et le Sud. La ville de neige et de glace est divisée en compartiments distincts, où chaque endroit est réservé à une activité précise, performée par des personnes différentes associées à des

---

sonnages qui inondaient nos rues surchauffées par les midi de carnaval et qui faisaient fuir les enfants amusés et effrayés à coups de fouet » (Stanley Péan, *op. cit.*, p. 24).

[47] Émile Ollivier, *op. cit.*, 64.

sphères sociales que tout sépare, même dans le domaine du loisir, tandis que dans le carnaval haïtien, la communion sociale transgresse non seulement la stratification sociale (de façon temporaire, puisque les structures du pouvoir restent intactes, obligeant ainsi les déshérités à s'exiler), mais aussi la fragmentation horizontale entre des sphères d'activité, et ainsi la barrière entre le producteur et le consommateur, l'amuseur et le spectateur[48]. Pour reprendre la description de Lefebvre, on pourrait dire que dans la société moderne « [...] tout est séparé, projeté isolément sur des "lots" et des "îlots" disjoints : les "équipements", les immeubles, l'habitat : les espaces, comme les travaux dans la division sociale et technique du travail, sont spécialisées[49] ». La fragmentation spatiale et sociale dans une société moderne industrialisée (*Gesellschaft*) forme ainsi un contraste percutant avec la mémoire de la *Gemeinschaft* ou communauté qui existe encore en Haïti, au moins selon les souvenirs d'enfance de Manès. Tandis que la société moderne représentée dans la nouvelle est caractérisée par la fragmentation et l'anonymat, ainsi que par l'éloignement des espaces consacrés à l'amusement, la communauté traditionnelle de son passé rassemble un nombre limité d'individus qui s'identifient à tout le groupe, et dont beaucoup se connaissent, au moins jusqu'à un certain degré, et où l'amusement partage l'espace avec le travail et le transport.

Une allégorie de l'expérience de l'errance sans fin et de la fuite face à la violence, le cirque fait plus que déclencher des souvenirs chez Manès, tout en soulignant les différences entre la modernité et la tradition. Le narrateur établit un parallèle plus général entre l'expérience des artistes du cirque et celle des immigrants et exilés haïtiens avant leur arrivée au Canada. Les structures du pouvoir au cirque qui permettent au dompteur de pousser, frapper et terroriser les faux lions trouvent un écho dans la description de l'exploitation des travailleurs haïtiens de canne à sucre en République dominicaine, où Manès est transformé par des conditions proches de l'esclavage en « un homme qui ressemblait, bien qu'il n'eût que trente ans, à un vieillard, le visage livide et creux, les yeux profondément enfoncés dans les orbites : un mort-vivant[50] ». Il s'agit d'une inégalité à l'échelle planétaire où le « Sud » n'est pas confiné géographiquement au sud, mais fait irruption dans le nord, et où les structures du « Nord » se retrouvent également au sud. Menacé par des alligators dans un marécage au Surinam et considéré « moins

---

[48]*Cf*. Niklas Luhmann, *The Differentiation of Society*, traduit par Stephen Holmes et Charles Larmore, New York, Columbia University Press, 1982, p. 234-236 pour la distinction entre la stratification hiérarchique et la différenciation fonctionnelle dans la société.

[49]Henri Lefebvre, *op. cit.*, p. 117.

[50]Émile Ollivier, *op. cit.*, p. 44.

qu'un chien » à Cayenne[51], sa situation ressemble à celle qu'il retrouve dans le cirque, où il a peur d'être dévoré par un lion et où, poussé par le dompteur, il tombe sur quatre pattes, la « posture de la honte[52] ».

Dans *The Protestant Ethnic*, Rey Chow[53] critique les études ethniques pour leur constitution d'un objet invariable, déterminé par des critères d'ethnicité identifiés par le chercheur, et à travers lesquels toute voix migrante ou minoritaire doit être analysée. Assigné à un espace déterminé d'avance, le sujet « ethnique » occupe une position à l'écart de la société d'accueil, comme un animal dans un jardin zoologique (que Foucault inclut aussi dans sa catégorie des hétérotopies[54]) qui est enfermé, scruté, catalogué. La nouvelle *Regarde, regarde les lions* traduit à merveille cette analogie établie par Chow[55]. Non seulement celle-ci figure-t-elle l'espace de l'exclusion de l'immigrant par des descriptions riches en symbolisme, mais aussi réussit-elle à développer, par des procédés littéraires, une réflexion complexe sur l'objectivation de l'autre non-occidental. Loin d'illustrer une voix autre qui s'insère simplement dans le zoo de « l'écriture ethnique », considérée comme authentique et non-réflexive, et ainsi l'objet du discours critique occidental, elle transgresse de façon subtile la distinction souvent faites entre les sociétés sans histoire et non-réflexives, et celles qui peuvent réfléchir et donc écrire leur propre histoire. Adoptant une conscience double, le narrateur d'Ollivier parle de l'intérieur de l'hétérotopie du sujet « ethnique », tout en décrivant, par une symbolisation complexe, ses rouages, et tout en faisant exploser les frontières nationales de l'espace par une contextualisation transnationale dans une allégorie fasci-

---

[51]*Ibid.*, p. 44.

[52]*Ibid.*, p. 56.

[53]Rey Chow, *The Protestant Ethnic and the Spirit of Capitalism*, New York, Columbia University Press, 2002.

[54]Michel Foucault, *op. cit.*, p. 26.

[55]Cette problématique liée au postcolonialisme est fort différente de la situation du Cirque du soleil et de l'analyse de son discours et de ses fonctionnements. Le Cirque du soleil intègre, en effet, des artistes et des programmes de divers pays et de multiples cultures de la planète, ce qui aboutit à une recontextualisation fascinante. Cette dynamique postmoderne et libérale a permis au Cirque du soleil issu de Montréal et donc d'un lieu autrefois relativement périphérique par rapport aux grandes villes culturelles de la planète, de se mondialiser et de pénétrer un des centres du divertissement comme Las Vegas. Le Canada manifeste à travers lui les possibilités offertes par une entreprise jouant d'un multiculturalisme libéral qui sait faire fonctionner ensemble des produits artistiques complexes et sophistiqués pour en accroître l'impact. Voir à ce sujet Patrick Imbert, « La cultura canadiense ligada a la cuestión del postmodernismo y de la globalización »,[En ligne], [www.relazionarte.it].

nante de l'inégalité planétaire, une hétérotopie qui recoupe la diaspora haïtienne, mais aussi l'exclusion économique et sociale en général.

Bibliographie

CHOW, Rey, *The Protestant Ethnic and the Spirit of Capitalism*, New York, Columbia University Press, 2002.

FANON, Frantz, *Peau noire masques blancs*, Paris, Seuil, 1952.

FOUCAULT, Michel, « Of Other Spaces », trad. par Jay Miskowiec, *Diacritics*, n° 16,1, printemps 1986, p. 22-27.

FUKUYAMA, Francis, *The Great Disruption*, New York, The Free Press, 1999.

KOKIS, Sergio, *Saltimbanques*, Montréal, XYZ, coll. « Romanichels », 2000.

LAFERRIÈRE, Danny, *Comment faire l'amour avec un nègre sans se fatiguer*, Montréal, VLB, 1985.

LEFEBVRE, Henri, *La Production de l'espace*, Paris, Anthropos, 1974.

LUHMANN, Niklas, *The Differentiation of Society*, traduit par Stephen Holmes et Charles Larmore, New York, Columbia University Press, 1982.

OLLIVIER, Émile, *Regarde, regarde les lions*, Paris, Albin Michel, 2001.

PÉAN, Stanley, *La Plage des songes et autres récits d'exil*, Montréal, CIDIHCA, 1988.

SIBLEY, David, *Geographies of Exclusion*, London/New York, Routledge, 1995.

Les discours d'inclusion et d'exclusion en réaction à la réforme municipale au Québec

Marie-Claude Prémont
Université McGill, Montréal

La réforme municipale de l'an 2000

Ce texte s'intéresse aux discours d'inclusion et d'exclusion des populations au sein des Amériques dans le cadre de la mondialisation. Sur le plan juridique, on a tendance à retenir comme principale scène d'étude le droit international de la négociation des grands ensembles de libre échange et ses effets sur les frontières nationales qui s'estompent devant le commerce international. Pendant que les biens et les services circulent plus librement que jamais, les populations seraient quant à elles soumises à des contrôles frontaliers de plus en plus sévères.

L'importance de ces phénomènes découlant des outils juridiques internationaux ne doit cependant pas nous faire oublier qu'à l'intérieur même des États certaines subdivisions suscitent également des tensions et donnent lieu à des discours d'inclusion et d'exclusion. Le territoire national se découpe effectivement en différentes entités administratives (scolaires, sociosanitaires, religieuses, etc.) sur lesquelles se superpose également le découpage municipal. Or, les frontières municipales québécoises ont été en ce début de siècle l'objet d'une redéfinition territoriale majeure nous permettant d'observer que le territoire municipal sert à son tour de point d'appui à de puissants discours d'inclusion et d'exclusion des populations.

Les périmètres municipaux ont été dessinés au fil des ans à partir de considérations multiples où plusieurs variables portent leur influence selon des modalités qui changent à travers le temps et l'espace. On peut certes retenir comme variables la géographie (par exemple les frontières naturelles : une île, un territoire coupé par une rivière), l'économie (ex. : une ville industrielle) ou les ressources naturelles du territoire (ex. : une ville minière). On discerne également sur le territoire québécois l'influence de la division en paroisses catholiques, qui souvent a précédé et guidé les contours de la division civile, mais dont la marque s'est estompée au cours du XXe siècle suite à de nombreux réaménagements de territoires.

Le Québec a récemment entrepris au début du XXIe siècle une importante réforme municipale, connue sous le nom de la réforme

Harel[1], qui s'est traduite par des redéfinitions majeures des territoires municipaux, particulièrement en milieu urbain. Le principal outil de la recomposition territoriale a été celui de la fusion des territoires des municipalités appartenant à une même agglomération urbaine, entraînant l'abolition des municipalités fusionnées pour ainsi créer de nouvelles villes épousant mieux les contours de l'agglomération urbaine[2]. Les objectifs poursuivis par la recomposition territoriale étaient ceux de l'équité fiscale, d'une meilleure planification urbaine à l'échelle de l'agglomération, de l'efficience des services municipaux et du meilleur positionnement des municipalités face à la mondialisation des échanges.

Une levée de bouclier a suivi l'annonce des orientations de la réforme, et particulièrement sur l'île de Montréal où le projet « Une île, une ville », après de nombreuses tentatives avortées, obtenait finalement l'appui du gouvernement du Québec. L'Assemblée nationale adoptait le 20 décembre 2000 le projet de loi 170 sur les fusions[3] dans le tumulte des manifestations de rue de la part de certains citoyens qui s'opposaient à l'annexion de leur municipalité de banlieue à la ville centre. Avec des slogans comme *Hands off my City* ou « Touche pas à ma ville », la réaction des banlieusards aux fusions se faisait virulente. Ces derniers ont vite annoncé leurs couleurs lorsque se sont répandues les affiches « Je me souviendrai des fusions forcées[4] ».

Afin de mieux comprendre les discours d'opposition à la réforme de la ministre Harel, il est utile de distinguer trois catégories d'arguments qui se singularisent par une tribune d'expression différente. L'espace limité oblige à s'en tenir à l'essentiel sans pouvoir fournir toutes les références utiles.

L'absence de tribune : le maintien des refuges fiscaux

Le premier volet argumentatif, de loin le plus déterminant, est en même temps le plus discret au point de n'être pratiquement jamais plus avancé ouvertement par les opposants à la fusion municipale. Il s'agit du main-

---

[1] Du nom de Madame Louise Harel, ministre des Affaires municipales et à la Métropole qui a parrainé la réforme des fusions municipales au niveau des agglomérations urbaines du Québec en 2000 et 2001.

[2] Le regroupement de municipalités était avancé comme voie à poursuivre dans le rapport de la Commission Bédard publié en 1999 (Commission nationale sur les finances et la fiscalité locales, *Pacte 2000*, Québec, 1999) et le livre blanc de 2000 (Ministère des affaires municipales et de la métropole, *La réorganisation municipale : changer les façons de faire, pour mieux servir les citoyens*.

[3] *Loi portant sur la réforme de l'organisation territoriale municipale des régions métropolitaines de Montréal, de Québec et de l'Outaouais*, L.Q. 2000, c. 56.

[4] Avec une note de sarcasme quant à la devise du Québec « Je me souviens », à laquelle la presse anglophone aime associer une connotation revancharde.

tien du privilège fiscal que représente l'appartenance à une riche municipalité de banlieue située à proximité d'une agglomération urbaine[5].

La démonstration de la structure d'iniquité fiscale résultant de la fragmentation municipale en milieu urbanisé a été faite depuis de nombreuses décennies. Tous les rapports de comités d'études, de commissions d'enquêtes et de groupes de travail, trop nombreux pour être ici énumérés[6], qui se sont penchés sur la fiscalité locale au Québec, et particulièrement dans la région de Montréal, ont relevé le phénomène qui fait porter aux résidents des villes centres un fardeau fiscal plus lourd que celui des banlieues environnantes pour des services et des infrastructures qui profitent à toute la population de l'agglomération. À ce phénomène qui pose problème, s'ajoute celui du caractère doublement régressif de la taxe municipale, par lequel les populations les mieux nanties regroupées dans certaines municipalités, bénéficient généralement de taux de taxes foncières moins lourds[7]. Dans la région de Montréal, on connaît le phénomène depuis plus d'un siècle, et on tente d'agir sans véritable succès. La mise sur pied en 1970 de la Communauté urbaine de Montréal [CUM] devait permettre de réduire en partie le problème ou, à tout le moins, d'empêcher qu'il ne s'aggrave. Mais après plus de 30 ans d'existence de la CUM, le constat du caractère doublement régressif de la fiscalité sur l'île de Montréal est toujours aussi évident. Par exemple, le propriétaire d'une résidence évaluée à 250 000$ payait en l'an 2000 des taxes foncières de 2 702$ pour une propriété située à Senneville, de 3 375$ à Westmount et de 4 975$ dans le périmètre de l'ancienne ville de Montréal[8], en raison de la variation des taux de

---

[5]Au moment des discussions quant à la création de la CUM à l'automne 1969 (*Loi de la Communauté urbaine de Montréal*, L.Q. 1969, C. 84), la crainte de l'augmentation du fardeau fiscal des municipalités de banlieue était beaucoup plus ouvertement mise sur la place publique.

[6]Le juge Lagacé de la Cour supérieure du Québec rapporte plusieurs de ces études pour démontrer que la fusion des municipalités de l'île de Montréal n'était pas un geste arbitraire et imprévu : *Ville de Baie d'Urfé et al c. P.G. du Québec* [2001] R.J.Q. 1589-1636 (C.S.). Il écrit notamment aux paragraphes 29 et 30 : « On peut difficilement prétendre après toutes les études, rapports et recommandations produits en preuve que la loi contestée cache un but "inavoué" [...] Il ne s'agit pas non plus d'une mesure inattendue qui frappe sournoisement sans annonce préalable et sans donner l'occasion de s'exprimer sur les principes sous-jacents à la Réforme de l'organisation territoriale municipale des régions métropolitaines. »

[7]*Cf.* Marie-Claude Prémont, « L'histoire de la fiscalité locale au Québec : de la cohabitation au refuge fiscal », *Revue de droit de McGill*, vol. 46, 2001, p. 713-778.

[8]Ces montants sont calculés selon les taux de taxes foncières générales pour l'exercice financier 2000, tels que publiés par le Ministère des Affaires municipales du Québec. On entend par « ancienne ville de Montréal », le territoire

taxes qui ont tendance à être inversement proportionnels à la richesse foncière *per capita* d'une municipalité. Il faut également observer qu'un puissant mécanisme d'exclusion ou de triage économique des populations agit à la porte d'entrée du territoire des municipalités qui bénéficient d'un faible taux foncier. En effet, les résidences qu'on y trouve ne sont pas accessibles au citoyen moyen puisque leur valeur dépasse de beaucoup la valeur moyenne d'une résidence dans l'ancienne ville de Montréal[9].

Bref, à la lumière des chiffres les plus récents, il apparaît clairement que les populations mieux nanties des petites municipalités de l'île de Montréal bénéficient d'un taux de taxe avantageux du seul fait d'un découpage des territoires municipaux dont l'arbitraire frappe l'observateur, et qui correspond à des poches de richesse, scellées par le mécanisme de la municipalité dite autonome, isolées de ghettos souvent marqués par la pauvreté. Les populations qui bénéficient de cet état de fait peuvent difficilement plaider ouvertement en faveur d'un droit de payer moins d'impôt que la grande majorité de l'agglomération, par ailleurs moins riche[10].

La loi contestée prévoit qu'au terme des dix premières années de fonctionnement des grandes villes, tous les secteurs de la nouvelle grande ville devront avoir atteints un taux de taxe foncière uniforme, sous réserve des

---

de la ville de Montréal avant les fusions de l'ensemble des municipalités de l'île de Montréal, de l'île Bizard et de l'île Dorval survenue le 1er janvier 2002 pour créer ce qu'on appelle la grande ville de Montréal. On sait que l'adoption de la *Loi concernant la consultation des citoyens sur la réorganisation territoriale de certaines municipalités*, L.Q. 2203, c. 14 (Projet de loi 9) a déclenché les procédures de démembrement de cette ville de Montréal, notamment à la suite des référendums consultatifs tenus le 20 juin 2004 par lesquels 15 anciennes municipalités de la grande ville de Montréal se sont prononcées en faveur du démembrement.

[9]En 1998, la valeur moyenne d'une résidence unifamiliale de Montréal était de 137 500$, pendant qu'elle était de 322 400$ à Senneville, de 393 200$ à Mont Royal, de 406 300$ à Hampstead et de 450 700$ à Westmount. La forte concentration de richesse foncière industrielle ou commerciale peut modifier de façon importante cette règle, comme c'est notamment le cas pour Montréal-Est où la valeur moyenne d'une résidence unifamiliale n'est que de 80 400$ et où le taux de taxation est plus bas que celui de Montréal.

[10]Comme c'est souvent le cas, on trouve également des exceptions à cette lourde tendance générale, comme Hampstead (taux de taxes foncières générales de 2,2552) et Montréal-ouest (taux de 2,2956) pour l'exercice financier 2001, à comparer avec un taux de 1,99 pour Montréal. Données publiées par le Ministère des Affaires municipales, du Sport et du Loisir du Québec, à l'adresse web suivante : [http://www.mamsl.gouv.qc.ca/finances/ fina_info_publ.htm].

dettes et des surplus en date de la fusion qui demeurent propres à chacun des secteurs. Bref, la loi contestée prévoit, sur un horizon de dix ans, une convergence des différents taux de taxation à travers la grande ville, ce qui, on peut le comprendre facilement, a fouetté la ferveur des municipalités de banlieue mieux nanties pour maintenir ou récupérer leurs frontières et ainsi, espèrent-elles conserver leurs privilèges fiscaux.

La présence simultanée de certains autres phénomènes sociologiques de la répartition de la richesse au Québec permet cependant à ces populations de développer d'autres discours jouissant d'une meilleure légitimité pour défendre indirectement le maintien d'une structure municipale caractérisée par la présence de refuges fiscaux en milieu métropolitain. Nous allons donc nous pencher maintenant sur les arguments par lesquels sont indirectement défendus les privilèges fiscaux dont jouissent les petites municipalités de l'agglomération de la métropole.

La tribune grand public : *Small is beautiful*

La seconde catégorie d'arguments d'opposition à la réforme Harel est largement présentée et défendue sur la place publique, et devient le langage principal à travers lequel s'exprime indirectement le premier argumentaire.

Les petites municipalités jouissant d'un meilleur taux d'imposition grâce à leur concentration de la richesse foncière plaident haut et fort sur la scène publique leur crainte d'être absorbées, voire « contaminées[11] » par une mégaville et sa bureaucratie. On peut résumer l'argument par le slogan *Small is beautiful*[12] et la crainte de la « contamination » des « petites municipalités bien gérées » par tous les affres attribués à une agglomération quant à elle taxée de « mégaville ». On dénonce la structure administrative lourde et inefficace de Montréal, sans oublier les bénéfices excessifs concédés au syndicat des cols bleus.

Le principal argument défendu publiquement se résume en gros à la rhétorique de la bonne petite municipalité gérée avec doigté et parcimonie, menacée d'être absorbée par le monstre inefficace et dépensier de Montréal, en mal de croissance. L'argumentaire débouche inévitablement sur le discours identitaire de populations qui s'identifient plus volontiers au « bon » qu'au « méchant ». La promotion d'un sentiment d'appartenance à la communauté la plus près des citoyens devient l'outil par lequel passe la défense des intérêts des populations plus privilégiées.

---

[11]Le site web de défusion Westmount dit notamment : « [...] the former City of Montreal's way of doing things slowly contaminate the erstwhile smaller cities »; [En ligne], [http://www.defusionwestmount.com/westmount/bienvenue.htm], « Twenty Reasons to Leave the megacity ».

[12]Glenn Williams, « One island, one city, one big mistake », *The Suburban*, 27 décembre 2000, p. A-13 : « Small is beautiful is not on the government agenda ».

Le discours identitaire développé dans le cadre de l'organisation territoriale municipale au Québec, et en particulier sur l'île de Montréal, est effectivement un discours d'abord tourné vers soi, décrivant une communauté d'appartenance qui se définit par un territoire et des équipements collectifs dits d'exception[13] par rapport à l'ensemble impersonnel, anonyme et démesuré de la Métropole. Il s'agit d'un discours axé d'une part sur l'inclusion et la survie d'une petite communauté qui se dévoue pour ses services collectifs, et d'autre part sur l'exclusion des habitants de la grande métropole avec qui les opposants aux fusions municipales refusent de lier leur avenir. Ce type de discours, rapporté au moment de la lutte de ces mêmes municipalités de banlieue contre la création et le développement de la CUM n'a jamais fléchi en trente ans et se répète aujourd'hui avec la même constance et la même ardeur qu'aux premiers jours de la Communauté urbaine[14].

Et pourtant, les chiffres démentent ces idées véhiculées par les partisans du maintien des petites municipalités de la banlieue de Montréal. Les opposants aux fusions, devenus par la suite partisans de la défusion, ont financé la production d'un rapport faisant la promotion de la défusion (Rapport Poitras)[15]. Or, le rapport Poitras doit lui-même contredire le mythe de la frugalité des municipalités de banlieue. La compilation des données qui l'accompagne fait état des dépenses par ménage qui sont pour certaines municipalités de banlieue près du double des dépenses de l'ancienne ville de Montréal. Par exemple, Mont-Royal dépensait en 2001 la somme de 5 745$ par ménage en comparaison à 2 984$ pour l'ancienne ville de Montréal[16]. Les six municipalités

---

[13]Par exemple, Westmount a mis l'accent sur son « patrimoine immobilier exceptionnel ». Voir le jugement de la Cour supérieure, supra note 6, au paragraphe 305.

[14]Voir notamment Jacques Benjamin, *La Communauté urbaine de Montréal : une réforme ratée*, Montréal, L'Aurore, 1975, 158 p. Selon l'auteur, le thème de l'incompétence des élus de la ville de Montréal est devenu une mantra qui se répète depuis 100 ans dans l'argumentation des notables des banlieues de l'ouest de l'île de Montréal. Il rapporte ainsi les paroles d'un notable du *West Island* au moment de la création de la CUM, à la p. 43 : « *We agree with the principle of Metro government ? but not the rape of good government to cover up the administrative errors of other communities. A town or city is for the people, not for the benefit of individuals or politicians who have reached a level of incompetence before getting into public service or who have used public office to build on* ». L'auteur qui a étudié la réaction des banlieues au cours des premières années de la CUM rapporte aussi (p. 18) la crainte à caractère ethnique de « l'invasion des banlieues par les fonctionnaires francophones ».

[15]Lawrence A. Poitras, *La défusion municipale au Québec*, Borden, Ladner, Gervais, 17 mars 2003.

[16]*Ibid*, Tableau 3.7, p. 107.

où les coûts par ménage sont les plus élevés de l'île sont toutes des municipalités farouchement opposées aux fusions et qui soutiennent par ailleurs tenir une administration frugale et plus serrée de leurs budgets que la ville centre[17]. Donc, le principal argument soutenu sur la place publique ne résiste pas à l'analyse.

La tribune judiciaire : une minorité en péril; quelle minorité?

Le troisième argumentaire, enfin, soutenu devant une tribune spécialisée, regroupe les motifs plaidés au cours de l'étape judiciaire de l'opposition aux fusions municipales. Il s'agit de la protection des droits de la minorité anglophone du Québec.

Dès qu'il est devenu évident que les pressions politiques ne réussiraient pas à faire fléchir la volonté gouvernementale d'aller de l'avant avec la réforme municipale de la ministre Harel, les opposants les plus fermes ont entamé des procédures judiciaires auprès de la Cour supérieure du Québec demandant une injonction ou un sursis dans la mise en œuvre de la loi sur les fusions qu'on voulait par ailleurs déclarer nulle et inconstitutionnelle. Seize des dix-sept municipalités contestataires se trouvaient à l'intérieur du périmètre de la grande ville unifiée de Montréal[18].

Comme le dit le juge au procès : « Au cœur de la contestation : la question de la langue[19] ». Les municipalités contestataires ont plaidé

---

[17]Ces six municipalités de l'île de Montréal qui ont les plus hautes dépenses par ménage de l'île de Montréal sont dans l'ordre décroissant des coûts : Dorval, Mont-Royal, Westmount, Hampstead, Pointe-Claire et Baie d'Urfé. Voir Rapport Poitras, *supra* note 15, à la p. 107.

[18]La municipalité de l'Ancienne-Lorette, fusionnée à la ville de Québec, est la seule qui n'est pas dans la région de Montréal. Les seize municipalités contestataires de la région de Montréal sont : Westmount, Baie d'Urfé, Saint-Laurent, Anjou, Beaconsfield, Dorval, Kirkland, Côte St-Luc, Hampstead, Île Bizard, Montréal-Est, Montréal-Ouest, Mont-Royal, Pointe-Claire, Ste-Anne-de-Bellevue, et Senneville. Certaines municipalités, présentes en première instance, s'étaient retirées lorsque le débat a atteint la Cour d'appel. C'est notamment le cas des villes d'Anjou, de Lachine, de Montréal-Nord, d'Outremont et de Verdun. De ce nombre, 5 ont présenté une requête pour permission d'en appeler à la Cour suprême du Canada : Westmount, Baie d'Urfé, Hampstead, Beaconsfield et Côte St-Luc. Cette requête a été rejetée dans un jugement unanime de la Cour suprême du Canada : *Ville de Westmount et autres c. Le Procureur général du Québec* C.S.C., n° 28869, 28870, 28893, 28894, 28895, 7 décembre 2001.

[19]Le juge Lagacé, au paragraphe 149 du jugement de la Cour supérieure : *supra* note 6. Il ajoute au paragraphe 153 : « Le débat est émotif [...], la preuve au soutien de l'argumentation l'est tout autant. À coup d'affidavits et d'expertises, les demandeurs tentent de convaincre la Cour de l'effet pervers [...] envers la minorité anglophone de l'île de Montréal. »

devant les tribunaux que la loi sur les fusions contrevenait aux droits linguistiques de la minorité anglophone, tels que protégés par la Constitution canadienne et la Charte québécoise des droits et libertés, de même que par des principes constitutionnels non-écrits. En raison de la présence dans leurs territoires respectifs d'une majorité d'anglophones ou d'une importante minorité de langue anglaise, on soutenait que l'abolition de ces institutions municipales outrepassait les pouvoirs de l'Assemblée nationale du Québec.

Le juge Lagacé de la Cour supérieure, de même que les trois juges de la Cour d'appel du Québec[20] ont facilement disposé de l'argument dont la faiblesse est devenue vite évidente à la lumière des faits qui révèlent qu'un plus grand nombre d'anglophones vivent sur le territoire de l'ancienne ville de Montréal que dans l'ensemble des villes contestataires regroupées. Le juge relève que l'ancienne ville de Montréal compte onze fois plus d'anglophones que la ville de Westmount et cinquante et une fois plus que celle de Baie d'Urfé. « Si la langue anglaise constitue la caractéristique commune des membres du groupe qui se dit ici victime de discrimination, il faut par ailleurs constater que l'effet préjudiciable allégué provient du lieu de résidence et non de leur langue[21] », puisque, ajoute le juge, aucun effet préjudiciable n'est allégué pour les anglophones qui habitent dans l'ancienne ville de Montréal. Ainsi fondait comme neige au soleil l'argument voulant que les riches municipalités de banlieues soient responsables d'une mission spéciale de la préservation des droits des anglophones au Québec.

Il est malgré tout opportun de se demander si les municipalités contestataires ont vraiment plaidé pour la défense de la minorité anglophone du Québec? On peut effectivement en douter à la lecture des dépositions présentées devant le tribunal, et notamment celles soumises au nom des municipalités de Westmount et de Baie d'Urfé (sur lesquelles se concentre cette partie[22]), où la minorité défendue prend des allures plus ethniques que linguistiques, en ciblant « la collectivité d'origine britannique et de langue anglaise ». On peut y lire par exemple :

> La spécificité de la culture reliée à la langue anglaise et à l'origine britannique, incluant l'appartenance à la religion protestante est reconnue depuis plus d'un siècle au Canada, et elle trouve son expression de façon éloquente à l'intérieur de la ville de Westmount, qui a su la

---

[20] *Ville de Baie d'Urfé et al c. P.G. du Québec* [2001] R.J.Q. 2520-2556 (C.A), entendu devant les juges Gendreau, Baudouin et Forget.

[21] Au paragraphe 207, *supra* note 6.

[22] L'argument est quelque peu différent pour certaines autres municipalités, comme Côte St-Luc et Hampstead par exemple. La limite d'espace ici disponible ne permet pas de les étudier.

cultiver et la protéger au plan linguistique, religieux, culturel, architectural et social[23].

La demande principale de la ville de Westmount est au même effet : « La minorité anglophone, principalement la minorité d'origine britannique[24] » est celle pour laquelle on demande à la Cour un droit de « vivre ensemble[25] ». Un expert soutient par ailleurs que la ville de Baie d'Urfé est « le seul château-fort de la culture anglo-protestante au Québec[26] ». Non seulement le visage multiculturel et pluriethnique du grand Montréal est rejeté par ces deux municipalités, mais leurs prétentions quant à la représentation de la portion congrue des citoyens d'origine britannique est farfelue, puisque déjà en 1921, Westmount ne rassemblait que 7% de la population d'origine britannique de l'île de Montréal et 4% en 1971. Tous les chiffres témoignent du fait que chacun des grands groupes ethniques et linguistiques de l'île de Montréal est intimement et principalement enraciné non pas dans les petites municipalités qui prétendent les représenter et les défendre, mais plutôt à l'intérieur même du territoire l'ancienne ville de Montréal[27].

La structure argumentaire des opposants à la réforme Harel ressemble à un jeu de poupées russes où les vrais arguments sont enfouis sous d'autres couches argumentaires qui varient selon la tribune d'expression. Les arguments défendus publiquement sont davantage tournés vers un discours économique qui est carrément faux, ou un discours identitaire mélancolique et émotif. Sur la scène juridique, le seul argument qui a été tenu devant la Cour d'appel du Québec est celui de la protection des droits des minorités. Or, à l'analyse des documents déposés devant la cour par deux des principales municipalités contes-

---

[23] Affidavit de Calvin Veltman, au soutien de la requête en injonction de la Ville de Westmount, 23 décembre 2000, paragraphe 46. L'ensemble de l'affidavit démontre que la collectivité que défend Westmount est « la collectivité d'origine britannique et de langue anglaise vivant à Westmount » (paragraphe 47). Le paragraphe 51 dit : « les aspects institutionnels, ethniques et religieux ont une importance capitale pour les Westmountais, et pour identifier l'origine de leur communauté, voire pour définir leur identité, comme susdit. »

[24] Le paragraphe 26 de la Requête, Déclaration et Action déclaratoire réamendée de Ville de Westmount et al, 14 mars 2001.

[25] *Ibid.*, paragraphe 104 a).

[26] Déclaration solennelle de Jacques Henripin, 20 décembre 2000, au paragraphe 49.

[27] Voir notamment l'analyse présentée par Paul-André Linteau, « Groupes, identités et municipalités dans l'histoire de Montréal et de sa région », (non daté), p. 5 : « Ainsi, aucune de ces municipalités ne peut prétendre représenter plus qu'une petite fraction de la minorité d'origine britannique de l'île de Montréal. Dans certains cas, comme à Westmount, il s'agit de la fraction la plus riche. »

tataires, contrairement à ce qui a été véhiculé, la minorité qui se dit en péril prétend plutôt se définir par ses origines ethniques et religieuses et non pas linguistiques. La minorité « anglo-protestante », anxieuse de maintenir son « château-fort » municipal n'est pas la minorité anglophone du Québec qui se caractérise d'abord et avant tout par sa diversité ethnique et culturelle. L'ensemble de la preuve déposée devant la Cour nous rappelle davantage les discours d'exclusion des années 30, en rupture totale avec le présent et l'avenir du Québec.

Bibliographie

BENJAMIN, Jacques, *La Communauté urbaine de Montréal : une réforme ratée*, Montréal, L'Aurore, 1975.

COMISSION NATIONALE SUR LES FINANCES ET LA FISCALITÉ LOCALES, *Pacte 2000*, Québec, 1999, (Commission Bédard, rapport sommaire).

LA DÉFUSION WESTMOUNT, « Twenty Reasons to Leave the Megacity », [En ligne], [http://www.defusionwestmount.com/westmount/bienvenue.htm].

Loi de la Communauté urbaine de Montréal, L.Q. 1969, c. 84.

Loi portant réforme de l'organisation territoriale municipale des régions métropolitaines de Montréal, de Québec et de l'Outaouais, L.Q. 2000, c. 56 (Projet de loi 170).

Loi concernant la consultation des citoyens sur la réorganisation territoriale de certaines municipalités, L.Q. 2003, c. 14 (Projet de loi 9).

MINISTÈRE DES AFFAIRES MUNICIPALES ET DE LA MÉTROPOLE, *La réorganisation municipale : changer les façons de faire, pour mieux servir les citoyens*, 2000.

POITRAS, Lawrence A., *La défusion municipale au Québec*, Borden, Ladner, Gervais, 17 mars 2003.

PRÉMONT, Marie-Claude, « L'histoire de la fiscalité locale au Québec : de la cohabitation au refuge fiscal », *Revue de droit de McGill*, n° 46, 2001, p. 713-778.

HENRIPIN, Jacques, *Déclaration solennelle*, 20 décembre 2000.

LINTEAU, Paul-André, « Groupes, identités et municipalités dans l'histoire de Montréal et de sa région », (non daté).

MINISTÈRE DES AFFAIRES MUNICIPALES DU SPORT ET DU LOISIR DU QUÉBEC, données fiscales et financières des municipalités, [En ligne], [http://www.mamsl.gouv.qc.ca/finances/fina_info_publ.htm].

VELTMAN, Calvin, *Affidavit*, au soutien de la requête en injonction de la Ville de Westmount, décembre 2000.

VILLE DE WESTMOUNT et al, « Requête », *Déclaration et Action déclaratoire ré-amendée*, 14 mars 2001 (numéro de dossier : 500-05-062138-001).

Ville de Baie d'Urfé et al. c. P.G. du Québec [2001] R.J.Q. 1589-1636 (C.S.).

Ville de Baie d'Urfé et al. c. P.G. du Québec [2001] R.J.Q. 2520-2556 (C.A).

Ville de Westmount et al. c. Le Procureur général du Québec C.S.C., n° 28869, 28870, 28893, 28894, 28895, 7 décembre 2001.

WILLIAMS, Glenn, « One island, one city, one big mistake », *The Suburban*, 27 décembre 2000, p. A-13.

Heterotopia revisited in an Age of Globalization

Anthony Purdy
University of Western Ontario

This is a paper about space and about the role of space in our social imaginary.* It falls into two uneven parts, starting with a rather long look at the use of spatial metaphors in some recent journalistic writing before briefly revisiting and resituating Michel Foucault's notion of heterotopia, first proposed in the mid-1960s, in response to the radically changed social context and concerns of our own age of rapid globalization. The broad objective is to identify some of the hopes and anxieties that inform and articulate our spatial representations of our life-world, especially as they relate to questions of inclusion and exclusion. If I turn in the first instance to journalistic rather than literary or theoretical writings, it is because I want to capture some sense of the immediacy of an emergent social discourse.

The first of these metaphors replays a familiar *topos* from an earlier age of rapid globalization obsessed with the phenomenon of space-time compression generated by revolutions in transport and communications technologies. The nineteenth century chose to speak in terms of space rather than time of the dramatic acceleration of social life brought about, for example, by the rapid spread of railway networks. The cliché of the day, on everyone's lips and in everyone's minds, was the "annihilation of space". Already in 1839 the British *Quarterly Review* was trumpeting the dramatic shrinking of the world's seas and waterways—"We have seen the power of steam suddenly dry up the great Atlantic Ocean to less than half its breadth. [...] The Mediterranean, which is now only a week from us, has before our eyes shrunk into a lake [...] and the great lakes of the world are rapidly drying into ponds!"[1]—while on the other side of the English Channel, Constantin Pecqueur was describing a new condensed geography of France that represented the temporally shrunk transport space of the nation in terms of cities literally closing in on one

---

*My thanks to the Social Sciences and Humanities Research Council of Canada for its generous support of the Heterotopia Project of which this essay is an early manifestation.

[1] *Quarterly Review*, No. 63, 1839, p. 23; quoted in Wolfgang Schivelbusch, *The Railway Journey: Trains and Travel in the 19th Century,* trans. Anselm Hollo, New York, Urizen Books, 1979, p. 13.

another at such a rate that the new France could be seen as fitting into the space of the old Île-de-France: "As for Louvres, or Pontoise, or Chartres, or Arpajon, etc., it is obvious that they will just get lost in some street of Paris or its suburbs."[2]

Today, our sense of a rapidly shrinking world, steadily reinforced for decades by the democratization of high-speed travel, has taken a new, and newly accelerated, turn since the advent of e-mail and the emergence of an on-line culture. We hear distant echoes of the excitement of the Railway Age in Nicholas Negroponte's vision of blurred boundaries between global and local in a digital universe of interconnected electronic communities: "We will socialize in digital neighborhoods in which physical space will be irrelevant and time will play a different role. Twenty years from now, when you look out a window, what you see may be five thousand miles and six time zones away."[3] Once again the metaphors—the Internet, the world wide web, chat rooms, the revival of McLuhan's global village—are largely spatial, all suggesting the physical and social connectedness of *Gemeinschaft* as an antidote to the disembodied anonymity of *Gesellschaft*. But this time around, rather than grounding the subject in the material space of lived reality, the Internet opens up a kind of parallel universe in cyberspace, a universe replete with possibilities that may or may not have outcomes or influence events in the world of everyday reality. We are aware, for example, of the enhanced democratic potential of high-speed political organization and communication, or of the use of the Internet by subcultures to outflank the police by organizing at very short notice mass events such as raves or demonstrations or, more disturbingly, concerted acts of collective violence. On the other hand, there are surfers and cybernauts for whom circulation in a virtual sphere is an end in itself, as is apparently the case with many of those who experiment with multiple identities. The obvious downsides, too, can have more or less immediate repercussions in the real world—fraud, identity theft, increased possibilities for state, criminal or corporate surveillance,[4] the vulnerability of financial markets to high-speed information transmission—or can encourage social isolation and compensatory behaviours that might in the long run contribute to depression and mental illness. In either case, we don't have to fall into the traps of technological determinism to understand that the boundaries of subjectivity and commu-

---

[2]Constantin Pecqueur, *L'économie sociale*, Paris, 1839, t. 1, p. 26; quoted in Schivelbusch, p. 43.

[3]Nicholas Negroponte, *Being Digital*, New York, Vintage, 1996, p. 7.

[4]Legislation is under consideration in a number of countries to allow police monitoring of chat rooms.

nity are being electronically redrawn in ways that inevitably influence our social interactions and spatial imaginary. Any discussion of how we conceptualize the space we inhabit now needs to take into account the capacity of the electronic media to displace, reconfigure and otherwise renegotiate many of our old antinomies—such as global and local, *Gesellschaft* and *Gemeinschaft*, or utopia and dystopia—which are either intrinsically spatial or have spatial implications.[5]

Another chronotopic binary that has enjoyed a certain journalistic success is Thomas Friedman's contrastive juxtaposition of the Lexus and the olive tree, used to illustrate the clash of cultures between global and local in the post-Cold War era. Sitting in the bullet train from Toyota City to Tokyo after a visit in May 1992 to the Lexus luxury car factory, he happened to read a news story about the uproar caused by a controversial interpretation of the 1948 United Nations resolution concerning the right of return of Palestinian refugees to Israel. It came to him then that he had his symbols for the new era in which "half the world seemed to be emerging from the Cold War intent on building a better Lexus, dedicated to modernizing, streamlining and privatizing their economies in order to thrive in the system of globalization. And half the world [...] was still caught up in the fight over who owns which olive tree."[6] Careful to construct himself as a citizen of the globalizing world, Friedman is at no great pains to hide his sympathies (or his breathtaking reductions and distillations). However, he does make some show of being even-handed:

> Olive trees are important. They represent everything that roots us, anchors us, identifies us and locates us in this world—whether it be belonging to a family, a community, a tribe, a nation, a religion or, most of all, a place called home. Olive trees are what gives us the warmth of family, the joy of individuality, the intimacy of personal rituals, the depth of private relationships, as well as the confidence and security to reach out and encounter others. We fight so intensely at times over our olive trees because, at their best, they provide the feelings of self-esteem and belonging that are as essential for human survival as food in the belly. [...] You cannot be a complete person alone. [...] For that you must be part of, and rooted in, an olive grove.[7]

The sentimental kitsch of the home, the warm fuzzy glow of *Gemütlichkeit*, is presumably supposed to distract us from the fact that,

---

[5] The literature on life in an electronic world is large and growing fast. An excellent starting point is Sherry Turkle, *Life on the Screen: Identity in the Age of the Internet*, New York, Simon & Schuster, 1995.

[6] Thomas L. Friedman, *The Lexus and the Olive Tree*, New York, Anchor Books, 2000, p. 31.

[7] *Ibid.*

by this very logic, a significant proportion of the world's population is condemned to remain incomplete by virtue of its enforced homelessness, a homelessness in many instances brought about, not by parochial and atavistic squabbles over olive groves, but by the so-called side effects (or collateral damage?) of an economic globalization that all too frequently uproots and dispossesses local rural populations. Similarly, the suggestion, on the very next page, that both ethnic cleansing in the former Yugoslavia and the Nazi Final Solution can be adequately explained in terms of the olive tree run amok, i.e. in terms of tribal bloodlust, reveals the underlying ideological assumptions of Friedman's intellectually threadbare account.

Friedman's book is full of examples of what he calls "the olive tree backlashing against the Lexus"[8]—amusing, quaint, romantic acts of local rebellion, but ultimately quixotic and doomed in the long run to failure. Such is the gesture, reported in an August 1999 issue of the *Washington Post*, of Philippe Folliot, the mayor of St. Pierre-de-Trivisy, a village in the southwest of France, population 610, whose town council slapped a 100 percent tax on bottles of Coca-Cola sold at the town's campground in retaliation against a U.S. government tariff on Roquefort cheese. Tucking into a piece of crusty bread spread with Roquefort, Folliot told the *Post*'s correspondent:

> Roquefort is made from the milk of only one breed of sheep, it is made in only one place in France, and it is made in only one special way. It is the opposite of globalization. Coca-Cola you can buy anywhere in the world and it is exactly the same. [Coke] is a symbol of the American multinational that wants to uniformize taste all over the planet. That's what we are against.[9]

If I quote this particular story, which is typical in its drift of scores of others reported in the press, it is because Folliot's rhetoric neatly encapsulates a fundamental opposition, not so much between homogeneity and heterogeneity as between the *singularity* of product A, rooted in a particular place and the *uniformity* of product B which is placeless.[10] It is the kind of rhetoric that helps to sell French wines—each bottle of which, we are told, captures the ever changing weather conditions over a particular hillside during the growth of the vine—in competition

---

[8]*Ibid.*, p. 35.

[9]*Ibid.*, p. 35-36.

[10]We are reminded, in this respect, of the 'No surprises' slogan of the Holiday Inn hotel chain and of the contemporary proliferation of non-places described by anthropologist Marc Augé in *Non-Lieux: Introduction à une anthropologie de la surmodernité*, Paris, Éditions du Seuil, 1992.

with the increasingly popular New World varietals with their more predictable and reliable flavours. It is also the kind of rhetoric deployed by a particular strain of political opposition to globalization: that of the traditionalist-cum-nationalist radicals who advocate a return to a nostalgically mythologized or utopian *status quo ante*. (According to UKIP, the pound should not be sacrificed to the Euro, not for economic reasons, but because it embodies the singularity of Englishness, the aura of place.)

Unique, too, but in a very different way, is the hybrid culture negotiated by the Kayapo Indians in the remote Amazonian village of Aukre. Friedman quotes with obvious approval the account given him by Glenn Prickett, a senior vice-president at Conservation International:

> Their village has a little main street with a Conservation International store and a branch of the Body Shop, the ecoconscious soapmakers. [...] We had arranged for an open-air market of Kayapo culture, artifacts, baskets, war clubs, spears and bows and arrows to be set up. Then our group proceeded to buy it all for very steep prices in U.S. dollars. We then went and sat in the men's hut in the center of this Kayapo village, which could have come out of prehistory. [...] they were all watching a single TV, connected to a large satellite dish. The men were flipping the channels back and forth between a Brazilian soccer match and a business channel that carried the running price of gold on world markets. The Kayapo men wanted to be sure that they were charging the small miners, whom they let dig on the edges of their rain-forest property, the going international rate for whatever gold they found. They then used these profits earned on the world gold market to protect their own unique lifestyle in the middle of the Amazon rain forest.[11]

It is a far cry from the famous story of Claude Lévi-Strauss in 1941, going every day to the New York Public Library to do research for *Les structures élémentaires de la parenté* and being troubled by the presence beside him in the reading room of a feathered Indian with a Parker pen.[12] It is hard to know which is more disturbing: the self-styled anthropologist's discomfort before an incongruous hybridity that spoke to him of contamination and decay, or Friedman's blithe assumption that the new hybridity necessarily represents a "healthy balance" or a "unique lifestyle" worth protecting.

If, for Friedman, neo-liberal globalization is the one true path to a utopian future in which Lexus and olive tree will co-exist in harmony,

---

[11] Thomas L. Friedman, *The Lexus and the Olive Tree*, New York, Anchor Books, 2000, p. 36.

[12] James Clifford, *The Predicament of Culture: Twentieth-Century Ethnography, Literature, and Art*, Cambridge, MA, Harvard University Press, 1988, p. 241, 245-246.

for Naomi Klein it is quite clearly the enemy to be stopped before its dystopian effects are universally realized. Not that Klein is an anti-globalist. Indeed, she claims that the so-called "anti-globalization movement" is an invention of the media, a tag used to discredit truly internationalist activists who oppose, not globalization *per se*, but its neo-liberal incarnation. The master metaphor she favours in her "dispatches from the front lines of the globalization debate" is that of the fence, and her articles chronicle the erection not only of material fences, but also of more intangible ones of the kind imposed by IMF loan conditions in Argentina or by factory farming in Canada. At the same time, "some very necessary fences are under attack: in the rush to privatization, the barriers that once existed between many public and private spaces [...] have nearly all been levelled. Every protected public space has been cracked open, only to be re-enclosed by the market."[13] Hence the irony of an age that was ushered in by the collapse of the Berlin Wall being subsequently characterized by the proliferation of barriers as dramatic in their redrawing of the boundaries of public and private as the Enclosure Laws of 18th and 19th century Britain:

> the current stage of capitalism is not simply about trade in the traditional sense of selling more products across borders. It is also about feeding the market's insatiable need for growth by redefining as "products" entire sectors that were previously considered part of "the commons" and not for sale. [...] With copyright now the U.S.'s single largest export (more than manufactured goods or arms), international trade law must be understood not only as taking down selective barriers to trade but more accurately as a process that systematically puts up new barriers—around knowledge, technology and newly privatized resources.[14]

And then, of course, there are the "distinctly unvirtual fences, the ones made of chain link and razor wire, reinforced with concrete and guarded with machine guns", the fences that prompt Klein to write: "Whenever I hear the phrase 'free trade,' I can't help picturing the caged factories I visited in the Philippines and Indonesia that are all surrounded by gates, watchtowers and soldiers – to keep the highly subsidized products from leaking out and the union organizers from getting in."[15] The two kinds of fence are, of course, related. The material ones are there to enact and enforce the virtual ones, to enclose and protect the

---

[13]Naomi Klein, *Fences and Windows: Dispatches from the Front Lines of the Globalization Debate*, Toronto, Vintage Canada, 2002, p. xix.

[14]*Ibid.*, p. xx-xxi.

[15]*Ibid.*, p.xxii.

wealth and property of the few against the potential encroachment of the many in an ever more polarized world. Klein cites the US$4.5 billion a year spent by Brazilians on private security in a country where armed rent-a-cops outnumber actual police officers by almost four to one, or the spread in certain countries of gated compounds and communities, "microcosms of what is fast becoming a global security state—not a global village intent on lowering walls and barriers, as we were promised, but a network of fortresses connected by highly militarized trade corridors."[16]

* * *

By way of not concluding, I turn now to Foucault's notion of heterotopia as it figures in a talk given in 1967 to an architects' group and since published under the title "Des espaces autres" or "Of other spaces".[17] The account he gives is tantalizing but confusing, with definitions that tend to slip away as we try to grasp the concept. Heterotopias are conceived, in contradistinction to utopias, as real places "which are something like counter-sites, a kind of effectively enacted utopia in which the real sites, all the other real sites that can be found within the culture, are simultaneously represented, contested, and inverted. Places of this kind are outside of all places, even though it may be possible to indicate their location in reality."[18] Instead of a rigorous definition, Foucault offers a set of six principles to serve as a working description of these "other spaces".

1. The first principle states that all cultures constitute heterotopias, but that they come in a great variety of forms, none of which is probably universal. However, there are two main categories: crisis heterotopias, widespread in so-called primitive societies where they are reserved for the segregation of individuals passing through crises in relation to their social environment, and heterotopias of deviation which by and large have replaced them in modern societies. Modern examples of crisis heterotopias are the nineteenth-century boarding school and the train or the honeymoon hotel where the bride was ritually deflowered; heterotopias of deviation would include prisons and psychiatric hospitals.
2. The second principle is that heterotopias can change over time and acquire different functions. Foucault's example is the evolution of

---

[16]*Ibid.*, p. xxiii.

[17]Michel Foucault, « Des espaces autres », *Architecture-Mouvement-Continuité*, 5 octobre 1984, p. 46-49 ; « Of other spaces », trad. par Jay Miskowiec, *Diacritics*, vol. 16, n° 1, Spring 1986, p. 22-27.

[18]*Ibid.*, p. 24.

the cemetery in modern times, including its displacement from the centre of the community to its periphery.
3. According to the third principle, "the heterotopia is capable of juxtaposing in a single real place several spaces, several sites that are in themselves incompatible."[19]
4. The fourth principle points to the chronotopic nature of heterotopias, which embody particular kinds of time. For example, the museum and the library are heterotopias peculiar to modern western culture in that they incarnate "the idea of accumulating everything, of establishing a sort of general archive, the will to enclose in one place all times, all epochs, all forms, all tastes, the idea of constituting a place of all times that is itself outside of time and inaccessible to its ravages".[20]
5. According to the fifth principle, heterotopias are isolated spaces protected by a system of opening and closing: "In general, the heterotopic site is not freely accessible like a public place. Either the entry is compulsory, as in the case of entering a barracks or a prison, or else the individual has to submit to rites and purifications" that may be religious or hygienic or both.[21]
6. The sixth principle is that heterotopias are functional in relation to society in general. At opposite ends of the spectrum of possible functions, Foucault situates heterotopias of illusion (citing "those famous brothels of which we are now deprived") and heterotopias of compensation, as in the case of certain kinds of colony, such as those created by the Jesuits of Paraguay, in which life was regulated down to the smallest detail, including the bell at midnight waking all good citizens from their slumbers to carry out their marital duty.[22]

It is not my intention here to engage with the theoretical questions that remain unresolved in Foucault's account of these "other spaces", or to propose a definition of heterotopia that would make it scientifically or methodologically operational. What interests me for the moment is that, despite its evident inadequacies, the concept has enough intuitive

---

[19] *Ibid.*, p. 25. Examples cited include the theatre, the cinema, the zoo, the garden, and the Oriental carpet; to which we would now add Disneyland, the theme park and the mall.

[20] *Ibid.*, p. 26.

[21] *Ibid.* As we know, a new kind of heterotopia, the gated community or security park, thrives in modern fortress societies. Cf. Derek Hook and Michele Vrdoljak, "Gated communities, heterotopia and a 'rights' of privilege: a 'heterotopology' of the South African security-park", *Geoforum*, No. 33 (2002), p. 195-219.

[22] *Ibid.* Any resemblance to the robots and taylorized environment of the Lexus car factory is, I am sure, purely fortuitous.

validity to have migrated, since the mid-1980s when the French text and its English translation were published, across most of the human and social sciences and to have enjoyed a certain vogue, in particular, in architecture, cultural geography and urban studies, where it has been interpreted and used in a wide variety of ways. For the purposes of this paper, I prefer to see in Foucault's use of the concept a pretext for a set of loosely related propositions about social space and to respond to those propositions in light of some of the changes wrought in the spatial configurations of our social imaginary since the mid-1960s. It is in this spirit that I offer the following observations.

1. As Mary McLeod has argued, in Foucault's account of "other" spaces there is very little room for real others.[23] The spaces described are those of a European, male imaginary, in which women figure specifically only as deflowered brides or purveyors of sexual illusion, and non-westerners are reduced to "primitives" or the unwitting beneficiaries of a "compensatory" colonialism. Nowhere do the points of view of women or non-westerners (or even gay men for that matter) inform the choice or the characterization of spaces. A globalized world calls for a globalized imaginary, in which nostalgia for the old-style French brothel or for local enactments of colonial order gives way, for example, not only to an evocation of the sites of contemporary sex tourism, but also to the capacity to imagine them from the perspective of a child prostitute. (Or, more radically still, to imagine the inside of an industrial pig barn in Ohio or in Perth County, Ontario from the point of view of the pigs.)[24]

2. The heterotopias of deviation described by Foucault—the prisons and psychiatric hospitals—are not only still with us[25] but have grown in number and in scope, spawning new incarnations in the proliferation of detention centres and refugee camps built to hold and contain the displaced. Moreover, as Naomi Klein reminds us, the fences that surround them are not always visible. Consider the plight of international graduate students at Ontario universities. Although excluded from federal scholarship competition, a truly outstanding doctoral candidate might be fortunate enough to win

---

[23] Mary McLeod, "'Other' Spaces and 'Others'", Diana Agrest, Patricia Conway, and Leslie Kanes Weisman (eds.), *The Sex of Architecture*, New York, Harry N. Abrams, 1996, p. 15-28.

[24] Adorno's claim that "Auschwitz begins wherever someone looks at a slaughterhouse and thinks: they're only animals" is still radical enough to provoke shock and outrage. See Charles Patterson, *Eternal Treblinka: Our Treatment of Animals and the Holocaust*, New York, Lantern Books, 2002, p. 53.

[25] Already Abu Ghraib and Guantánamo Bay have entered the social imaginary of the 21st "Of other spaces", p. 27.

one of the very small number of Ontario Graduate Scholarships allocated to the fiercely competitive international student competition. At most universities, if the student is in fifth year, the most typical for thesis writing in the humanities, he or she will likely pay almost all of the $15,000 scholarship in international student fees and mandatory international student health premiums, leaving next to nothing to live on. Such a student might have something to say about the invisible fences surrounding modern crisis heterotopias in a globalized world, or about the curious semantics that can turn "international" into a marker for objects of "ghettoization."
3. Heterotopias can change their function not only, as Foucault argues, as societies evolve, but also according to who is using them and how. A useful complement to Foucault's account of social space is to be found in the various everyday life projects, several of which go back to roughly the same time as Foucault's lecture in the period leading up to the events of May 1968. In this respect, we might recall Michel de Certeau's distinction between strategy and tactics, or the Situationists' use of *détournement* to create oppositional room for manœuvre on the territory of the 'Other.' A McDonald's is a McDonald's everywhere in the world, but is it always used in the way it was intended? This is a question that might be asked of Augé's non-places as well as of Foucault's heterotopias.
4. My fourth and final observation concerns Foucault's own concluding remark that the boat has been for our civilization "the greatest reserve of the imagination. The ship is the heterotopia *par excellence*. In civilizations without boats, dreams dry up, espionage takes the place of adventure, and the police take the place of pirates."[26] But what, one might ask, does the boat represent for boat people? Or for those who suffocate in the holds and containers of ships transporting them to freedom? What are *their* other spaces?

Bibliography

AUGÉ, Marc, *Non-Lieux : Introduction à une anthropologie de la surmodernité*, Paris, Seuil, 1992.

CLIFFORD, James, *The Predicament of Culture: Twentieth-Century Ethnography, Literature, and Art*, Cambridge, Harvard University Press, 1988.

FOUCAULT, Michel, "Des espaces autres", *Architecture-Mouvement-Continuité*, 5 octobre 1984, p. 46-49.

FOUCAULT, Michel, "Of other spaces", trans. Jay Miskowiec, *Diacritics*, vol. 16, n° 1, Spring 1986, p. 22-27.

---

[26]"Of other spaces", p. 27.

FRIEDMAN, Thomas L., *The Lexus and the Olive Tree*, New York, Anchor Books, 2000.

HOOK, Derek, and Michele VRDOLJAK, "Gated communities, heterotopia and a 'rights' of privilege: a 'heterotopology' of the South African security-park", *Geoforum*, n° 33, 2002, p. 195-219.

KLEIN, Naomi, *Fences and Windows: Dispatches from the Front Lines of the Globalization Debate*, Toronto, Vintage Canada, 2002.

MCLEOD, Mary, "'Other' spaces and 'others'", Diana Agrest, Patricia Conway, and Leslie Kanes Weisman (eds.), *The Sex of Architecture*, New York, Harry N. Abrams, 1996, p. 15-28.

NEGROPONTE, Nicholas, *Being Digital*, New York, Vintage Books, 1995.

PATERSON, Charles, *Eternal Treblinka: Our Treatment of Animals and the Holocaust*, New York, Lantern Books, 2002.

SCHIVELBUSCH, Wolfgang, *The Railway Journey: Trains and Travel in the 19th Century*, trans. Anselm Hollo, New York, Urizen Books, 1979.

TURKLE, Sherry, *Life on the Screen: Identity in the Age of the Internet*, New York, Simon & Schuster, 1995.

Les nouvelles voix et le déplacement des icônes nationales/ New Voices and the Displacement of National Icons

Dynamics of Inclusion and Exclusion in the Landscape Aesthetics of Jin-Me Yoon

Sarah Phillips Casteel
Carleton University

Urban settings tend to be privileged as sites in which diasporic and marginalized identities are constructed. We often take for granted that the city is the paradigmatic transnational and globalized space: heterogeneous and dynamic in its composition, it is the scene of perpetual arrivals and departures. We think of modernist immigrant novels of the early twentieth century such as Henry Roth's *Call it Sleep* (1934), which charts the displaced child's interaction with the foreign landscape of New York City. We also think of more contemporary images, found in the work of Saskia Sassen and other theorists of globalization, of population as well as commercial and informational flows that constantly circulate among such "global cities" as Toronto, New York, and Tokyo.[1] The metropolitan theories that emerge under both rubrics, modernism and globalization, suggest that the city is more tolerant of difference than rural spaces, more accommodating of minority presences.

Yet as I will suggest with reference to the photography of Jin-me Yoon, urban settings may not always be the ideal background against which to construct diasporic identities. Instead, we find a number of postwar writers and artists of the Americas turning away from the city and towards ex-urban spaces such as the garden. In novels, poetry, and video art by authors and artists such as Jamaica Kincaid, Shani Mootoo, Joy Kogawa, and Bernard Malamud, the natural world becomes centrally important to the making of New World identities.[2] How then do we account for this turn to the rural? What does the rural offer that the city does not? Are not rural aesthetic modes such as the pastoral deeply

---

[1] *Cf.* Sassen's *The Global City*: "Cities concentrate control over vast resources, while finance and specialized service industries have restructured the urban social and economic order. Thus a new type of city has appeared" (Princeton, Princeton UP, 1991, p. 4).

[2] See for example Kincaid, *My Garden (Book)*; Mootoo, *Cereus Blooms at Night* and videos such as *The Wild Woman in the Woods* and *A Paddle and a Compass*; Kogawa, *Obasan*, and Malamud, *A New Life*.

conservative in their politics, not to mention hopelessly outmoded? Finally, what kind of comment on contemporary theorizations of identity and space does this turn towards the rural represent?

The starting point for my discussion of Jin-me Yoon's photography is that the articulation of contemporary modalities of belonging may be productively coupled with an attention to ex-urban spaces. Yoon is a Korean-Canadian photographer based in Vancouver, and a striking feature of her work is that it departs from the urban setting that we often associate with diasporic cultural production.[3] Several of Yoon's works juxtapose minority presences with iconic Canadian landscapes, destabilizing these images of Canadian identity and exposing the dynamics of inclusion and exclusion that inform them. Her photographs challenge the racial purity of iconic images of Canadian national identity, as well as their effacement of a First Nations presence.

Souvenirs of the Self,[4] one of Yoon's best known works, features a young Asian woman, perhaps a tourist, posing before majestic views of the Western landscape of Banff National Park. In this postcard series, the insertion of a "foreign" presence into an iconic Canadian landscape challenges us to consider whether a non-white woman can be naturalized as Canadian in this heroic setting. Another well-known work of Yoon's from the 1990s, *A Group of Sixty-Seven* (1996), similarly exposes the exclusionary power of iconic images of the Canadian landscape. Here, 67 Korean-Canadians pose in front of landscape paintings by Lawren Harris and Emily Carr, calling attention to the role of landscape representation in the construction of national belonging and generating a sense of discomfort and incongruity. Both *Souvenirs of the Self* and *A Group of Sixty-Seven* point to the strong ties between landscape representation and national feeling, exposing "how geography constructs and reveals national identities".[5] In our contemporary moment, the notion of a link between geography and identity has become deeply suspect. Myths of origin and the presupposition that there is a fixed,

---

[3] Diaspora is frequently characterized as a movement among cities, prompting the editors of *Theorizing Diaspora* caution that "the term 'diaspora' risks losing specificity and critical merit if it is deemed to speak for all movements and migrations between nations, within nations, between cities, within cities *ad infinitum*" (Jana Braziel and Anita Mannur, "Nation, Migration, Globalization: Points of Contention in Diaspora Studies", *Theorizing Diaspora: A Reader*, Malden, MA, Blackwell, 2003, p. 7).

[4] Jin-me Yoon, *Souvenirs of the Self*, 1991, *Crossings*, Ed. Diana Nemiroff, vol. 1, Ottawa, National Gallery of Canada, 1998, p. 182-183.

[5] David Lowenthal, "European and English Landscapes as National Symbols", *Geography and National Identity*, Ed. David Hooson, Oxford, Blackwell, 1994, p. 17.

homologous relationship between identity and territory are by now widely discredited. Yet as some scholars have suggested, such critiques of identity, while compelling, leave many questions unanswered.[6] For example, once the myths of origins are debunked, what forms of rootedness become available? And if we agree that such critiques do not obviate the importance of place, how might a sense of place be constructed that does not rely on such myths? The absence of adequate theorizations of emplacement leaves us with several alternatives: we can fall back on the old myths, or remain within the realm of critique, or maintain that place is not in fact important or necessary – that a free-floating rootlessness is the normative condition of our age and perhaps even a desirable one.

None of these options is particularly attractive to Yoon and other contemporary artists and writers of the Americas who are engaged in rethinking, rather than rejecting, roots. In the Americas, myths of origin have always been especially tenuous, as the Martinican writer Édouard Glissant suggests when he identifies New World societies as "composite" rather than "atavistic".[7] As a consequence of this composite character, the creation of viable modes of belonging and "Americanness" becomes one of the central projects of New World cultural production. Nor does urban space always prove helpful to artists of the Americas such as Yoon in pursuing this project. The modern city as we have conventionally imagined it is the theatre in which new forms of belonging are worked out, but paradoxically, the city at the same time disallows an extensive experience of belonging. The city remains deeply bound up with modernist tropes of alienation and exile, with a state of perpetual displacement and the anxieties that attend that displacement.[8] Thus if the city is more accepting of marginalized populations, it also significantly curtails those populations' search for belonging.

Accordingly, ex-urban spaces have continued to feature prominently in Yoon's work. In a more recent series, *Touring Home From Away* (2002), Yoon continues to explore the ideological function of landscape and the figure of the tourist, but she now turns her attention to the East Coast and to a markedly different landscape: that of Prince Edward

---

[6]Cf. Miwon Kwon, "One Place After Another: Notes on Site Specificity", *Space, Site, Intervention: Situating Installation Art*, Ed. Erika Suderburg, Minneapolis, University of Minnesota, 2000, p. 57.

[7]Cf. Édouard Glissant, *Traité du tout-monde*, Paris, Gallimard, 1997, p. 194-195.

[8]One scholar comments that "during the nineteenth century the literary city came more and more to express the isolation or exclusion of the individual from a community, and in the twentieth century to express the fragmentation of the very concept of community" (Pike Burton, *The Image of the City in Modern Literature*, Princeton, Princeton UP, 1981, p. xii).

Island. This series of nine pairs of images that were displayed on double-sided light boxes presents various sites in PEI being visited by a cast of characters (many of them played by Yoon and her family). In her artist's statement for the show, Yoon notes that "The touristic imagery of PEI largely presents it as 'the birthplace of Canada' and as a happily insular island that revels in a seemingly pristine and pastoral environment sheltered from the damaging effects of modernity" (Hurtig 9). PEI is thus a site rich in associations with Canadian belonging and heritage. PEI also carries the conventional associations of island space with protective insularity and separation. The static definition of belonging that the island space supports generates tensions with regard to PEI's inclusivity. Such tensions are highlighted by the Government of PEI's official website "Visitor's Guide":

> They say that to be a 'true blue' Prince Edward Islander you must be born here. Otherwise, you're 'from away'. Despite this divine right to citizenship, Islanders adopt all who come to stay and its 1.2 million annual visitors. They come to the Island to enjoy its pastoral scenery, relaxing white sandy beaches and relaxing pace.[9]

Yoon's photographs work to uncover contradictions between notions of inclusivity and exclusivity in the popular and touristic discourse surrounding PEI.[10] The pairs of images in *Touring Home From Away* expose the ambiguities that attend such terms as "native", "tourist", "home", and "belonging". And as in her earlier work, it is frequently difficult for the viewer to determine whether the subjects of the photographs are locals or visitors to the landscape. Notably, however, in *Touring Home From Away* Yoon focuses on the family grouping rather than on the solitary, heroic figure featured in *Souvenirs of the Self*. And here, her subjects are frequently depicted as looking at the land rather than away from it.

One of the first pairs of images in *Touring Home From Away* depicts a mother, father, and child standing in a potato field. In the first of two paired photographs, the family, dressed as farmers in denim and gingham, faces away from us towards a bucolic landscape of rolling green fields and blue sky. With their backs to us, the figures are unidentifiable except as a man, a woman, and a young child. In the second photograph however, the family members face towards us and wear Anne of Green Gables t-shirts, seemingly marking them as "visitors". Yet with their faces now visible, we are able to identify them as a mixed-race family,

---

[9] p. 2.

[10] Cf. Annette Hurtig, "Site Seeing", *Jin-me Yoon: Touring Home From Away*, Vancouver, Presentation House Gallery, 2003, p. 8-9, on this contradictory message.

generating further ambiguity with regard to their status. The mother's "Asian" appearance references the Japanese enthusiasm for Anne of Green Gables and the tourism industry to which this enthusiasm has contributed, but the father's apparent whiteness suggests that he may in fact be a "true blue" Prince Edward Islander. (Later, the addition of a blond child to the family grouping intensifies this ambiguity.) Moreover, in both of these images, the family members, who stand in the field in furrows so deep that their feet are hidden, appear embedded in the land, as though planting themselves in the pastoral landscape.

Such details are suggestive with regard to Yoon's appropriation of the pastoral mode in *Touring Home From Away*. Yoon's move to the gentler landscape of PEI signals a subtle shift in her landscape photography from a critique of conventional models of rootedness and national belonging towards the formulation of new modes of belonging. While this emphasis on emplacement is evident to some extent in her earlier work in the rather defiant presence of the subject of *Souvenirs of the Self*,[11] it becomes more pronounced in *Touring Home From Away*. The pastoral landscapes of *Touring Home From Away* are more inviting of a human presence than the sublime Rockies or the depopulated Group of Seven landscapes that featured in Yoon's earlier work. For while the sublime would tend to thematize and heighten the alienated condition of the diasporic subject, the pastoral landscape invites the human subject into a harmonious relationship with the land. The pastoral landscape is a cultivated landscape, one that incorporates rather than expels a human presence.

However if Yoon is drawing on a pastoral register of imagery in *Touring Home From Away*, she does so in a highly self-conscious and critical manner. Each pair of images functions to produce a sense of tension and ambiguity, as the images play off of and contradict one another. A good example is a pair of images portraying Yoon's mother and baby daughter. While the first image inscribes the "natural" relationship of the human subjects to the land (underscored by the grandmother's traditional Korean baby-wrap), the second image foregrounds their "foreignness" as tourist/visitors (as is signalled by the grandmother's golfing outfit). And while the first image presents a "natural" agricultural landscape, the second highlights the artificial, Disneyesque landscape of consumption and tourism. The continual movement in *Touring Home From Away* between the two poles of native and foreign, pastoral and anti-pastoral, natural and artificial, lends Yoon's pastoralism a complex, double-edged quality. Yoon's PEI idylls do not constitute an escapist fantasy but instead are always framed by contact with modernity. The

---

[11] Hurtig comments on the "quiet insistence" of the central figure's presence in *Souvenirs of the Self* (Ibid., p. 7).

island space of PEI is not allowed to remain insular and cut off from history, but instead is thoroughly informed by the tourist economy and other markers of modernity.

In invoking the pastoral, *Touring Home From Away* runs contrary to the contention of many contemporary theorists of identity that a geographically specific sense of belonging is untenable. The comments of contemporary video artist John Di Stefano typify this line of argument. Discussing his video *HUB* (2000), he attempts to distance the concept of "home" from that of geographical location:

> Since national narratives are constructed on imaginary images of home, home is not necessarily a fixed notion. [...] More than a physical space, home might be understood as a familiarity and regularity of activities and structures of time. 'Being at home' may have more to do with how people get along with each other – how they understand and are understood by others, as opposed to being in an actual space – so that feeling included and accounted for becomes a means of defining a sense of belonging.[12]

Di Stefano's comments are typical of many contemporary theorists of identity who argue that ideas of belonging and home must be divorced from geography because a geographically-fixed conception of home inevitably falls back on reactionary formulations. In order to avoid such a trap, Di Stefano and others embrace a vision of perpetual unbelonging, inbetweeness, and emptied, fluid space.

Yoon's work does not support this deterritorialized vision of home as "the routine and habitual practice of mobility itself".[13] Instead in Yoon's photographs, geographically specific conceptions of home and belonging do have meaning and relevance.[14] However, such meanings must be continually questioned and destabilized. Yoon accomplishes

---

[12] John Di Stefano, "Moving Images of Home", *Art Journal*, n° 61.4, Winter 2002, p. 41.

[13] *Ibid.*, p. 38.

[14] Kwon's discussion of the continuing need for place is especially pertinent here: "It seems inevitable that we should leave behind the nostalgic notions of a site as being essentially bound to the physical and empirical realities of a place. Such a conception, if not ideologically suspect, often seems out of sync with the prevalent descriptions of contemporary life as a network of unanchored flows. [...] However, despite the proliferation of discursive sites and 'fictional' selves, the phantom of a site as an actual place remains, and our psychic, habitual attachments to places regularly return as they continue to inform our sense of identity. And this persistent, perhaps secret, adherence to the actuality of places (in memory, in longing) is not necessarily a lack of theoretical sophistication but a means for survival," *Ibid.*, p. 57.

this destabilization by juxtaposing pastoral and anti-pastoral images.[15] Instead of either indulging in an Edenic fantasy of uncomplicated rootedness on the one hand, or positing a free floating rootlessness on the other, Yoon continually moves between natural and artificial landscapes in such a way as to embed her pastoral landscapes in time, history, and modernity. Thus, in the final image pair of *Touring Home From Away*, a vision of pastoral plenitude and familial harmony is coupled with a desolate image of the family at a strip mall pushing an empty shopping cart. Together, the two images at once evoke and problematize the pastoral fantasy of escape. Neither image is cancelled out by the juxtaposition; instead, each one informs the other. The placelessness and anonymity of the strip mall is not cause for postmodern celebration, but neither is it an aspect of contemporary life that can be denied. The contentment of the bucolic scene, on the other hand, is deeply appealing and makes up a part of the family's experience, but it is incomplete and does not preclude the strip mall scene. Both sets of experience are fundamental to the story of contemporary identity that Yoon tells, and it is their dissonant coexistence that generates meaning in her work.

Yoon remains vigilant in her formulation of new possibilities of belonging and geographical attachment in the various ways I have indicated. But one of her most significant gestures is her juxtaposition of diasporic and First Nations presences. In *A Group of Sixty Seven* she had photographed Korean-Canadian subjects in front of Emily Carr's painting *Old Time Coastal Village* (1929-30) in such a way as to obscure the native village depicted in the painting. *Touring Home From Away* begins with a related juxtaposition: Yoon photographs herself together with the Mi'kmaq activist John Joe Sark. In the first image of the pair, Yoon's back is turned and with her dark hair and skin, she "passes" for Native. In the second image, however, her face becomes partially visible, and the landscape is revealed to be not wild as it had formerly appeared, but a golf course. In this second image, a tension emerges between the two figures, as Yoon looks at Sark with a questioning gaze, while he appears closed off, arms crossed across his chest. With this juxtaposition of "immigrant" and "native", Yoon raises troubling questions regarding new emplacements. If diasporic peoples are able to formulate new forms of geographical attachment, what may be the cost of such rerootings? Who risks being displaced by this new indigenization? Yoon's work suggests that these questions are as relevant to contemporary diasporic formulations of belonging as they are to earlier, European settlements.

---

[15]My emphasis on juxtaposition as a means of registering the dual and conflicting experiences of displacement and emplacement resonates with Kwon's concept of a *"relational specificity* that holds in tension the distant poles of spatial experiences described by Bhabha" (Miwon Kwon, *op. cit.*, p. 58).

Bibliography

BRAZIEL, Jana and Anita MANNUR, "Nation, Migration, Globalization: Points of Contention in Diaspora Studies", *Theorizing Diaspora: A Reader*, Malden, MA, Blackwell, 2003, p. 1-22.

DI STEFANO, John, "Moving Images of Home", *Art Journal*, n° 61.4, Winter 2002, p. 38-51.

GLISSANT, Édouard, *Traité du tout-monde*, Paris, Gallimard, 1997.

GOVERNMENT OF PRINCE EDWARD ISLAND, "Visitors Guide", May 3, 2004, [On line] [http://www.gov.pe.ca/infopei/Reference/All_about_PEI/].

HURTIG, Annette, "Site Seeing", *Jin-me Yoon: Touring Home From Away*, Vancouver, Presentation House Gallery, 2003, p. 7-17.

KWON, Miwon, "One Place After Another: Notes on Site Specificity", *Space, Site, Intervention: Situating Installation Art*, Ed. Erika Suderburg, Minneapolis, University of Minnesota, 2000, p. 38-63.

LOWENTHAL, David, "European and English Landscapes as National Symbols", *Geography and National Identity*, Ed. David Hooson, Oxford, Blackwell, 1994, p. 15-38.

PIKE, Burton, *The Image of the City in Modern Literature*, Princeton, Princeton UP, 1981.

SASSEN, Saskia, *The Global City*, Princeton, Princeton UP, 1991.

YOON, Jin-me, *A Group of Sixty-Seven* (details), 1996, *Crossings*, Ed. Diana Nemiroff, vol. 1, Ottawa, National Gallery of Canada, 1998, p. 184.

YOON, Jin-me, *Souvenirs of the Self*, 1991, *Crossings*, Ed. Diana Nemiroff, vol. 1, Ottawa, National Gallery of Canada, 1998, p. 182-183.

YOON, Jin-me, *Touring Home From Away*, 2002, Presentation House Gallery, 2003.

Postindian Re/Visions in Gerald Vizenor's *The Heirs of Columbus*

Winfried Siemerling
Université de Sherbrooke

(Mis-) Recognitions

Both in practice and in theory, the stories of Gerald Vizenor function according to the realities of cognition and recognition, self-creation and ascription, stereotypes and scapegoating, and according to the production of tragic representations in the creation of the New World.[1] An enrolled anishinaabe (or Chippewa-Ojibway) member of the White Earth Reservation in Minnesota and of mixed descent,[2] Vizenor is perhaps best known as a postmodern Native writer of texts like *Darkness in Saint Louis Bearheart* (1978, reissued in 1990 as *Bearheart: The Heirship Chronicles*), *Griever, An American Monkey King in China* (1987), *The Heirs of Columbus* (1991), or for his Abraham Lincoln Lectures, *Fugitive Poses* (1998).[3] But he has also worked as a chronicler of anishinaabe stories and history, as a journalist, and as social activist countering cognitions and mis—recognitions that he refers to as the "manifest manners of dominance" (*Manifest Manners* 6). These, he considers, have invented the "Indian" (which he later writes as *Indian* or *indian*) as tragic 'Other' and victim of American manifest destiny. In an interview in 1980, Vizenor states: "I believe we're all invented as Indians" ("An Interview" 45).

In 1998, Vizenor invokes Charles Taylor's influential essay "The Politics of Recognition" to emphasize problems of recognition and pitfalls of mis-recognition:

---

[1] For a more detailed discussion, see Winfried Siermerling, *The New North American Studies: Culture, Writing, and the Politics of Re/Cognition* (Routledge 2005).

[2] One of his great-grandfathers, Peter Vezina, was a Canadian Métis (*Interior Landscapes: Autobiographical Myths and Metaphors*, Minneapolis, University of Minnesota Press, 1990, p. 17). When Vezina moved to the White Earth Reservation, Vizenor writes, "The Indian Agent recorded his surname as Vizenor, a despotic transcription" (*Ibid.*).

[3] Vizenor's output as a writer is impressive; for a selected bibliography of his writings, interviews, and some critical studies see Vizenor and Lee, *Postindian Conversations*, Lincoln, University of Nebraska Press, 1999, p. 181-89.

> "My own identity crucially depends on my dialogic relations with others", observes Charles Taylor [...] Taylor points out that "our identity is partly shaped by recognition or its absence, often by the misrecognition of others [...] Nonrecognition or misrecognition can inflict harm, can be a form of oppression, imprisoning someone in a false, distorted, and reduced mode of being". This misrecognition of natives as *indians* is both oppressive and a prison of false identities[4].

One of Vizenor's most important targets is what he describes as the social science representations of the tragic "Indian". With reference to Umberto Eco and Jean Baudrillard, he speaks of the simulations and of the "hyperrealities of neocolonial consumerism".[5] These inventions not only function without referent, they even require the very absence of the referent they allegedly represent: "The word *Indian* [...] is a colonial enactment [...] and the dominance is sustained by the simulation that has superseded the real tribal names. The Indian was an occidental invention that became a bankable simulation; the word has no referent in tribal languages or cultures".[6] For Vizenor, the "Indian" as signified in the social sciences offers "consolations in the dominant culture";[7] it

---

[4] Gerald Vizenor, *Fugitive Poses: Native American Indian Scenes of Absence and Presence*, Lincoln, Neb., University of Nebraska Press., 1998, p. 22.

[5] Vizenor cites Eco's description of the "journey into hyperreality, in search of instances where the American imagination demands the real thing and, to attain it, must fabricate the absolute fake" (ECO, Umberto, *Travels in Hyperreality*, San Diego, Harcourt, Brace, Jovanovich, 1986, p. 8; Gerald VIZENOR, *Narrative Chance: Postmodern Discourse on Native American Indian Literatures*, ed., Albuquerque, University of New Mexico Press, 1989, p. 5. Quoting passages by Baudrillard, Vizenor comments in a note: "Indians are simulations in the social sciences, conceivable models of tribal cultures. 'For ethnology to live, its object must die'. The posthumous savages, [Baudrillard] writes, have 'become referential simulacra, and the science itself a pure simulation.'" (Jean Baudrillard, *Simulations*, New York, Semiotext(e), 1983, p. 13 and 15; Gerald Vizenor, *Narrative Chance, op. cit.*, p. 14-15).

[6] Gerald Vizenor, *Manifest Manners: Postindian Warriors of Survivance*, Hanover, NH and London, Wesleyan University Press, 1994, p. 11. In this perspective, the term "postcolonial" hardly signifies the end of the colonial, but rather the consequences of its beginning—as Vizenor's phrase "postcolonial domination" (Gerald Vizenor, *Narrative Chance, op. cit.*, p. 11) suggests. And the very terms of cognition and recognition are colonial projections in need of re–cognition: "we are invented from traditional static standards and we're stuck in coins and words like artifacts" (Gerald Vizenor, "An Interview with Gerald Vizenor", With Neal Bowers and Charles Silet, *Melus*, n° 8.1, 1981, p. 47). For an illustration of this claim see the beginning of "Prologue: Tricksters and Transvaluations" in *The Tickster of Libery* (ix).

[7] Gerald Vizenor, *Narrative Chance, op. cit.* p. 5.

caters to psychological needs of representations of the 'Other' that serve the dominant culture's modes of knowledge and classification.

More precisely, what is the function of this kind of (mis-)"recognition"? While there is what Robert Bellah calls the "transvaluation of roles that turns the despised and oppressed into symbols of salvation and rebirth",⁸ Vizenor repeatedly points out that these functional images and representations play a pernicious role in the simulations of the "Indian".⁹ In *Fugitive Poses*, Vizenor references in particular René Girard's work on "scapegoats" and sacrificial victims to characterize the function of such simulations. Vizenor writes: "*indians* are the other, the names of sacrifice and victimry. [...] The history of the *indian* is an aesthetic sacrifice, an absence of natives that has become a perverse presence of the other, the modernist manner of a counter simulation, and that absence is a commodity."¹⁰ He continues: "The histories of discovery, dominance, racialism, civilization, noble and demonic savagism, are the sacrifice of the *indian* as the double other. The simulation of the *indian* is an aesthetic sacrifice in the tragic parables of racialism and nationalism. [...] Naturally, native stories, trickster stories of resistance and survivance, are versions of tragic victimry".¹¹

Native Stories, the Postindian, and *The Heirs of Columbus*

An antidote to the mis-recognitions and representations of Natives are Native stories. Their performance is also the medium of a certain kind of sovereignty (a possibility that will be at the core of *The Heirs of Columbus*). For Vizenor, "Native motion is sovereignty; and native stories of survivance are transmotions, not the mere imitation of motion or

---

⁷Gerald Vizenor, *Narrative Chance, op. cit.* p. 5.
⁸Robert N. Bellah, *The Broken Covenant: American Civil Religion in a Time of Trial*, New York, Seabury Press, 1975, p. 106.
⁹Gerald Vizenor, *Manifest Manners: Postindian Warriors of Survivance*, Hanover, NH and London, Wesleyan University Press, 1994, p. 46; Gerald Vizenor, *The Trickster of Liberty Tribal Heirs to a Wild Baronage*, Emergent literatures, Minneapolis, University of Minnesota Press, 1988, p. 49.
¹⁰Gerald Vizenor, *Fugitive Poses: Native American Indian Scenes of Absence and Presence*, Lincoln, Neb., University of Nebraska Press, 1998, p. 27.
¹¹Vizenor cites also Girard's discussion in *The Scapegoat* of the trickster, and his suggestion that the trickster is "one of the two great theologies to evolve as a result of the sacrilization of the scapegoat" (*Ibid.*, p. 29; René Girard, *The Scapegoat*, Baltimore, Johns Hopkins University Press, 1986, p. 84-85; in the original *Le bouc émissaire*, Girard's description of the trickster in this context can be found in the chapter "Les crimes des dieux", p. 28-29.) For a presentation of Girard's theory, see the texts of P. Imbert and/or A.-L. Clément in this book.

action in the tragic mode of literature".[12] Glossing his term "survivance" as "the idea of survival and resistance", he suggests: "maybe upsetting binaries and resistance are the same as survivance, but a tricky, visionary resistance is more than a structural revision".[13] This is the ongoing challenge and condition of what he calls the "postindian"; about its relationship to the "Indian", Vizenor says in 1994: the "postindian is the absence of that invention, and the end of representation in literature; the closure of that evasive melancholy of dominance".[14] The term "postindian" thus signifies a condition and narrative chance, not a representation of identity. As Vizenor states in *Postindian Conversations*:

> we are long past the colonial invention of the *indian*. We come after the invention, and we are the postindians. That says more about who we are not ..., and nothing about who we are or might become as postindians. Natives, of course, use simulations too, but for reasons of liberation rather than dominance. Postindians create a native presence, and that sense of presence is both reversion and futurity. [...] the reversions are tricky and ironic, as they have always been in native stories, but never so easy as cultural victimry.[15]

Vizenor's 1991 *The Heirs of Columbus* is an example of Native presence in a postindian new world that is continually created in the performance of stories. Issued in time for the quincentennial of Columbus' arrival and the so-called discovery of the New World, the novel evokes from its title on questions of anteriority in terms of "heirship"—a theme running through Vizenor's titles from *The Trickster of Liberty: Tribal Heirs to a Wild Baronage* (1988) and *Bearheart: The Heirship Chronicles* (1990) to *The Heirs of Columbus*.[16] Yet if Columbus is the signifier evoking the creation of a general "Indianness" that begins with contact, Columbus is created and recreated here also as Native in the memories and stories of his mixedblood heirs. In their storytelling, he descends from the Maya, who "brought civilization to the savages of the Old World".[17]

---

[12] Gerald Vizenor, *Fugitive Poses*, op. cit., p. 33.
[13] Gerald Vizenor and Robert A. Lee, *Postindian Conversations*, op. cit., p. 79.
[14] Gerald Vizenor, *Manifest Manners*, op. cit., p. 11.
[15] Gerald Vizenor and Robert A. Lee, *Postindian Conversations*, op. cit., p. 84.
[16] *Cf* Arnold, *The Turn to the Native: Studies in Criticism and Culture*, Lincoln, University of Nebraska Press, 1996, p. 56.
[17] *The Heirs of Columbus*, [Middletown, Conn.] Hanover, NH, Wesleyan University Press, University Press of New England, 1991, p. 9. Columbus is here not only himself the heir of Natives, but also the mixedblood descendant of Jewish ancestors; the epilogue cites some of the sources for this conjecture in the historical literature (p. 186).

The curious conjunction and self-identification of the title is referenced again in the epilogue. Columbus, the instigator of slavery in the "New World"[18] and originator of the simulation of the "Indian", is appropriated (or adopted if you will) into the family of those he injured. "Columbus", Vizenor writes, "arises in tribal stories that heal with humor the world he wounded; he is loathed, but he is *not a separation* in tribal consciousness. The Admiral of the Ocean Sea is a trickster overturned in his own stories five centuries later".[19]

Vizenor evokes here a theme of the primacy of Native creation stories, responsibility, and avoidance of victimry that is crucial also to other Native texts. In this view, evil, as part of creation, cannot be destroyed; it can only be balanced, as Vizenor outlines in a 1981 interview with Neal Bowers and Charles Silet:

> The Christian objective is to rid the self and the soul, the family, and the community, of evil, to isolate and destroy it. It's a war, a holy war to end evil. The same language is a part of American consciousness—the war on poverty, the war against ignorance. The objective is completely to end and destroy it [the enemy]. But the experience expressed in tribal culture is not that complete elimination or annihilation of anything. It's a balance, not a terminal creed. The balance is the resolution which grows out of trickeries, of outwitting, or the modulation of experience. "[…] life is not a separation but a connection. […] it seems a cliché now that one can kill whatever is judged not to be useful. It's not all right, because one kills oneself."[20]

This view, which is very different from dualism,[21] prevents the splitting off and projection of negative qualities on a scapegoat. In *Fugitive Poses*, Vizenor discusses the issue of separation with reference to a pas-

---

[18]In 1517, Charles V, who succeeds Ferdinand and Isabella, initiates the African slave trade to the American colonies in order to replace Native slaves. For a discussion of the role of Las Casas in this development, see Benítez-Rojo (p. 85-111).

[19](Gerald Vizenor, *Landfill Meditation: Crossblood Stories*, Hanover, NH, Wesleyan University Press, 1991, p. 185, emphasis added). Vizenor alludes here to Samuel Eliot Morison's *Admiral of the Ocean Sea: A Life of Christopher Columbus* (1942), for a long time the standard account of Columbus' life, which celebrates the voyages with little critique. Vizenor lists a number of his own resources in the "Epilogue" of *Heirs* (*op. cit.*, p. 184-189), beginning with Kirkpatrick Sale's *The Conquest of Paradise*.

[20]Gerald Vizenor, "An Interview with Gerald Vizenor", *op. cit.*, p. 44.

[21]See the commentaries on dualism in Fernando Andacht's text and its use of a Peircian dynamic of interpretance.

[22]Thomas King also discusses the passage in his dissertation, *Inventing the Indian: White Images, Native Oral Literature, and Contemporary Native Writers*

sage on witchery in Leslie Marmon Silko's *Ceremony* (1977),[22] a crucial text in this respect in which the main character, Tayo, avoids his own destruction by *not* killing evil incarnate. Vizenor underlines the fact that evil—in this case white people—is not separate from Native creation: "Leslie Silko encircles the reader with mythic witches, an ironic metaphor of motivation in the creation stories of *Ceremony*. Alas, the hardhearted witches invented the white people in a competition, a distinctive metaphor that overcame the similative temptations of a mere comparison of natives with the extremes of dominance".[23] Vizenor emphasizes the crucial nexus between agency and connection—the avoidance of splitting off or scapegoating that which is perceived as the non-self—when he quotes Silko's crossblood figure Betonie: "They want us to believe all evil resides with white people. Then we will look no further to see what is really happening. They want us to *separate* ourselves from white people, to be ignorant and helpless as we watch our own destruction. [...] we invented white people; it was Indian witchery that made white people in the first place."[24]

This inscription of evil as part of Native creation submits it also to the principles of that creation, and avoids placing it outside of its circle of influence, responsibility, and agency.[25] In this view, Indian witchery and mistakes are part of creation and there is responsibility for evil; but on the other hand, speech and communication offer a means of response-ability, because the world is created and recreated in stories. The specific quality of these stories of creation lies in their performative character. Vizenor remarks: "Creation myths are not time bound, the

---

[22] Thomas King also discusses the passage in his dissertation, *Inventing the Indian: White Images, Native Oral Literature, and Contemporary Native Writers* (*The Truth About Stories: A Native Narrative*, Toronto, Anansi, 2003, p. 187-88) and uses the example again in his Massey lectures (*Ibid.*, p. 9).

[23] Gerald Vizenor, *Fugitive Poses, op. cit.*, p. 138).

[24] Marmon Leslie Silko, *Ceremony*, New York, Penguin, 1986; Vizenor, *Fugitive Poses, op. cit.*, p. 138; my emphasis). Both Betonie's words and the story of witchery itself, as Louis Owens emphasizes in a comment cited by Vizenor, "underscore an element central to native American oral tradition and worldview: responsibility. To shirk that responsibility and blame whites, or any external phenomenon, is to buy into the role of helpless victim" (Louis Owens, *Other Destinies: Understanding the American Indian Novel*, Norman, University of Oklahoma Press, 1992, p. 184; Gerald Vizenor, *Fugitive Poses, op. cit.*, p. 139).

[25] If Indian witchery here creates white people, Coyote inadvertently creates Columbus in Thomas King's "A Coyote Columbus Story". Columbus thus becomes the responsibility of Native means of recreating a new balance and a New World.

creation takes place in the telling, in present-tense metaphors" (Vizenor, *Earthdivers* xii). As he explains elsewhere, "the stories of creation are survivance, as the creation takes place in the performance of the story. Not a comment on creation, and not a reduction, but a sense of native presence in the telling of the story [...] Natives are created in stories, and natives have always been on the road to revitalization".[26]

Stone Columbus

The name of Vizenor's main character, continually recreating himself, his community, and Columbus, is Stone Columbus. His stories are heard on "late night talk radio", offered (in keeping with his last name) from the sterncastle of his *Santa María Casino*, which floats on "the international border "[...] in Lake of the Woods" and is "decked for games of chance on the ocean seas of the woodland".[27] Broadcasting from the woodland waters, the new discoverer and creator amends omissions in the missions of his forebear, supplementing the written record by insisting in no uncertain terms on the oral medium of his stories: "Radio is real, television is not, he reminded the radio listeners".[28] Stone Columbus' voice and his stories gamble for Native sovereignty and survivance, but also against the Evil Gambler who in traditional stories is often the antagonist of Natives.[29]

Stone is one of the Heirs of Columbus, who tell their stories and "remember that Naanabozho, the compassionate tribal trickster who created the earth, had a brother who was a stone".[30] As Vizenor explains in a discussion:

> Stones are the presence of native stories [...] Stone has no sense of adventure but in his brother's stories [...] The trickster teases the stone about his permanence, about his place. So the stone decides to outwit his brother Naanabozho, and he does it with fire. 'I know what you can do to get rid of me,' says the stone. 'I know it bothers you that you

---

[26]Gerald Vizenor and Robert A. Lee, *Postindian Conversations, op. cit.*, p. 98). In the spirit of this sense of performative presence, Vizenor's judge in *The Heirs of Columbus* can declare that the "essence of sovereignty is imaginative, an original tribal trope, communal and spiritual, an idea that is more than metes and bounds in treaties" (Gerald Vizenor, *Heirs, op. cit.*, p. 7).
[27]*Ibid.*, p. 6.
[28]*Ibid.*, p. 8.
[29]In Silko's story, the Evil Gambler locks up the storm clouds that bring rain and fertility, and can be freed only by whoever dares to challenge him in a potentially deadly game. Vizenor evokes this figure for instance also in *Bearheart*.
[30]Gerald Vizenor, *Heirs, op. cit.*, p. 5.

must come back and honor me as your brother, and you would rather not do this. So I want you to carefully follow my instructions so you can get rid of me forever. I want you to heat me up and then throw cold water on me.' So Naanabozho does this, he heats his brother the stone in a fire, and when he pours water on him, the stone shatters into billions of pieces and covers the earth. Everywhere there are stones of that first fire of the tricksters. So no matter where you look, you can find a stone that is a trickster with a story. Stones are native stories, and stones are everywhere.[31]

The stories told and accumulated by Stone Columbus and the Heirs of Columbus in the novel thus build on earlier stories. (Re)creating stories, they pile stone upon stone.[32] Eventually, there is a critical mass of stones and stories in the novel that results in the founding of a new sovereign nation on the US-Canada border near Vancouver Island, called "Point Assinika". As Vizenor explains, "Assinika, or *asiniikaa*, means 'many stones or rocks' in the language of the *anishinaabe*, and the brother of Naanabozho the trickster is a stone. I am a stone, and stones are native stories".[33]

The founding of Point Assinika is described as a parodic inversion of Columbus' landfall, and at the end of the text, creation survives here another showdown with the Evil Gambler. But Vizenor's tricky encounters with this figure occur both on the thematic, diegetic levels of his texts and on the level of speech or *enunciation*. For Vizenor, mixedblood or Métis consciousness signifies a particular chance since it is between identities: "The Métis are divided in white consciousness, denied an absolute cultural corner, and, therefore, spared from extinction in word and phrase museums".[34] Extinction in museums is one of the subplots of

---

[31] Gerald Vizenor and Robert A. Lee, *Postindian Conversations, op. cit.*, p. 130-31). Retelling the story in an interview in 1993, Vizenor references his *Griever: An American Monkey King in China*, to point out that "the first version of the Chinese trickster, was born from a stone [...] the character in *Dead Voices* [the novel to follow *Heirs*] collects stones, which represent the metaphors of the stories. They fit the stories, allow her to tell and imagine stories, and give her presence and existence in a story. That's everywhere, always" (Gerald Vizenor, "Head Water: an Interview with Gerald Vizenor", Tom Marshall and Larry McCafferey, *Chicago Review*, n° 9.3/4, 1993, p. 50-54. EBSCO, Academic Search Premier, n° 14th September, 2003).

[32] Vizenor's work builds not only on traditional stories, but also recreates character's and episodes from his own earlier texts in later ones.

[33] Gerald Vizenor and Robert A. Lee, *Postindian Conversations, op. cit.*, p. 130.

[34] Gerald Vizenor, *Earthdivers: Tribal Narratives on Mixed Descent*, Minneapolis, University of Minnesota Press, 1981, p. xvi.

the novel, in which Native agents joust with museums and evil collectors for the remains of Pocahontas and Columbus himself. On another level, however, Vizenor seeks narrative chance against "extinction in word and phrase museums" by undermining what he calls "terminal creeds";[35] and he does so by resolutely maintaining rather than annihilating contradiction, and thus by maintaining the dialogic over the dialectic.

Particularity and Universality: Deconstructing "Blood"

Vizenor's mixedblood strategies mix "blood identities" on a thematic level,[36] but also confound figuratively the very identity of "blood" as marker of determinate racial identity that strategically and paradoxically it uses at the same time. In particular his gamble on the phrase "stories in the blood", a collocation that occurs frequently in *Heirs*, has been controversial and provocative.[37] Vizenor draws here on what has been called the "signature trope"[38] of N. Scott Momaday (whose 1968 Pulitzer Prize-winning *House Made of Dawn* is often considered the beginning of the so-called Native Renaissance); the problematic implications of Momaday's phrase "blood memory" or "memory in the blood" have been widely discussed.[39] But it has also been pointed out

---

[35] Vizenor explains elsewhere that Eric Hoffer's *The True Believer* "taught me about ecstatic dominance and mass movements and the fanatic causes of those who believe in the absolute. The notions and simulations of true believers fascinated me [...] My thoughts about the native true believer, and those who truly believe in *indians*, focused on the idea of terminal creeds. Terminal, rather than true, because of federal termination policies and the absence of natives in history, and creed, rather than believer, because of the romantic pursuit of native spiritualism. Eric Hoffer taught me about true believers and fanaticism, and his ideas took shape in my own thoughts about natives and the ambiguities of those who must possess the other by simulations" (Gerald Vizenor and Robert A. Lee, *Postindian Conversations, op. cit.*, p. 80-81).

[36] The theme of mixedbloods is announced by titles like *Earthdivers: Tribal Narratives on Mixed Descent* (1981), *Crossbloods Bone Courts, Bingo, and Other Reports*, and *Landfill Meditation: Crossblood Stories*, and is for instance also evidenced by the ubiquity of mongrels in his texts.

[37] *Cf.*, Arnold, Krupat, *The Turn to the Native: Studies in Criticism and Culture*, Lincoln, University of Nebraska Press, 1996, p. 56-69.

[38] Chadwick Allen, "Blood (and) Memory", *American Literature*, n° 71.1, 1999, p. 93-94.

[39] Krupat, Arnold, *The Voice in the Margin: Native American Literature and the Canon*, Berkeley, University of California Press, 1989, p.13-14; Alessandro, *The Text and the Voice: Writing, Speaking, and Democracy in American Literature*, New York, Columbia University Press, 1994, p. 215-216.

that Momaday reappropriates here, in the context of Native stories and memory, a term that was used to determine, control, and restrict Native identities, lands, and rights through the notion of "blood quantum" since the 1887 General Allotment Act (or Dawes Act). As Chadwick Allen has pointed out, troping the term in the context of Native-controlled memory also means to reassert control over identities.[40]

Vizenor, however, who speaks of "eugenic blood counts and other fascist certitudes of identity",[41] goes further by fully opening the ironies and contra-dictions of determinate (or "terminal") identities when his trickster investigator Chaine Riel Doumet reports on Stone Columbus and the new nation at Point Assinika:

> Stone resists the notion of blood quantums, racial identification, and tribal enrollment. [...] Indians, he said, are 'forever divided by the racist arithmetic measures of tribal blood'. He would accept anyone who wanted to be tribal, 'no blood attached are scratched' [...] 'However, his most disputable promise is a genetic implant that could be used to prove not only paternity, but national and racial identities, and forensic genetics. Their scientists have established a genetic signature of most of the tribes in the country, so that anyone could, with an injection of suitable genetic material, prove beyond doubt a genetic tribal identity. Germans, at last, could be genetic Sioux [...][42]

This doubtful treatment of proof "beyond doubt" of tribal identity through designer genetics is as hilarious as the possible implications of genetic racial engineering are horrendous. One of the effects of this collocation, however, is to keep the opposition of determinate and chosen identity open. "Blood" and genetics would "beyond doubt" not prove anything in this scenario, since they would be subject to free will; at the same time, they continue to function here as metaphor for values "such as the dedication to heal rather than steal tribal cultures".[43]

We learn indeed that Stone Columbus calls for a "universal tribe" and that his seemingly paradoxical aim is "to make the world tribal, a universal identity"[44]—in which there is "nothing to loose but racial distance".[45] Vizenor's novel thus articulates a project that seeks to further at the same time particularity and universality, a project that points to

---

[40] Chadwick Allen, *op. cit.*, p. 98.
[41] Gerald Vizenor, *Fugitive Poses, op, cit.*, p. 69.
[42] Gerald Vizenor, *Heirs, op. cit.*, p. 162.
[43] *Ibid.*, p. 162.
[44] *Ibid.*, p. 162.
[45] *Ibid.*, p. 162.

the seemingly necessary paradoxes of both.[46] The critiques of versions of a general "universality" rightly suggest that sooner or later they are defrocked as someone's "particular" universality. It seems all but impossible to articulate a general, abstract universality without some identitarian values, without what Taylor calls substantive goals as opposed to those of a supposedly purely "procedural" liberalism.[47] On the other hand, identities without a connection to principles of some kind of "universality" approach the separations of "race".[48]

This situation can thus be seen as inherently contradictory, as inexhaustibly *dialogic* rather than dialectic. In this perspective, there is no final or "terminal" vantage point, and any access to a projected "universality" is only possible through the mediation of particular experiences and expectations. As Ian Angus formulates this apparent paradox: "Particularity is not the opposite of universality but its condition, as universality is not the transcendence of particularity but its articulation."[49] In the discursive practice of *The Heirs of Columbus*, this creates "universal" identities in the "New World" that are continually performed and created in highly particular stories that nonetheless avoid separations and the projections of scapegoating.

Bibliography

ALLEN, Chadwick, "Blood (and) Memory", *American Literature*, n° 71.1, 1999, p. 93-116.

ANGUS, Ian, "A Border Within: National Identity", *Cultural Plurality, and Wilderness*, Montreal and Kingston, McGill-Queen's University Press, 1997.

APPIAH, K. Anthony and Amy GUTMANN, *Color Conscious: The Political Morality of Race*, Princeton, N.J., Princeton University Press, 1996.

BAUDRILLARD, Jean, *Simulations*, New York, Semiotext(e), 1983.

BELLAH, Robert N., *The Broken Covenant: American Civil Religion in a Time of Trial*, New York, Seabury Press, 1975.

---

[46] On this theme, see the discussion of H.G. Wells' book, *Guide to the New World. A Handbook of Constructive World Revolution*, in Fernando Andacht's article.

[47] Charles Taylor, *Multiculturalism: Examining the Politics of Recognition*, Expanded Ed. Of: Multiculturalism and 'The Politics of Recognition', Essay by Charles Taylor, Commentary by Amy Gutmann (ed.), Steven C. Rockefeller, Michael Walzer, Susan Wolf, Princeton, Princeton University Press, 1994, p. 56-61.

[48] See for instance Appiah and Gutman or Gilroy for differently articulated attemps at dealing with this problematic.

[49] Ian Angus, "A Border Within: National Identity", *Cultural Plurality, and Wilderness*, Montreal and Kingston, McGill Queen's University Press, 1997, p. 162. See also Yannuzzi's article in this book.

BENÍTEZ-ROJO, Antonio, *The Repeating Island: The Caribbean and the Postmodern Perspective*, Second edition, trans. James E. Maraniss, Durham and London, Duke University Press, 2001.

ECO, Umberto, *Travels in Hyperreality*, San Diego, Harcourt, Brace, Jovanovich, 1986.

GILROY, Paul, *Against Race: Imagining Political Culture Beyond the Color Line*, Cambridge, Harvard University Press, 2000.

GIRARD, René, *Le Bouc émissaire*, Paris, Grasset, 1982.

GIRARD, René, *The Scapegoat*, Baltimore, Johns Hopkins University Press, 1986.

KING, Thomas, *Inventing the Indian: White Images, Native Oral Literature, and Contemporary Native Writers*, Dissertation, University of Utah, Ann Arbor, University Microfilms International, 1986.

KING, Thomas, *The Truth About Stories: A Native Narrative*, Toronto, Anansi, 2003.

KRUPAT, Arnold, *The Turn to the Native: Studies in Criticism and Culture*, Lincoln, University of Nebraska Press, 1996.

KRUPAT, Arnold, *The Voice in the Margin: Native American Literature and the Canon*, Berkeley, University of California Press, 1989.

OWENS, Louis, *Other Destinies: Understanding the American Indian Novel*, Norman, University of Oklahoma Press, 1992.

PORTELLI, Alessandro, *The Text and the Voice: Writing, Speaking, and Democracy in American Literature*, New York, Columbia University Press, 1994.

SIEMERLING, Winfried, *The New North American Studies: Culture, Writing, and the Politics of Re/Cognition*, New York and London, Routledge, forthcoming 2004.

SILKO, Marmon Leslie, *Ceremony*, New York, Penguin, 1986.

TAYLOR, Charles, *Multiculturalism: Examining the Politics of Recognition*, Expanded Ed. Of: Multiculturalism and 'The Politics of Recognition', Essay by Charles Taylor, Commentary by Amy Gutmann (ed.), Steven C. Rockefeller, Michael Walzer, Susan Wolf, Princeton, Princeton University Press, 1994.

VIZENOR, Gerald, *Bearheart: The Heirship Chronicles*, Minneapolis, University of Minnesota Press, 1990.

VIZENOR, Gerald, *Crossbloods Bone Courts, Bingo, and Other Reports*, Minneapolis, University of Minnesota Press, 1990.

VIZENOR, Gerald, *Earthdivers: Tribal Narratives on Mixed Descent*, Minneapolis, University of Minnesota Press, 1981.

VIZENOR, Gerald, *Fugitive Poses: Native American Indian Scenes of Absence and Presence*, Lincoln, Neb., University of Nebraska Press, 1998.

VIZENOR, Gerald, *Griever, an American Monkey King in China*, Minneapolis, University of Minnesota Press, 1987.

VIZENOR, Gerald, "Head Water: an Interview with Gerald Vizenor", Tom Marshall and Larry McCafferey, *Chicago Review*, n° 9.3/4, 1993, p. 50-54. EBSCO, Academic Search Premier, n° 14th September, 2003.

VIZENOR, Gerald, *The Heirs of Columbus*, [Middletown, Conn.] Hanover, NH, Wesleyan University Press, University Press of New England, 1991.

VIZENOR, Gerald, *Interior Landscapes: Autobiographical Myths and Metaphors*, Minneapolis, University of Minnesota Press, 1990.

VIZENOR, Gerald, "An Interview with Gerald Vizenor", With Neal Bowers and Charles Silet, *Melus*, n° 8.1, 1981, p. 41-49.

VIZENOR, Gerald, *Landfill Meditation: Crossblood Stories*, Hanover, NH, Wesleyan University Press, 1991.

VIZENOR, Gerald, *Manifest Manners: Postindian Warriors of Survivance*, Hanover, NH and London, Wesleyan University Press, 1994.

VIZENOR, Gerald, *Narrative Chance: Postmodern Discourse on Native American Indian Literatures*, ed., Albuquerque, University of New Mexico Press, 1989.

VIZENOR, Gerald, *The Trickster of Liberty Tribal Heirs to a Wild Baronage*, Emergent literatures, Minneapolis, University of Minnesota Press, 1988.

VIZENOR, Gerald, and A. ROBERT LEE, *Postindian Conversations*, Lincoln, University of Nebraska Press, 1999.

Les médias et les transformations socio-économiques/ Media and Socio-economic Transformations

Que se Vayan Todos!
A Discourse for Democracy in Argentina, Heard Around the World

Donald Cuccioletta[1]
Plattsburgh State University of New York

In a recent *Harper's* magazine article,[2] John Ralston Saul claims that just as the world in early history had reached the end of *colonialism* or the *age of discovery*, we have reached in our contemporary period the end of globalization. This wishful hypothesis seems to have forgotten the recent images on our television screens, as we witnessed the forces of globalization, led by the United States, march into Baghdad while transnational companies scurried in line to reap the economic benefits of military conquest in the national interest of the hyperpower. These actions, of course, were all done in the name of the repeated mantra of democracy, citizenship and civil society, in order for the purveyors of globalization to convince themselves that they were right and were truly the defenders of democracy.

However, and history bears witness, liberal participatory democracy does not take root in an external imposition, but from a process always dependent on socio-economic and socio-political conditions, which can vary according to global influences, countries, regions. We have also learned from history that liberal participatory democracy is much more than a vote every four years, and that if it is to survive and flourish, its underlying definition and foundation must rest on individuals who are participatory citizens, who are a community of citizens and various organizations representing citizens, all of whom we have come to call today, civil society. But civil society and the practice of liberal participatory democracy, as the work of Karl Popper would attest too, is and has always been a work in progress. There will be no finality, no matter what the political class of the United States claims.

For liberal participatory democracy to continue to be a work in progress it must not only take into account a pluralistic vision of what Castells calls a *Network Society,* but the institutions of liberal democracy

---

[1] Donald Cuccioletta, Institute on Quebec Studies.

[2] John Ralston Saul, "The End of Globalization and the Rise of Nationalism", *Harper's*, May, 2004, p. 34-44.

must be expanded to accommodate what this author calls, the *political mobility of the people*.[3] Manuel Castells in *The Power of Identity*, volume two of his trilogy, *The Information Age: Economy, Society and Culture*, writes that globalization and "informationalization", enacted by networks of wealth, technology and power are transforming our world, and making democracy an exclusive model rather than an inclusive one. He states:

> At the same time they are disenfranchising societies. As institutions of state and organizations of civil society are based on culture, history and geography, the sudden acceleration of the historical tempo, and the abstraction of power in a web of computers, are disintegrating existing mechanisms of social control and political representation. With the exception of a small elite of politicians, people all over the world resent loss of control over their lives, over their environment, over their jobs, over their economies, over their governments, over their countries. Thus following an old law of social evolution, resistance confronts domination, empowerment reacts against powerless, and alternative projects challenge the logic embedded in the global order, increasingly sensed as disorder by people around the planet.[4]

Argentina: Epicenter of the Democratic Crisis

Argentina, throughout the 1990's and in the first decade of the 21st century, remains living proof of the dilemma of democracy's crisis in the age of free market globalization. The demands of democracy are in the Argentinean case forcing civil society to re-recreate itself and respond in their discourse to the challenges of instituting a new liberal participatory democracy in opposition to the traditional elites. The action of the newly found civil society in contemporary Argentina postulates the emergence of a *political mobility of the people*.

Since the triumph of President Carlos Menem's *New Peronism* in 1989, Argentina went through a far-reaching an extensive transformation comparable only to the profound changes brought about by mod-

---

[3] When I speak of the "the political mobility of the people", for this author, it means a formal recognition within the existing democratic institutions of different civil society groups which represent the citizens, to partake directly in the political formulations of policy that affect society. This is not seen as a consultation process which exists in some countries, but rather as a direct implication in partnership with the duly elected representatives. This, in some modest fashion, would responsibilize civil society, giving it a sense of control over their destiny, in a global context where it seems that democracy and the control of democracy seems to be slipping from citizen control.

[4] Manuel Castells, *The Information Age: Economy, Society and Culture*, Vol. II, *The Power of Identity*, Oxford, Blackwell Publishers, 1997, p. 68-69.

ernization under Sarmiento, and massive immigration in the last half of the 19th century and the early decades of the 20th century. The implementation of a neo-liberal economic model as professed by the "Thatcherites" and "Reaganites", the disciples of the International Monetary Fund and the World Bank tried to propose Argentina as the legitimate replacement to New Zealand, and as the new economic miracle. Propelled by a rapid rise in inflation, the measures taken by the policy of *New Peronismo* by Menem such as the "dollarization" of the Argentinean peso, and massive privatization of state owned utilities, for a short period of time did efficiently battle inflation and added a certain overall enrichment to Argentinean society especially for the rich and the middle class.

But Menem's policy left Argentina vulnerable, with no social safety net, no controlled internal market, to the capricious vicissitudes of the international global system. Investments and companies from Italy, Spain, France, and the United States appropriated every state agency that was for sale. Argentina, while receiving enormous monetary benefits, was no longer in control of its economy, as the traditional land owning political oligarchs placed their profits in more resourceful overseas markets.

As it is stated by the American economist Joseph E. Stiglitz in a lengthy article in the *Washington Post*:

> It's a familiar refrain: Another Latin American republic, this time Argentina, can't get its act together. A profligate government and its populist policies have brought the country to ruin. [...] Bewildered Latin Americans, however, see Argentina very differently [...] Many American economists suggest that the crisis would have been averted had Argentina followed the advice of the International Monetary Fund (IMF) religiously, especially by cutting back on expenditures (even on the provincial level) more ruthlessly. Many Latin Americans, however, think that the full IMF plan would have led to an even worse crisis and sooner. I think it is the Latins who are right. [...] The IMF said make cuts, and Argentina complied, trimming expenditures at the federal level by 10% between 1999 and 2001. Not surprisingly, the cuts exacerbated the downturn; had they been as ruthless as the IMF had wanted, the economic collapse would have been even faster. Social unrest would have come earlier. And the calamity that followed the political unrest would almost surely have been every bit as bad. What is remarkable about Argentina is not that social and political turmoil eventually broke out, but that it took so long.[5]

The failed neo-liberal policies of Menem, produced a drastic reappraisal of the traditional dreams of social progress and personal better-

---

[5] Joseph E. Stiglitz, "Argentina, Shortchanged: Why the Nation that Followed the Rules Fell to Pieces", *Washington Post*, May 12, 2002, p. 8.

ment that were always at the core of modern Argentina, ever since millions of immigrants poured onto its shores searching for an earthly paradise. Victor Armony[6] writes that Argentines, since the mid-19th century, believe that they are destined for a brilliant future and states:

> In effect if 'Argentinness' is hard to define, it nevertheless projects and constitutes a promise for a predestined brilliant future." We can also affirm that it is a key element in the representation of collective life. The present crisis is diverting Argentina from 'its American dream' and hence the total opposition coming from a cross section of Argentine society, enveloping the middle class, the working class, the peasantry and the poor.[7]

As we watched the tens of thousands of Argentineans, representing the middle class, the working class and the poor, march through the streets of Buenos Aires, Cordoba, Rosario, La Plata and other cities and towns, to the sound of the slogan *Que Se Vayan Todos*, we were told by observers that this was an economic crisis. However, as we continued to witness on our television screens the increasingly violent demonstrations, we began to sense that though this crisis did have failed economic policies at its origins, there was something more at play. Within a period of six months, these protests had succeeded in removing five Argentinean presidents. No, this had definitively become a political crisis. Maybe this new world order of the end of history,[8] devised in the neo-con "think-tanks" such as the Rand Corporation, had a few cracks in it.

Que se Vayan Todos was not necessarily a singular discourse of economic rejection, but more a discourse that disavowed the political process and model of neo-liberalism, presented to the Argentinean people as the solution to their "American Dream." The Argentinean multitude[9] were rejecting and in essence de-legitimizing the Argentine political process based on years of political patronage, family oligarchies, all under the unifying disguise of Peronismo.

---

[6]Victor Armony, *L'énigme argentine: images d'une société en crise*, Montréal, Athéna, 2003.

[7]*Ibid.*, p.20.

[8]Please see Francis Fukuyama, *La fin de l'histoire et le dernier homme* (Paris, Flammarion, 1992) where the author lays down the blueprint for neo-liberal ideology as the distinct victor of the Cold War.

[9]We use the terminology of "multitude" defined as the concept that is based on inclusiveness and reflects the recent shifts of the global economy, where the traditional working class no longer plays the hegemonic role and where production is now conceived as social production. As proposed in Michael Hardt and Anthony Negri, *Multitude* (New York, Penguin Press, 2004) multitude is composed potentially of all the diverse figures of social production.

The slogan actually meant that the corrupt governments, interspersed by dictatorships, actually led to the dictatorship of a political class founded on land-based oligarchy, that had accepted and was enriched by the neo-liberal model of the IMF, was a complete failure. This democratic model fostered institutions of exclusion rather than ones of inclusion. As Victor Armony postulates:

> The Argentine middle class, in unison with the working class and the peasantry, felt betrayed by the politicians, but their hatred has a more profound cause. It is the image of themselves and of their country that was betrayed. We believe that there is a deep crisis of political representativity, which no longer reflects the society of Argentina. The void between traditional politics and citizenship is not only a problem within the political system but more importantly a fundamental break with how the citizenship now envisages collective society.[10]

Therefore the discourse of *Que se Vayan Todos* personified the rejection of this political class, witch set in motion a process full of chaos yet also full of hope, for an inclusive definition of democracy and a message of rejection of the neo-liberal equation of total free market = democracy.

Que Se Vayan Todos: *Cacerolos* and *Piqueteros*

Remembering that democracy always remains a work in progress, political and traditional social institutions fostered by the industrial societies of the modern nation-state such as political parties, labor unions, church groups, and student groups according to noted South American sociologist Manuel Antonio Garréton,[11] are no longer sufficient to respond to the new demands imposed by a post-industrial and globalized economy. Even if the post-materialist thesis tells us that the fundamental cultural shift in values is occurring mostly in advanced technological societies, Ronald Englehart[12] nevertheless postulates, that post-materialist values of more participation in direct democracy, more control on local economies, less confidence in governments, and more personal autonomy, can also be found in developing nations. Therefore the discourses of civil society are increasingly based on post-materialist values that are not necessarily fulfilled by the equation of free trade=free markets=democracy.

---

[10]Victor Armony, *L'énigme argentine: images d'une société en crise*, Montréal, Athéna, 2004. p. 170.

[11]Manuel Antonio Garretón, dir. *America latina: un espaciocultural en el mundo globalizado*, Santa Fé de Bogotá, Convenio Andrés Bello, 1999.

[12]Ronald Englehart, *Post-materialist values and political institutions*, Berkeley, University of California Press, 1999.

The civil movement that emerged could be considered a spontaneous gathering on the basis of citizenship, with the aim of voicing their opposition to the incompetent and corrupt politicians, without demanding necessarily a radical transformation of Argentinean society. However, in demanding that the politicians resign, there was recognition by the citizen movement that they (politicians) were puppets of corporate globalization, US military hegemony and American led cultural homogenization. The *cacerolazo* was presented as the true expression of the authentic citizen of Argentina. The *cacerolazo* in the capital Buenos Aires also represented the citizenship of certain social and respectable standing. This was the outspoken voice of the middle class and part of the "multitude" that was this cross-class movement.

In response to criticism of being drunken disabused louts by the elite newspapers such as *La Nación*, the *cacerolazo* responded: "If we are not the people,[13] who is the people?" What surprised the political elites was that the traditional support from the middle class was now demanding their resignation. Not only was the street an underground movement of protest, but early on into the protests, the *cacerolo* held regular meetings, popular assemblies every weekend in local parks and neighborhoods, where everyone could voice their opinion. Once a "chasse-gardée" of the more radical movements, this attempt at direct democracy, was now an appendage of the more moderate middle class.

The voice of the civil society also gave rise to other forms of direct democracy. Community organizations, such as garden clubs where all partook equally in the harvest, and exchange clubs of social services that didn't use money, were initiatives directly resulting from popular assemblies. In other words, social needs and a sense of autonomous community were a direct result of the "*Que Se Vayan Todos*" rejection of traditional powerless politics, which had dominated contemporary Argentina.

The civil movement also gave rise to more radical groups, much in the Argentinian tradition of radicalism that has marked their history since the beginning of the 20th century. The case of the *Piqueteros*—unemployed workers who became picketers who block highways and bridges—remains extremely interesting. Impoverished urban dwellers, a product of the popular assemblies, yet with a more radical approach, the *Piqueteros* resorted to more direct action in their civil disobedience in order to incorporate into this civil uprising the element of radical societal transformation.

Because of this communitarian approach, many of the unionized workers and left wing radicals perceived this social upheaval as a pro-

---

[13]*Página 12*, December, 21, 2001, p. 2.

found change rather than a simple replacement of unwanted presidents. Many local and regional unions traditionally affiliated to the CGT (General Confederation of workers) and the CTA (Confederation of Argentinean Workers), incorporated into the government and state since the dictatorship of Juan Peron, and now left the CGT or the CTA and organized independent unions.

Unions such as the ceramic workers of the province of Neuquén, the railway workers of Buenos Aires west, the workers of the fishing industry at Mar del Plata, and the teachers of the province of Rio Negro, to name but a few, broke away and formed unions now associated to the *Piqueteros* and the citizens movement. They gave away their union sovereignty to the popular will of the assemblies, while beginning to occupy their work place.

All of these new social groups within civil society become part of an organization functioning autonomously from traditional government organizations. Though there is some form of centralization of decision and participation, similar, according to the popular assemblies in Buenos Aires, to the participatory democracy of Porto Alegre, the continued political independence and autonomy of the movement should reject any temptation to institutionalize citizen control.

For many, especially in elitist circles of the political class, the only democracy is one of representation. For them, it means that the people only govern through the intermediary of its elected officials. Direct democracy and direct citizen control remains in their eyes simple chaos. In an editorial in its issue dated February 18, 2002, the neo-liberal daily *La Nación*, which caters to the traditional political class, wrote in an alarmist fashion:

> There is two ways to react to the crisis [...]. One consists of redoubling the effort to better the national political structures from in the interior, not from the outside of our institutionalized political system. The second consists of being led by the grand illusion of messianic dreams and grandiose gestures, which lead in general to calamities worst than the one we are trying to evade [...]. If we chose the second way it is more probable that we will finish by making a giant leap into oblivion and destroy what is left of the republic, by either aggravating the present disaster or by precipitating us into chaos and total social dissolution [...]. When the demonstrators yell and scream out "*Que Se Vayan Todos*", it is very obvious that we wish to lead Argentina on the erroneous road of messianic promises.

There is always a danger of creating messianic dreams, and the recent history of many of the failed Marxist-Leninist movements can attest to that. However in this case, the movement is built around citizens of the multitude, based on concrete daily conditions of Argentineans regardless of class. This movement is creating new forms of political activity, that wish to take back and restore what the traditional neo-liberal oligarchy aligned with globalization forces, and have taken away. The power that the civil society seeks is not centralized nor homogenized but diverse, multiple, resembling the explosion and complexities of our societies. Perhaps *Que Se Vayan Todos*, has permitted people to dream once again and this is what scares the powers that be.

Que Se Vayan Todos and the World

In a recent article,[14] James Rosenau speculates that we can now think and foster hypothetical questions on the issue of global governance. Problems such as global warming, know no boundaries and reach into every corner of the globe and likewise, genocidal policies and practices in Rwanda, Kosovo and Chechnya are challenges to all of mankind. While international institutions such as the UN and governments are hindered by nation-state parameters, the questions facing humanity today demand world solutions. The advent of the Internet has created new forms of organization, which realistically have undermined the authority of states and traditional forms of government.

Yet while contributing to the demise of authority, this new network has created a new form of interaction with a new set of principles of governance found in civil society. The anti-globalization movement is indicative of this on a world scale. It not only expresses a need for change and for redefining globalization, but it aims to do it on a new set of non-hierarchical principles. In other words, *Que Se Vayan Todos* reaches a world scale.

In order to begin to envisage new forms of democracy on a world scale, not based on military invasions, but rather with the civil masses at its foundation, the cry for an immediate removal of the corrupt and sometimes non-representative governments needs to be heard.

Argentina was the first casualty in the failed policies of neo-liberal globalization. Argentina did everything it was required to do by the IMF, yet the Argentineans are paying a heavy price for the devastation that will take many years to rebuild. The complete surrender to global economic forces cannot empower a people but rather renders them powerless.

The Argentinean experience, one that will revolutionize the world, has become a good example of an attempt for the masses of civil society to refuse corrupt traditional politics, imagine new opportunities, and exercise the right to reconstruct and invent new democratic practices.

---

[14] James Rosenau, "Governance in a New Global Order", in David Held and Anthony McGrew, *The Global Transformations Reader,* Cambridge England, Polity Press, 2003, p.223-233.

Que se Vayan Todos remains an edifying and positive discourse in the quest for an inclusive democracy.

Bibliography

ARMONY, Victor, *L'énigme argentine : images d'une société en crise*, Montréal, Athéna, 2004.

CASTELLS, Manuel, *The Power of Identity*, Oxford, Blackwell Publishers, 1997.

CHENAIS, Francois et Jean-Philippe Divès, *Que Se Vayan Todos !: Le peuple d'Argentine se soulève*, Paris, Nautilus, 2002.

FUKUYAMA, Francis, *La fin de l'histoire et le dernier homme*, Paris, Flammarion, 1992

HARDT, Michael and Antonio Negri, *Multitude: War and Democracy in the Age of Empire*, New York, Penguin Press, 2004.

Held, David and Anthony McGrew (dir), *The Global Transformations Reader*, second ed., Cambridge England, Polity Press, 2003.

ROLLAND, Denis et Joëlle CHASSIN (dir), *Pour comprendre la crise argentine*, Paris, l'Hamattan, 2002.

Les relations entre le Canada et le Mexique dans la presse : une histoire d'inclusions et d'exclusions

Irene Fonte
Universidad Autónoma Metropolitana-Iztapalapa, Mexique

Rodney Williamson
Université d'Ottawa

De nos jours, les affaires d'un État national se déroulent simultanément ou successivement sur la scène nationale et internationale, ainsi qu'à l'échelle locale et régionale. Il est nécessaire de prendre en considération ces différents niveaux pour déceler la dynamique d'inclusion et d'exclusion qui modifie de manière imprévisible le cours de l'histoire nationale. Nous voulons considérer ici la représentation de cette dynamique dans les presses nationales qui appliquent leur propre politique d'exclusion et inclusion, et analyser le cas concret des relations entre le Canada et le Mexique. Nous étudierons la circulation (et la non-circulation) de thèmes et d'idées dans les presses mexicaine et canadienne à l'aide de quelques exemples récents. Notre étude s'insère dans le cadre d'une recherche en cours depuis l'an 2000 sur l'image du Mexique dans la presse canadienne et du Canada dans la presse mexicaine.

Notre but n'est pas d'analyser des cas précis en profondeur, mais plutôt de faire le bilan de plusieurs études de cas qui ont été réalisées au cours des trois dernières années[1]. Un phénomène qui a attiré notre attention, dans l'étude de la presse, est la capacité de certaines histoires de générer un grand nombre de textes, en « boule de neige » pour ainsi dire, tandis que d'autres sont traitées de manière ponctuelle et isolée. C'est à partir de ces histoires « productives » qui se développent à travers toute une série d'articles que nous étudierons le processus d'inclusion et d'exclusion dans les presses canadienne et mexicaine. Il ne suffit pas de dire que depuis la création de l'ALENA, le Mexique et le Canada ont de plus en plus d'intérêts en commun, donc une tendance croissante à partager les mêmes histoires. C'est la « croissance » des histoires mêmes qu'il faut essayer de comprendre, et les barrières ou plutôt, les voies de contact que la presse semble ériger pour exclure ou propager ces histoires.

---

[1] Fonte et Williamson 2002, 2003 ; Williamson et Fonte, 2004.

Pour montrer la dynamique de la construction d'histoires et la circulation de thèmes et d'idées dans la presse, nous nous sommes servis de deux notions théoriques et analytiques :
1. la **scène énonciative**, concept inspiré par Bakhtine et développé par Fonte[2] pour examiner l'ensemble de voix et d'acteurs en jeu et en contact dans une nouvelle ou une situation donnée. Les histoires présentées dans la presse ne sont pas le produit d'un seul acte d'énonciation, celui du journaliste, mais plutôt d'un ensemble d'énonciations, de voix qui s'organisent dans une hiérarchie particulière d'importance et d'autorité.
2. le **complexe idéologique**, notion qui appartient aux théories d'Antonio Gramsci, développées plus récemment dans le cadre de la sémiotique sociale par Robert Hodge et Gunther Kress[3]. Cette notion rend compte de la réalité de l'expression idéologique, qui n'est presque jamais unitaire et simple, mais organisée dans un réseau d'idées contraires en équilibre instable, en état de tension. Cette notion se base sur le principe énonciatif que chaque expression idéologique est une réponse à une autre qui peut être exprimée de façon explicite ou être simplement sous-entendue.

Pour comprendre la circulation de thèmes et d'idées dans la presse, ce qui se déroule souvent de manière imprévisible, nous avons profité de certaines notions des théories du chaos, notamment le problème des trois corps présenté par Poincaré, et la théorie des fractals de Mandelbrot[4]. À ces notions, il faut ajouter la réalité sociale et culturelle du stéréotype, pour arriver à une compréhension plus complète des forces qui favorisent cette dynamique.

À partir de notre corpus originel recueilli dans les presses canadienne et mexicaine pendant le deuxième semestre de l'an 2000, nous avons compris que deux sujets qui favorisent la création d'histoires « productives » sont la politique et la criminalité. On parlera ici de politiciens et de politiciens fugitifs, accusés d'actes criminels. Il semblerait que la presse fasse l'association entre la politique et la criminalité, et pas seulement dans le cas du Mexique. Or, il faut signaler qu'en général la politique n'est pas le sujet le plus favorisé par rapport au Mexique dans la presse canadienne, du moins dans la presse anglophone. Le *National Post*, par exemple, donne la priorité aux sujets économiques (Figure 1, première colonne).

---

[2]Irene Fonte, *La nación cubana y Estados Unidos. Un estudio del discurso periodístico (1906-1921)*, Mexico, El Colegio de México, Universidad Autónoma Metropolitana-Iztapalapa, 2002. Irene Fonte, « El discurso noticioso en la prensa », *Cathedra* 2,5, 2002, p. 59-75.

[3]Robert Hodge et Gunther Kress, 1988.

[4]Gleick, James, 1987; Mandelbrot, Benoit, 1977.

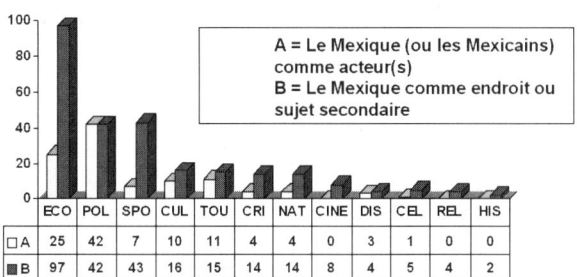

Figure 1 National Post:
Le Mexique comme acteur ou comme endroit

Cependant, dans la grande majorité des articles sur l'économie, le Mexique est simplement l'endroit où se produisent les activités économiques, au lieu d'être un acteur. Dans les articles sur la politique (colonne 2), par contre, le Mexique figure plus souvent comme sujet central ou comme acteur important (deuxième colonne).

Un cas politique où l'histoire racontée mérite l'intérêt de la presse des deux pays et génère un bon nombre de textes est la visite officielle d'un représentant national d'un pays à l'autre. Pour de telles occasions, les journalistes des deux pays sont souvent en contact direct les uns avec les autres. Mais la façon dont ces histoires se déroulent peut être surprenante ou difficile à prévoir. La visite officielle de Vicente Fox, alors président élu du Mexique, au Canada en août 2000, est un événement international qui a généré beaucoup d'intérêt sur la scène nationale canadienne. On a comparé Fox à Stockwell Day, qu'on croyait alors capable de triompher dans les élections contre le parti Libéral (rappelons que l'an 2000 est une année d'élections nationales dans les trois pays de l'ALENA) :

> Politics is never more unpredictable than in a country aquiver for change.
> That's what happened last week, when PRI, the tired coalition that has ruled Mexico for most of this century, was unexpectedly swept into history's dustbin by Vincente [sic] Fox Quesada and his political outsiders.
> Stockwell Day, chosen unanimously over the weekend as the Canadian Alliance's version of the Mexican "Fox", finds himself facing a similarly promising scenario[5].
> "He's got some similar interests for sure and certainly he's a Western thinker", said Mr. Day. "I liked his belt buckle and his cowboy boots and [he's a] man of great intellect."[6]

---

[5] *National Post*, 10 juillet 2000.
[6] *National Post*, 24 août 2000.

Comme on voit dans ces extraits, la presse a souligné les traits de « western politician » que Fox semblait partager avec Day : ses bottes de cuir et sa ceinture ont été mentionnées à chaque instant dans la presse canadienne, surtout par le *National Post*, comme des symboles concrets et matériels de la prétendue ressemblance entre les deux. Fox est arrivé au Canada, dans sa première visite officielle hors du Mexique, avec des propositions pour modifier et amplifier l'ALENA : l'idée d'une monnaie commune suivant le modèle européen, liberté de concurrence et de déplacement des Mexicains dans le territoire de leurs voisins du nord (il faut entendre ces propositions surtout dans le contexte des relations bilatérales entre le Mexique et les États-Unis, et d'une nouvelle politique mexicaine qui visait un nouveau rôle actif du Mexique comme partenaire de l'ALENA, et surtout la régularisation de la migration illégale des Mexicains qui fait partie depuis longtemps de la réalité économique des États-Unis). À toutes ces initiatives le gouvernement canadien a répondu avec une réticence née du nationalisme discret que défendait le gouvernement canadien. La tenue et les idées du président mexicain se redéfinissaient sur la scène nationale. Une histoire en principe internationale a été redéfinie comme nationale. Du côté mexicain, la presse remarque la perception canadienne mais sans comprendre sa vraie signification :

> En Canadá, varios son los medios que anuncian la llegada de Fox y lo identifican como el *cowboy de las botas*, el *hombre de los bigotes negros*, el *charro mexicano* y el ex gerente de la Coca Cola. No dejan tampoco de identificarlo como el hombre que puso fin a la septuagenaria cadena de gobiernos surgidos del PRI[7].

Au Mexique la visite a généré une dynamique nationale différente : tout un débat entre Fox et la presse (surtout celle de gauche) sur les problèmes sociaux et économiques au Mexique et le risque qu'il courait d'être rejeté et ignoré par les voisins riches du nord :

> "Nos presentaron problemas relacionados con los derechos humanos", indicó Fox al reconocer las "**evidentes diferencias**" de México con respecto a sus socios del norte. "**Somos el país con más problemas de rezago, pobreza y marginación**", aceptó tras utilizar esa condición como argumento para contrarrestar la brecha que separa a las naciones asociadas[8].
> "Yo he venido a plantear ideas que han sido recibidas con prudencia, cautela, pero que han sido recibidas; por ahí, **la prensa mexicana señala que no, que ¡nos mandaron por un tubo!, pero yo les digo: ¡no es cierto!** Sí nos escucharon y sí comprendieron (**estadunidenses y canadienses**) de qué se trata", subrayó[9].

---

[7]*La Jornada*, Despierta interés en Canadá la visita del presidente, 22 août 2000.

[8]*Excelsior*, 24 août 2000.

[9]Tal parece que gozan diciendo que mis propuestas fueron ignoradas, dice, *La Jornada*, 26 août 2000.

De nouveau les relations internationales ont des répercussion nationales. En somme, les contacts internationaux sont capables de déclencher des débats nationaux dans un processus de fractalisation qui génère de nouvelles énergies souvent insoupçonnées en passant d'un niveau à l'autre de la réalité politique.

La visite de Jean Chrétien au Mexique en février 2003 s'est déroulée précisément dans le sens contraire. Une visite qui devait en principe se centrer sur les intérêts nationaux des deux pays est devenue une plateforme internationale pour le premier ministre canadien. À ce moment là, le président Bush était prêt à attaquer l'Iraq, et en coopération avec le Chili, le Canada essayait de tracer une voie de conciliation entre les positions intransigeantes des États-Unis avec la France et l'Allemagne. Quand Jean Chrétien a dû indiquer, dans une conférence de presse, son désaccord avec George Bush, la nouvelle s'est répandue à travers le monde entier :

> "If you start changing regimes, where do you stop, this is the problem. Who is next? Give me the list, the priorities", Chretien said on a visit to Mexico City [...]
> "I think that if I read 1441, it's talking about disarmament of the government of Saddam Hussein. That is the resolution that we are working on. If you read it it is not talking about a regime change", he said.
> **Speaking to reporters** at his hotel in the Mexican capital, Chretien was visibly agitated. He clenched his fists and held them in the air while speaking[10].

Il est difficile de comprendre l'agitation du premier ministre canadien et la façon dont il se laisse entraîner dans un débat international brûlant et épineux dans ce qui n'est en apparence qu'une simple conférence de presse, si on ne fait pas état du débat soulevé à ce moment sur la scène politique mexicaine. Rappelons que le Mexique, tout comme le Chili, est alors membre du Conseil de sécurité de l'ONU, et que de fortes pressions s'exercent sur le président Fox pour qu'il se prononce pour ou contre la politique de George Bush. Les journalistes mexicains veulent donc connaître l'opinion de Chrétien sur la position de Fox et les négociations réalisées pour éviter l'intervention militaire en Iraq. Un débat politique présenté dans la presse de manière explicite peut donc en cacher un autre qui est sous-entendu, et il est risqué de reconstruire la scène énonciative d'une situation politique en examinant un seul article. La scène énonciative est une réalité foncièrement intertextuelle, et en ce sens, l'énonciation d'un texte nous renvoit à l'énonciation d'un autre qui, à son tour, nous renvoit à un autre, et ainsi de suite.

D'autre part, les relations internationales entre le Canada et le Mexique à l'occasion des deux visites commentées plus haut, celle de Fox au Canada et celle de Chrétien au Mexique, doivent être lues

---

[10] Reuters, 28 février 2003.

comme un problème à trois dimensions : l'interaction avec les États-Unis, le voisin puissant qui sépare géographiquement les deux pays, est un facteur qui exerce son influence à chaque moment sur leurs relations bilatérales. En signalant ce fait, il faut souligner que cette interaction trilatérale se déroule de manière essentiellement imprévisible, en dehors de toute relation déterministe entre le voisin puissant et le voisin faible. En ce sens, les relations entre le Mexique et le Canada, et les débats internationaux auxquels les deux pays participent, sont influencés mais non déterminés par les États-Unis. Pour analyser la représentation de ces relations dans les histoires qui circulent dans la presse, il faut donc décrire soigneusement la scène énonciative qu'elles mettent en œuvre et établir le complexe idéologique construit par cette énonciation. Toute analyse idéologique qui ne se fonde pas sur la réalité énonciative du texte n'est qu'une simplification.

Peu après l'accession de Fox au pouvoir, une autre histoire commence à se dérouler : celle d'Oscar Espinosa, jadis régent de la ville de Mexico et ministre du tourisme sous le gouvernement de Zedillo, dernier président du Parti Révolutionnaire Institutionnel (PRI) avant sa défaite historique, après 71 ans au pouvoir, par Fox et le Parti d'Action Nationale (PAN). Avec le transfert du pouvoir du PRI au PAN, Espinosa n'est plus à l'abri des autorités judiciaires qui se penchent sur des affaires de prétendus détournements de fonds. Espinosa part hâtivement au Canada, dans un avion loué, paraît-il, à prix exorbitant pour une conférence de cultivateurs de tomates, disparaît pendant deux mois et demi pour faire surface de nouveau à Managua au mois de novembre, où il demande l'asile aux autorités du Nicaragua comme réfugié politique.

L'histoire, présentée d'abord dans les médias par la chaîne de télévision mexicaine Televisa, est reprise par la presse dans quelques dizaines d'articles pendant la deuxième semaine de décembre. Au Canada l'intérêt de la presse est beaucoup plus limité : le *National Post* passe toute l'affaire sous silence. Mais une série de brefs articles d'information sont publiés par le *Montreal Gazette* et *The Province* (Espinosa aurait passé quelque temps à Whistler, où il aurait essayé d'acheter une propriété), et un long article apparaît dans le *Globe and Mail*. Les reportages canadiens se basent au début presque exclusivement sur les sources d'information mexicaines et accueillent avec facilité le stéréotype du fugitif mexicain, comme on le voit dans les expressions accentuées en caractères gras :

> VANCOUVER–RCMP are investigating what Mexico's **most wanted** man was doing in Canada after **slipping** into the country this summer. Oscar Espinosa, the former mayor of Mexico City, disappeared in August after being charged with **embezzling** $45 million U.S. in public money[11].

---

[11] *Montreal Gazette* et *The Province*, 16 décembre 2000.

Le politicien national, Oscar Espinosa, se transforme en fugitif international. La troisième étape de sa transformation est celle de réfugié politique au Nicaragua, où il demande l'asile. Si cette histoire attire l'attention de la presse de plusieurs pays, c'est à cause des rôles assignés à Espinosa, traditionnels, stéréotypés. Ces rôles ne se fondent pas nécessairement sur la vérité : Oscar Espinosa vient d'être acquitté en 2004 de toute charge.

Les stéréotypes prédominent également dans une histoire qui s'est répandue dans la presse canadienne en octobre et novembre 2000, notamment dans une quinzaine d'articles dans le *National Post*. Malgré un certain rapport avec le Mexique, l'histoire n'est pas apparue dans la presse mexicaine. Il s'agit d'un pédophile de Toronto, libéré après avoir purgé sa peine en prison :

> Pedophile's release into city's west end raises alarms: Exact address unknown: "Why doesn't he live in his lawyer's neighbourhood?"
> Fear spread through a west-end neighborhood yesterday after residents learned a convicted pedophile, considered a high risk to reoffend, is living nearby[12].

L'article explique ensuite les circonstances de son passé criminel et fait mention de son séjour au Mexique :

> In July, 1994, within two weeks of his release, he was charged in another sexual assault involving a child. He served his full five-year sentence and on release signed an 810 order—a Criminal Code provision that allows police to keep tabs on convicts they feel will reoffend once their prison terms expire—and promised to notify authorities of his address. Instead, less than 24 hours later, he fled to Mexico. When caught, he was posing as an English teacher recruiting children for his classes. He received a year in jail, but was released Sunday after serving two thirds of his sentence.[13]

On peut se demander pourquoi la circonstance mineure de sa visite au Mexique est mentionné dans presque tous les articles. Ici, le rôle du Mexique est semblable à celui du Canada dans l'histoire d'Oscar Espinosa : le stéréotype du Mexique et du Canada vus comme le pays de l'autre, le territoire libre où les fugitifs peuvent vivre à l'abri de la justice, comme dans les vieux films de Hollywood. Rappelons le détail mentionné par Televisa selon lequel Espinosa aurait passé la frontière canadienne de façon « illégale », « sans visa » (même si les citoyens mexicains n'ont pas besoin de visa de touriste au Canada et Espinosa avait visité le pays de manière parfaitement légale plusieurs fois auparavant).

Une autre histoire de fugitif plus récente, même actuelle, présente Cuba comme le pays de l'autre. Cette histoire, qui a généré littéralement

---

[12]*National Post*, 17 octobre, 2000.
[13]*Ibid.*

des centaines d'articles dans les journaux mexicains, ne bénéficie pas du moindre écho dans la presse canadienne, car cette fois-ci personne n'est arrivée au territoire canadien. Le scandale vidéo a bouleversé la scène politique mexicaine puisque des politiciens du parti de gauche, le PRD, au pouvoir dans le gouvernement municipal de la ville de Mexico, auraient été filmés dans l'acte de recevoir des fonds détournés illégalement et ensuite dans les salons de jeu de Las Vegas. Les principaux acteurs des vidéos sont : José Bejarano, secrétaire du gouvernement de la capitale ; Gustavo Ponce, secrétaire des finances de la capitale et Carlos Imaz, délégué de Tlalpan, une des démarcations politico-administratives les plus importantes de la capitale. Par la suite, un autre vidéo a impliqué le dirigeant du parti vert écologiste (PVEM), Jorge Emilio González. L'auteur des vidéos est un homme d'affaires d'origine argentine mais établi depuis longtemps au Mexique, Carlos Ahumada, qui s'est réfugié à Cuba. L'affaire a entraîné des démissions importantes, comme celles de Rosario Robles et de Sosamontes, et plusieurs ont répondu aux accusations en alléguant un complot fabriqué par des gens du PRI et du gouvernement. López Obrador, actuel régent de la ville de Mexico, dénonce le complot en clamant de son innocence. Cuauhtémoc Cárdenas, grand chef fondateur du parti, demande la purification de son parti qui se fait l'honneur de s'éloigner de la corruption qui a caractérisé la scène politique mexicaine :

El jefe de Gobierno, al margen del escándalo, sostiene

Fuera corruptos del PRD, pide Cárdenas

*"Quienes han incurrido en conductas reprobables no tienen cabida en el partido"
*"Los que están enlodados quieren enlodarme para salvar su pellejo", advierte Rosario Robles
*"Seria una injusticia que nos expulsaran", expresa Sosamontes

FOTOS JOSE NUÑEZ Y JOSE CARLO GONZALEZ /ARCHIVO DE *LA JORNADA*

México D.F. Domingo 7 de marzo de 2004

*Quienes han incurrido "en conductas reprobables", sin cabida en el sol azteca, dice
López Obrador no es parte de la corrupción: Cuauhtémoc Cárdenas

*Bejarano, origen de la crisis *Rosario Robles también debe responder por sus actos, señala [14]

Le problème des relations entre Cuba et le Mexique à ce moment ont à voir en partie avec le cas Ahumada, même si cette histoire ne fait pas partie des reportages de la presse canadienne et internationale.

---

[14]*La Jornada*, 7 mars 2004.

Lisons les paroles du ministre cubain des affaires extérieures, Felipe Pérez Roque :

> Pérez Roque interpretó el conflicto como un intento del gobierno del presidente Vicente Fox de desviar la atención en México sobre el escándalo abierto por el caso de Carlos Ahumada "y las crecientes sospechas en ese país sobre la existencia de un complot. Para ello ha creado esta confrontación diplomática, que es totalmente artificial, usando pretextos que son insostenibles", dijo[15].

L'état de tension qui existe entre les deux pays depuis le vote du Mexique contre Cuba à l'ONU à propos de la résolution sur les droits de la personne, la critique lancée par Castro contre le gouvernement mexicain dans son discours du 1er mai, l'expulsion de l'ambassadeur cubain à Mexico, tout cela se ramène, selon Pérez Roque, au problème de la présence de Carlos Ahumada sur le sol cubain. Mais rien de l'histoire Ahumada n'apparaît dans les médias internationaux, moins encore dans les médias canadiens, même si les paroles de Castro et l'affaire des ambassadeurs y ont figuré en bonne place.

Que peut-on conclure de ces quelques exemples d'histoires de rencontres et de scandales politiques ? D'une part, ces histoires si productives mettent en œuvre un grand nombre d'acteurs et de voix sur la scène énonciative, ce qui devrait leur assurer un certain dynamisme social et leur propagation dans les médias. Bref, elles devraient contribuer de manière importante à la circulation des idées. Le complexe idéologique qu'elles expriment est de nature particulièrement élaborée et se répercute à plusieurs niveaux (régional, national, international, etc.). Mais même si la scène énonciative implique toutes les voix et tous les acteurs possibles au niveau national, cela ne suffit pas pour assurer le passage de la nouvelle à l'échelle internationale. C'est le pouvoir de ces acteurs (dirigeant ou président d'un pays) ou l'emploi des stéréotypes connus qui éveillent l'intérêt des agences de presse internationales. On doit savoir si la nouvelle en question sera jugée comme pertinente et intéressante par le grand public. En dépit de la tendance naturelle des histoires plus dynamiques dans la presse d'accumuler de sens à différents niveaux, la presse continue d'appliquer ses normes d'exclusion fondées sur une puissante tradition de presse nationale. Certes, il y a des moments privilégiés où les journalistes d'un pays établissent de vrais contacts et échangent avec ceux d'un autre pays (le moment des élections, par exemple), mais les barrières traditionnelles continuent de créer des obstacles à la compréhension. Elles favorisent précisément les stéréotypes qui, d'une part, peuvent favoriser la propagation des histoires et la circulation des idées mais qui, d'autre part,

---

[15] *La Jornada*, 6 mai 2004.

peuvent également agir comme des frontières et des facteurs d'exclusion.

En fin de compte, il est presque impossible qu'un complexe idéologique établi autour d'un événement dans un pays se propage librement à un autre. L'interaction d'une scène énonciative avec un complexe idéologique particulier rend difficile la transmission et la compréhension d'une histoire d'un pays à l'autre. Comme le cas du vidéo-scandale le démontre, on ne comprendra pas les idéologies politiques du Mexique en lisant la presse canadienne, ni vice versa. Et même si on objecte que ce serait un devoir trop ambitieux et complexe pour les médias d'un pays que de recueillir les histoires et les manières de penser de tous les pays voisins, ce ne sont pas non plus les agences internationales qui vont le faire. Dans un espace de plus en plus mondialisé, on peut se demander qui ou quoi exerce une vraie influence sur la mondialisation des idées et de la culture. S'il est intéressant d'étudier la circulation des idées et des histoires, il est également important, surtout dans une perspective socio-politique, de considérer la non-circulation des idées. Entre le Mexique et le Canada le dialogue, les visites, les contacts se font de plus en plus fréquents. Dans l'image qu'elle en construit, la presse de chaque pays se charge de projeter l'altérité de l'autre, en passant souvent par les stéréotypes.

Bibliographie

FONTE, Irene, *La nación cubana y Estados Unidos. Un estudio del discurso periodístico (1906-1921)*, Mexico, El Colegio de México, Universidad Autónoma Metropolitana-Iztapalapa, 2002.

FONTE, Irene, « El discurso noticioso en la prensa », *Cathedra* 2,5, 2002, p. 59-75.

FONTE, Irene et Rodney WILLIAMSON, « Construyendo la historia a través de las noticias : un caso de político fugitivo », *Iztapalapa*, n° 53, juillet-décembre 2002, p. 147-167.

FONTE, Irene et Rodney WILLIAMSON, « México y Canadá ante los medios: escenarios nacionales internacionales del siglo XXI », Communication présentée dans la rencontre interdisciplinaire. « El futuro de la cultura en Norteamérica — The Future of Culture in North America », organisée par l'Instituto Tecnológico y de Estudios Superiores de Monterrey, Campus Monterrey, mai 2003.

GLEICK, James, *Chaos: Making a New Science*, New York, Penguin, 1987.

HODGE, Robert et Gunther KRESS, *Social Semiotics*, Cambridge, Polity Press, 1988

MANDELBROT, Benoit, *The Fractal Geometry of Nature*, New York, Freeman, 1977.

WILLIAMSON, Rodney et Irene FONTE, « Le complexe idéologique des relations économiques entre le Mexique et le Canada : perspectives de presses mexicaine et canadienne », *L'interculturel et l'économie à l'œuvre : les marges de la mondialisation*, dir. Daniel Castillo Durante et Patrick Imbert, Ottawa, Éditions David, 2004, p. 239-256.

Bye Bye Brasil :
La culture populaire sous les avancées de la modernisation[1]

Walter Moser
Université d'Ottawa

> *Bye Bye Brasil não é um filme contra a televisão,*
> *mas sobre seu papel na transformação que a cultura*
> *brasileira sofreu a partir dos anos 70. O filme*
> *pode ser visto tanto como um canto melancólico*
> *ao fim de uma cultura, quanto como um elogio*
> *eufórico a uma nova civilização.*
> CARLOS DIEGUES, Entrevue avec Site Cinema[2]

Le contexte historique du film

Le film *Bye Bye Brasil* (BBB) date de 1979, c'est-à-dire de la fin du régime militaire brésilien qui dura jusqu'en 1985. Il capte une période de la modernisation du Brésil. Dans les régions du Nord-Est et de l'Amazonie où l'action du film se déroule, cette entrée dans la modernité se fait de manière particulièrement brutale et agressive. Elle se solde par des transformations structurelles et une crise des valeurs qui laissent beaucoup de Brésiliens désorientées et sans défenses. Comme c'est le cas de tous les changements que les humains apportent à leurs pratiques et à leurs structures, cette modernisation connaît des gagnants et des perdants. Toutefois, dans ce film, il n'est pas toujours évident de savoir qui se situe de quel côté. C'est donc un film qui renonce d'emblée à toute réduction de binarismes explicatifs, à tout manichéisme, et à toute récrimination facile. Il relève plutôt le défi de représenter certaines des complexités propres à tout changement historique qui affecte plusieurs champs pratiques et qui touche aussi fortement à la culture.

Le film prend cette situation bouleversante comme arrière-plan. Plusieurs traits de cette fresque historique sont évoqués par de rapides

---

[1] Cette analyse de film se situe dans le cadre d'un projet de recherche en cours financé par le Conseil de recherche en sciences humaines du Canada portant sur la mobilité culturelle : « La culture en transit : locomotion, médiamotion, artmotion ». Pour des raisons d'espace, cette publication ne contient que la première partie de l'analyse. Walter Moser est titulaire d'une chaire de recherche du Canada intitulée « Transferts littéraires et culturels ».

[2] Carlos Dieges, Entrevue avec Site Cinema, [En ligne], [http://www.sitecinema.com.br/conteudo/entrev_20.htm].

coups de pinceau, souvent sur le mode de la satire et du grotesque et toujours avec un sourire légèrement mélancolique qui ne nous aliène pas de ce que nous voyons sur l'écran, même si le mode de représentation comprend de multiples modalités de distanciation. Ce « portrait d'époque » comporte, entre autres, les éléments suivants : 1) la destruction de la forêt amazonienne par l'exploitation minière, la construction de la route transamazonienne et les défrichements pour une agriculture intensive ; 2) les déplacements et les déracinements des tribus autochtones de l'Amazonie ; 3) la pollution ; 4) la moralité « mouvante » et le mélange culturel qui se manifeste souvent par une hybridité temporelle[3], une non-contemporanéité[4].

Est évoqué de la sorte une espèce de *Far West* brésilien, un esprit de *frontier* qui crée ses propres règles, ses propres comportements, ainsi que son propre mélange *ad hoc* de normes et de valeurs. On retient surtout le phénomène du déplacement de la ligne invisible entre les terres conquises par cette modernité sauvage et les terrains vierges, encore à conquérir, d'une non- ou pré-modernité intouchée et apparemment éternelle[5]. À un moment donné dans le film, cet autre lieu, toujours au-delà, qui s'avère être un nulle part, tout en constituant le moteur de l'histoire, se concrétise dans une ville appelée Altamira qui, selon les dires d'un chauffeur de camion rencontré au bord de la route, se situerait à quelque cinq jours de route...

Résumé de l'histoire du film

C'est sur cet arrière-plan constitué d'une fresque historiquement assez fidèle que se déroule l'histoire d'une petite troupe d'artistes forains[6] populaires qui se déplacent en camion, de petite ville en petite ville dans le Nord-Est du Brésil. Ils réussissent à vivre du modeste revenu que leur procure leur art. Au départ, la troupe compte trois personnages, deux hommes et une femme :

Lorde Cigano est le chef de la troupe. Son numéro combine la

---

[3] *Cf.* Néstor García Canclini, *Culturas híbridas. Estrategias para entrar y salir de la modernidad*, Mexico, Grijalbo, 1990.

[4] *Cf.* Ernst Bloch, *Héritage de ce temps*, Paris, Payot, 1978. Un exemple de sa concrétisation visuelle : l'image de l'autochtone amazonien avec le transistor collé à son oreille.

[5] *Cf.* le récit de Jacques Ferron « La vache morte du canyon » qui capte le même phénomène pour le « farouest » canadien. *Contes du pays incertain*, Montréal, Éditions HMH, 1968.

[6] Pour les désigner, en brésilien, on utilise souvent l'adjectif *mambembe*.

magie[7], la prestidigitation et la voyance[8]. Son costume et son maquillage connotent un mélange de fausse élégance, de cirque et de glamour. Sa rhétorique est hyperbolique et percutante. Derrière cette façade professionnelle, il a cependant un bon sens pour les affaires et ne se laisse pas, à son tour, impressionner par les réalités construites en trompe-l'œil. Son leitmotiv est à la fois sa baguette magique symbolique, son cri de guerre et une des trois mélodies[9] qui traversent tout le film : « Para Vigo me voy![10] »

Salomé est la reine de la rumba. C'est une belle qui séduit par son exotisme érotique en dansant. Quelques rythmes, quelques bribes d'espagnol et l'évocation d'un espace paradisiaque appelé Caraïbes lui suffisent pour faire rêver les gens des régions éloignées du Brésil.

Hirondelle, l'homme fort de la troupe, est noir. Son numéro : cracher du feu. Il procure un petit supplément de revenu à la troupe en gagnant tous les bras de fer que le Lorde Cigano organise avec paris. Le jour où il se fait battre par plus fort que lui, et Lorde Cigano par plus rusé que lui, la troupe perd le camion devenu l'enjeu du pari. Hirondelle disparaît.

Deux nouveaux membres, un couple, se joignent à la troupe en cours de route : **Ciço, l'accordéoniste** (sanfoneiro). Attiré par Salomé, il demande à embarquer avec sa femme Dasdô (Das Dores). Après discussion entre Lorde Cigano et Salomé, il est accepté parce que son offre de « música ao vivo » pourrait faire augmenter les revenus de la troupe. **Dasdô**, l'épouse de l'accordéoniste est ce qu'on pourrait appeler une femme soumise, elle ne fait que suivre son mari. Elle est enceinte et accouchera, en route d'une fille qui sera baptisée Altamira, selon le nom d'une ville utopique de la *frontier* que la troupe est en train de rejoindre.

Le champ pratique

La troupe se déplace en camion. Décoré de peinture « primitive » et central dans la vie du groupe, ce camion est lui-même une œuvre d'art et un

---

[7] Son numéro le plus intéressant : il fait tomber la neige (noix de coco râpée!) au Brésil et, avec un supplément rhétorique, fait entrer le Brésil dans le groupe sélect des pays du Nord ou du Premier Monde.

[8] Le moment le plus prégnant : il est victime de son propre jeu — et prend peur — quand il médiatise le contact des personnes de l'assistance avec les défunts de leur famille; quand son mélange de truquage bas de gamme et de rhétorique mensongère est court-circuité par le mysticisme populaire des habitants du *sertão*.

[9] Les deux autres étant le célèbre *Aquarela do Brasil*, qui a presque le statut d'un hymne national inofficiel et populaire, et la chanson titre, créée pour ce film et chantée par Chico Buarque à la fin, pendant le générique.

[10] Tiré d'une chanson cubaine d'Ernesto Lecuana qui date des années 1930.

personnage de l'histoire. Il porte le nom de la troupe : Caravana Rolidei. Il représente l'infrastructure et la base économique de toute l'entreprise. Cette troupe d'artistes populaires et ambulants représente la couche la plus ancienne et la plus répandue de la culture populaire au Brésil[11]. Mais, motorisée, elle incarne déjà une version « modernisée », une adaptation à la modernité de cet art populaire. Sa capacité à se déplacer en camion permet, économiquement parlant, d'avoir accès à un marché élargi pour ses produits artistiques de base : la vente d'illusion[12].

Les pérégrinations professionnelles de ces artistes va du Sud au Nord. Selon la rhétorique de Lorde Cigano, ils viennent de São Paulo, une des régions les plus développées du Brésil. Et ils vont vers le Nord-Est et vers l'Amazonie, et pour finir vers la Rondônia, c'est-à-dire vers les régions les moins « développées », c'est-à-dire les moins touchées par la modernisation.

Ironiquement, ils se servent des instruments de la modernité pour faire survivre leur entreprise : le camion comme moyen de déplacement, le haut-parleur comme moyen de communication-publicité, le tourne-disque comme technologie de reproduction musicale et donc comme soutien de la fabrication d'illusion. Mais ils ont besoin d'un public qui n'a pas encore été touché par les technologies et les médias de la modernité. Ils exploitent la frontière mouvante entre le moderne et le pré-moderne, tout en participant par leur propre infrastructure et par leur propre mode de fonctionnement à la destruction de ce que la modernité perçoit comme son autre, ses terrains inconquis.

C'est ainsi que la Caravana Rolidei a besoin de routes à travers les régions lointaines pour rejoindre ses publics et sa clientèle éloignés. Mais en même temps, les artistes de la troupe apprennent à reconnaître la présence de l'électricité comme étant de mauvais augure pour leurs revenus. Plus particulièrement, ils reconnaissent dans la télévision leur concurrent et adversaire principal. Comment expliquer cette attitude apparemment ambivalente, presque schizophrène ?

Pour analyser ce film, j'aurai besoin d'un certain nombre de notions et de catégories qui m'aideront à conceptualiser les enjeux représentés, en particulier la transformation d'un certain type de culture populaire sous la menace de la culture de masse télévisuelle. Pour commencer, je m'appuierai sur les notions de « locomotion » et de « médiamotion ».

Locomotion

Ce film est tout d'abord une variante du genre « road movie » qui

---

[11] Cf. l'évocation rapide de cette culture populaire — la littérature du *cordel*, avec un récitateur dans une foire du Brésil — dans la toute première scène du film.

[12] Une version bien plus avancée et surtout technologiquement plus sophistiquée de ce produit culturel : la *telenovela* brésilienne.

représente une forme de néo-nomadisme, ou de nomadisme secondaire[13], motorisé, où on croit que le film accorde une grande importance à plusieurs éléments qui concourent à la formule générique :

Le véhicule : dans le cas de BBB, il s'agit d'un camion. Ouvert en arrière, décoré à la manière de l'art primitif, il est au centre de la vie du groupe, et jouit donc d'une grande présence dans le film. Il est à la fois maison, véhicule, moyen de transport, surface publicitaire et surtout infrastructure pour l'entreprise de *showbusiness* qu'est la Caravana Rolidei. Dans la scène finale, la renaissance et le re-départ de la troupe sont marqués par la transformation du véhicule qu'elle empruntera pour ses pérégrinations futures.

Les déplacements : « on the road again » est la devise du « road movie » : BBB ne fait pas exception à ce sujet. Entre les différents moments dramatiques de la vie du groupe, il y a les scènes répétées de déplacement quand le camion reprend la grande route. Il s'agit de la scène de base de la locomotion. Elle est filmée de différentes manières, dans différentes perspectives : perception subjective du mouvement (la caméra est dans le camion en mouvement et filme le paysage qui défile) perception objective (la caméra est fixe au bord de la route et montre le camion qui passe). Les deux sont combinées lorsque le mouvement du camion est filmé d'un hélicoptère. Une scène particulièrement intéressante : Ciço et Dasdô sont filmés à l'aide d'une caméra montée sur le camion ; Ciço joue de l'accordéon sur l'arrière, sa position est fixe[14] par rapport au camion, mais derrière lui défile le paysage du sertão.

La capacité de se déplacer en camion est très importante pour l'économie de la PME que constitue la troupe d'artistes. Ce sont des producteurs et des vendeurs d'illusion. Leur mobilité motorisée élargit considérablement le marché de leur entreprise. D'une manière générale, BBB est un des rares films qui, ayant comme thème la vie culturelle, inclut dans son portrait les conditions économiques de la production et de la diffusion culturelle[15].

---

[13]Terme formé ici selon le modèle de la « secondary orality » de Walter Ong. Il serait utile de donner à ce terme plus de consistance conceptuelle afin de pouvoir aborder toutes les formes de néo-nomadisme qu'on observe aujourd'hui en rapport avec la mobilité accrue des personnes. *Cf.* Walter Ong, *Orality and Literacy. The Technologizing of the Word*, London, Routledge, 1982.

[14]Cette prise de vue anticipe-t-elle son choix futur pour une vie sédentaire de musicien populaire à Brasília? En fait, contrairement à Lorde Cigano et Salomé, qui continueront la vie d'artistes ambulants, Ciço et sa femme n'adoptent cette vie ambulante que provisoirement, ce qui permet à Carlos Diegues de contraster dans ce film deux types de culture populaire.

[15]Un autre exemple : *The Pillow Book* de Peter Greenaway (Grande Bretagne, Pays Bas, France, 1996.)

Le territoire parcouru : la troupe se déplace du Sud vers le Nord et adopte de ce fait le mouvement du vecteur géographique qu'emprunte la modernisation du Brésil. Selon le texte publicitaire récité par Lorde Cigano dès l'arrivée dans une nouvelle ville, elle viendrait de São Paulo. Au début du film, on est dans une ville du Nord-Est et le voyage continue à travers des paysages arides du *sertão*, ensuite on avance vers des paysages amazoniens et on finira par continuer dans la direction de Rondônia. Plusieurs petites villes sur leur passage restent anonymes[16]. Sont mentionnées et identifiées : Altamira, Belém et Brasília.

Le parcours de la troupe se situe sur le territoire national brésilien. En ceci, ce film reprend un topos qu'on trouve déjà dans la littérature brésilienne et que le film a adopté et adapté : le voyage à travers le Brésil, l'évocation du territoire national qui contribue à la construction imaginaire de l'identité nationale. Dans ce sens le « road movie » brésilien a une fonction d'intégration nationale très forte[17]. Les concepts de nation et l'identité nationale sont ainsi activés par un parcours géographique évoquant plusieurs lieux (de mémoire, d'imagination, etc.) se situant sur le territoire national[18].

Médiamotion

À côté de l'importance générique du déplacement physique des personnes, la mobilité de type symbolique que procurent les médias modernes prend, à première vue, une place plus modeste dans ce film. Vu

---

[16]Du point de vue de la routine quotidienne de la troupe, les différentes villes se valent et sont échangeables, chose qui est exprimée par le trou de mémoire de Lorde Cigano qui a oublié le nom de la ville où la troupe arrive.

[17]Contrairement au road movie *El Viaje* du cinéaste argentin Solanas (1992) et plus récemment de *Diários de motocicleta* de Walter Salles (2004), dans lesquels la constitution identitaire par le territoire parcouru est de nature non pas nationale mais continentale. Pour ne donner que quelques exemples parmi beaucoup : le héros de *Macunaíma* parcourt le Brésil du Nord au Sud. *Quarup*, de Antonio Callado (adaptation filmique par Ruy Guerra dans *Kuarup* (1998)) raconte une excursion vers le centre géographique du Brésil. *Central do Brasil*(1998), de Walter Salles, est un road movie en autobus à travers une partie du Brésil.

[18]La même chose, *mutatis mutandis*, est vraie pour certains « road movies » états-uniens, même pour un film comme *The Grapes of Wrath* (John Ford, 1940), qui, tout en contenant une critique socio-économique radicale, effectue une intégration nationale en montrant les divers paysages qui défilent lors de la traversée du continent d'Est en Ouest. La même chose s'applique à un « road movie » subversif comme *Thelma and Louise* (Ridley Scott, 1991). Voir l'ouvrage publié par Jean Morency, Janette den Toonder et Jaap Lintvelt, *Le voyage identitaire : représentation romanesque et filmique* (à paraître).

de plus près, on est surpris, toutefois, que trois médias différents soient thématisés et représentés dans ce film :

Le cinéma dans la figure d'un montreur de films ambulant : Comme la troupe d'artistes ambulants, ce personnage intéressant parcourt les mêmes régions éloignées et fait de la vente d'illusion son affaire. Dans sa voiture, il transporte un projecteur de films qu'il peut alimenter en électricité grâce à un accumulateur. Il représente une époque pionnière, une phase ambulante du cinéma, quand il n'y avait pas encore de salles fixes et surtout quand il n'y avait pas encore d'électricité dans les villes qui sont sur son itinéraire[19]. Il représente un mélange intéressant entre les deux termes d'une distinction que je ne tarderai pas à introduire entre modernité « solide » et modernité « liquide ». Il discute avec Lorde Cigano des possibilités de marché — qu'il semble avoir mieux évaluées que son interlocuteur — de leurs entreprises respectives, parallèles et potentiellement concurrentes.

La télévision : Ce média est le véritable concurrent et adversaire des artistes populaires, ambulants ou non. Dans les régions éloignées du Brésil, c'est *le* nouveau média. Comme parachuté du ciel, il exerce une force d'attraction sans pareille sur les habitants des villes où passe la Caravana Rolidei. Lorde Cigano l'apprend à ses dépens, quand il découvre la raison pour laquelle l'affluence à son spectacle, et par là les revenus, diminuent dramatiquement : toute la population est attroupée devant l'unique appareil de télévision que le maire a fait installer dans une salle publique. L'image de ces personnes obnubilées par ce qui se passe sur la surface exiguë d'un « petit écran » capte paradigmatiquement le principe de la médiamotion : corps immobile/mouvement médiatique sur écran. Cette télévision publique représente une concurrence déloyale en termes de vente d'illusion, car elle opère à partir de distants studios bien mieux équipés que la troupe et peut diffuser ses programmes et ses spectacles en temps réel. De plus, en termes d'illusion, elle a l'avantage inégalable d'être considérée comme une denrée d'une grande valeur par les artistes brésiliens qui lui confère son « américanité » états-unienne. Elle peut alors diffuser pratiquement n'importe quoi, les téléspectateurs seront fascinés, sinon hallucinés, comme si elle opérait une sorte de ré-enchantement du monde![20] Le véri-

---

[19]Cette figure est à rapprocher du montreur d'images mouvantes — parfaitement anachronique — qui apparaît dans le roman *Die letzte Welt* de Christophe Ransmayr (*Die letzte Welt*, Frankfurt, Fisher, 1991.)

[20]La représentation critique de la télévision dans le film connaît une grande popularité, elle est aujourd'hui un des lieux d'intermédialité les plus fréquentés. Dans le film *Truman Show*, par exemple, Peter Weir montre et critique la même fascination béate et bête des téléspectateurs que Carlos Diegues.

table conflit que représente le film BBB est donc celui entre une culture populaire modernisée et la culture de masse diffusée par la télévision.

Le téléphone : Ce média moderne fait une apparition indirecte, mais non moins importante, dans le film. La chanson titre du film que chante Chico Buarque pendant le générique, est basée sur la fiction narrative suivante : un homme téléphone à sa femme pour lui raconter les banales et quotidienne vicissitudes de son périple au Brésil. Sous la forme d'une conversation téléphonique, cette chanson reprend donc le topos du parcours national. En même temps, elle met en scène un autre média de communication qui permet de franchir les distances en temps réel et de connecter les lieux les plus distants du territoire brésilien. Il est probable que la voix énonciatrice de cette chanson soit attribuer à un camionneur qui sillonne le Brésil de long en large car elle met à nouveau en scène, et réarticule donc synthétiquement, l'interaction entre locomotion et médiamotion que ce film propose.

On voit donc que BBB articule dans une dramatisation fictionnelle un aspect particulier de la modernisation du Brésil qui a lieu pendant le régime militaire : l'invasion de l'espace culturel populaire (autochtone, national) par les médias de masse (états-uniens et internationaux) et les transformations qui en découlent. Pour analyser ce conflit, je distinguerai trois niveaux de la vie culturelle :

Culture populaire

Carlos Diegues représente dans son film deux types de culture populaire, qu'on peut aussi interpréter comme deux phases évolutives de cette culture : d'une part, il met en scène la **culture populaire pré-moderne**[21], locale et sédentaire. Il s'agit ici d'une culture populaire qui a des racines historiques profondes. Même si elle peut être le résultat d'un métissage ancien (colonisation de l'Amérique!), elle semble être ancrée, depuis toujours, dans les communautés locales. Elle est participative et communautaire.

Carlos Diegues évoque cette culture à plusieurs reprises dans ce film : au début, lors d'une scène de marché où l'on assiste à la récitation chantée de la littérature du *cordel*. Ensuite, dans une des villes, le camion de la Caravana Rolidei fait irruption dans une procession religieuse que les habitants de la ville entreprennent pour implorer la pluie. Finalement, c'est Ciço l'accordéoniste qui représente la musique populaire de type *forrô* : il s'agit d'une musique de danse qu'on joue dans le Nord-Est du Brésil lors des fêtes populaires. Quand Ciço aura

---

[21] Selon une suggestion de Walid El Khachab proposée lors d'un colloque, il vaudrait peut-être mieux dire non-moderne ou a-moderne pour éviter de devoir assumer les présupposés du préfixe « pré » en termes d'ordre temporel et de conception de l'histoire.

quitté la caravane et ses amis, il s'installera d'ailleurs de manière sédentaire à Brasília où il fondera une entreprise familiale : Ciço le plus célèbre accordéoniste.

D'autre part, Carlos Dieges représente la **culture populaire modernisée.** Celle-ci émane du premier type, mais elle exploite et intègre déjà les acquis et les avantages de la modernisation. Elle est nationale et mobile. Elle se situe au centre du film puisqu'elle est représentée par la troupe de la Caravana Rolidei. Un magicien-voyant, une danseuse exotique et un homme fort, (des figures du premier type de culture populaire), spécialisées dans la fabrication spectaculaire d'illusion ont décidé de se lancer en affaire. Leur différence est leur mobilité, et la base de cette mobilité, c'est le camion.

D'autres techniques et technologies sont à leur disposition : le haut parleur et le grammophone. Le premier leur permet l'amplification sonore qui étend la portée de la voix humaine bien au-delà de ses limites naturelles[22]. C'est surtout Lorde Cigano qui s'en sert pour donner encore plus d'impact à sa rhétorique déjà hyperbolique. Le second leur permet de se servir de musiques enregistrées et de les faire répéter, indépendamment de leur lieu et de leur moment de production.

L'arrivée du camion dans les petites villes du Brésil profond prend alors l'allure d'une allégorie : c'est la modernité qui fait violemment irruption — avec bruit et vitesse — dans une communauté qui semble somnoler dans sa vie pré-moderne.

Culture de masse

Dans ce film, la culture de masse est surtout véhiculée par la télévision. Il s'agit d'une culture de masse parce qu'elle est produite et diffusée par les moyens technologiques les plus avancés, mais surtout parce qu'elle peut atteindre un public virtuellement illimité, en temps réel, dans un espace qui n'est limité que par la portée des relais de diffusion. Les programmes de télévision peuvent en fait atteindre une masse de personnes individuellement ou collectivement[23] sur un territoire très étendu. Le film montre comment les habitants d'une petite ville brésilienne se massent autour du seul poste de télévision qui leur est accessible! Tout

---

[22]En conformité avec la théorie de McLuhan qui considère les médias comme des extensions de l'appareil sensoriel humain. *Cf.* Mc Luhan, *Understanding Media. The extensions of Man*, New York, McGraw-Hill, 1964.

[23]Les communautés télévisuelles sont de deux types : celle, *in praesentia*, dont je participais, enfant, quand j'allais voir les matches de l'équipe nationale de soccer dans le restaurant du village où était installé un téléviseur semi-public (il fallait quand même payer une consommation obligatoire!) et celles, virtuelles, constituées par les publics télévisuels qui regardent en même temps le même programme.

le monde est obnubilé par les programmes de télévision les plus triviaux et les plus « quétaines » qui soient. Ceci se répète dans toutes les villes desservies par la télévision. La culture diffusée par cette dernière produit donc un effet de *totum simul* que la culture populaire ne saurait jamais atteindre. S'y ajoute le fait que, sans le moindre doute, la culture télévisuelle de masse semble être associée à la langue anglaise en véhiculant des contenus états-uniens. Combinée avec la nouveauté technologique, cette altérité culturelle, qui agit comme une forme d'exotisme, exerce une séduction presque irrésistible sur les téléspectateurs. Selon les quelques paramètres retenus ici pour caractériser la culture (télévisuelle) de masse, on comprend qu'elle sera un concurrent redoutable pour les artistes de la culture populaire, même si ceux-ci profitent des avantages qu'a mis entre leurs mains la modernité.

Modernité solide et liquide

BBB est certainement un film qui représente le processus de modernisation du Brésil profond. Mais de quelle modernisation et de quelle modernité s'agit-il au juste? Une distinction proposée récemment par Zygmunt Bauman peut nous être utile dans l'analyse de ce film. Bauman distingue en fait deux types qui correspondent à deux phases de la modernité. Il utilise un langage hautement métaphorique pour les différencier, en parlant, d'une part, d'une « liquid », « fluid » ou « light modernity », et de l'autre, d'une « heavy » ou « solid modernity ». La différence entre ces dernières est d'une grande importance pour Bauman :

> *The passage from heavy to light capitalism, from solid to fluid modernity, may yet prove to be a departure more radical and seminal than the advent of capitalism and modernity themselves, previously seen as by far the most crucial milestones of human history at least since the neolithic revolution*[24].

Je ne saurais rapporter ici toute la théorie des deux « modernités » ou des deux phases de la modernité selon Bauman. Je me limiterai à en montrer un aspect qui s'avère important pour notre analyse de BBB : la relation entre temps et espace[25].

La modernité solide

La première modernité — première au sens historique et structural du terme —, en ayant recours à un oxymore, on pourrait aussi l'appeler la modernité traditionnelle, serait donc intrinsèquement une modernité expansive. Son opération fondamentale et indispensable serait celle de

---

[24] Zygmunt Bauman, *Liquid Modernity*, Cambridge, Polity Press, 2000, p. 126.
[25] Bauman parle de « space-time wedlock », *Ibid.*, p 111.

la conquête spatiale visant à conquérir, à occuper et à posséder des territoires : « *Spatial expansion was the name of the game and space was the stake; space was value, time was the tool*[26] ».

Dans ce paradigme moderne, l'espace est l'enjeu, à la fois comme objet visé et comme valeur à s'approprier. Mais l'espace est aussi l'obstacle, il résiste à la conquête et retarde l'avancée sur le territoire. Certes la conquête peut se concrétiser par différents moyens, elle peut être symbolique (imposition de modèles de représentation du monde), militaire (présence d'une armée sur le terrain), administrative (implantation d'une gouvernance venue d'ailleurs), économique (ouverture de nouveaux marchés). Mais je m'intéresse ici, en appliquant la notion de locomotion, en premier lieu au déplacement humain visant à conquérir et à occuper du terrain.

Cette modernité solide se situe à la base de la colonisation occidentale depuis la fin du XVe siècle. Ce vaste processus historique qui a mené à l'établissement de plusieurs empires coloniaux européens, structurait l'espace en centre (en général la métropole européenne de l'empire) et périphérie (en général les territoires colonisés sur d'autres continents). Mais la fin de la colonisation n'a pas sonné le glas de la modernité solide. Celle-ci se reproduit dans différents contextes, à différentes échelles — même sur le territoire des États nations post-coloniaux comme le Brésil.

Cette modernité a une structure spatiale bien nette : elle irradie à partir d'un ou de plusieurs centres (São Paulo, Rio de Janeiro, les grands ports) et pénètre vers l'intérieur et vers les zones moins développées, c'est-à-dire les moins touchés par la modernisation. Ce mouvement crée une ligne de démarcation, une *frontier*. Contrairement à la frontière qui est une ligne, cette espace est une zone de contact entre deux états évolutifs du territoire et de la population qui l'occupe. Cette zone, selon la logique expansive de la modernité, est mouvante, elle se déplace.

Comme elle est fondée sur la locomotion, cette modernité a comme conditions de réalisation des sciences et comme moyens des technologies du déplacement et du transport. La colonisation historique est impensable sans les avancées technologiques de la navigation maritime. Plus tard, pour les conquêtes terrestres, ce sont la machine à vapeur (*cf.* les locomotives qui déplacent les trains de la conquête de l'Ouest nord-américain) et surtout, le moteur à combustion qui sont décisifs. Train et automobile donc, deux moyens de transport qui demandent toutefois des infrastructures très lourdes pour leur fonctionnement. De même, plus tard, l'avion demandera la construction d'aéroports et présupposera l'existence d'un système de transport terrestre.

Revenons à notre film : nous y reconnaissons massivement les

---

[26]*Ibid.*, p. 126.

signes et l'appareil de la modernité solide : la construction de la route transamazonienne qui permettra aux véhicules lourds d'avoir accès à des zones du territoire national brésilien restées jusque-là pratiquement intouchées par la modernité, et d'y apporter tous les « bienfaits » à double tranchant de la civilisation occidentale moderne. C'est dans ce contexte que le camion de la Caravana Rolidei devient un véritable symbole de la modernité solide : il emprunte les routes récemment construites et pénètre bruyamment dans les petites villes endormies. Et tout indique que, à la fin du film, ce mouvement continuera : la Caravana Holiday, nouvelle version revampée, part pour la Rondônia où l'on serait en train de construire une nouvelle route.

Dans la logique de cette modernité, comme le remarque Bauman, la catégorie du temps ne semble avoir qu'un rôle auxiliaire, instrumental : cela prend du temps pour vaincre la résistance de l'espace qu'on veut conquérir. En plus de cette fonction instrumentale, il offre une mesure pour l'avancement de la conquête. Quand la troupe de Lorde Cigano conçoit le projet de rejoindre la *frontier* où il se promet des marchés plus riches car moins saturés et moins contaminés par l'autre modernité, il vise la ville utopique d'Altamira qu'un camionneur, rencontré sur la route, situe à quatre ou cinq jours de route.

La modernité liquide

Pour des raisons analytiques, j'adopterai la position de Bauman même s'il durcit excessivement la différence entre les deux modernités en leur donnant la consistance à la fois de deux époques successives et de deux paradigmes dichotomiquement séparés. En réalité, les deux modernités se chevauchent et se superposent. Elles coexistent aujourd'hui dans d'inédites non-contemporanéités. En fait, on peut faire découler le nouveau paradigme de l'ancien par une simple intensification de deux de ses tendances : l'accélération et la dématérialisation.

Reprenons la relation entre espace et temps : c'est dans ce « wedlock » que Bauman peut montrer la différence des deux paradigmes de la manière la plus spectaculaire. Dans la modernité liquide, l'espace a perdu sa position dominante. Il a perdu sa valeur d'objet précieux à conquérir et à posséder. Il s'est comme liquéfié sous l'effet de la vitesse et de la dématérialisation des moyens et instruments de la modernité. Bauman dit que la modernité liquide ou légère « *is nullyfying the resistance of space*[27] » ce qui entraîne « *the irrelevance of space*[28] » : « *space counts little, or does not count at all*[29] ». La temporalité prend le dessus dans sa relation avec l'espace, mais il s'agit d'une temporalité très par-

---

[27] *Ibid.*, p. 125.

[28] *Ibid.*, p. 117.

[29] *Ibid.*, p. 117. Voir cependant l'article de Sarah Phillips Casteel dans ce volume.

ticulière, en quelque sorte unidimensionnelle : celle de l'instantanéité. Dans la modernité liquide tous les points d'un territoire sont connectés instantanément, en temps réel.

Ce nouvel état de choses est devenu possible grâce à de nouvelles connaissances et technologies qui ont donné lieu à l'invention de nouvelles modalités de déplacement. La technologie de la modernité liquide est essentiellement basée sur l'électricité. Si nous admettons que le conflit représenté dans BBB est celui entre les deux types de modernité, il devient bien compréhensible que Lorde Cigano et son associée Salomé vérifient, à l'entrée de chaque ville, *primo*, s'il y a déjà des fils électriques et, *secundo*, s'il y a des antennes de télévision.

Les antennes sont en effet les signes indiciels de la présence de leur adversaire et concurrent, la télévision, qui — avec Internet — est aujourd'hui le média de la modernité liquide par excellence, instrument et porteur de la culture de masse qui risque de causer la faillite de leur troupe. C'est que la télévision n'a pas besoin de routes ni de véhicules lourds pour fonctionner. Elle est rapide comme la lumière et voyage par les airs. Bien sûr, il faut distinguer l'implantation de ses infrastructures (studios[30], antennes, relais, satellites, etc.), qui relèvent encore de la modernité solide, et son fonctionnement, comme il faut distinguer le *hard ware* et le *soft ware* en parlant de la technologie électronique et numérique. Mais la télévision, vue par les yeux du chauffeur de camion qu'est aussi Lorde Cigano, fonctionne comme par magie : dématérialisée à l'extrême, comparée par exemple à une lettre qui est transportée, elle se diffuse instantanément à tous les récepteurs sur un territoire donné. Quand le camion arrive, elle est déjà là : un concurrent déloyal, car il s'appuie, pour pénétrer l'espace culturel, sur des moyens d'une efficacité que ne pourra jamais atteindre le camion qui prend cinq jours pour se rendre à Altamira. La mobilité basée sur la « médiamotion » s'avère culturellement infiniment plus puissante que la mobilité basée sur la « locomotion ». Voilà ce qui explique le comportement ambivalent de la troupe de la Caravana Rolidei. Utilisant des supports et des moyens de la première modernité pour diffuser leur production d'illusion de type pré-moderne, leur sens des affaires leur fait préférer les zones frontalières où la route leur donne déjà accès, mais où la seconde modernité n'est pas encore arrivée, car celle-là leur coupe l'herbe sous les pieds.

---

[30] J'ai visité, il y a quelques années, le site de production de séries télévisuelles (*telenovela*) de la chaîne Rede Globo, à Jacarépaguá, au Sud de Rio de Janeiro : un lieu important de l'industrie culturelle brésilienne où quelque 2500 personnes étaient employées à produire de l'illusion. Et cette illusion est quotidiennement diffusée sur tout le territoire brésilien et exporté comme « telenovela pau Brasil » !

La lutte que Lorde Cigano mène contre le média de la modernité liquide, et avec cela contre la culture de masse diffusée par ce média, le place donc avec sa troupe dans une situation impossible. Quand il attaque son adversaire de front, comme cela se produit dans une scène du film, il fait figure de Quijote qui lutte contre des moulins à vent. La scène est pourtant belle, mais se trouve d'avance en position perdue, dans une « *no-win-situation* » : face à la foule immobilisée et en quelque sorte zombifiée par l'effet du petit écran, sa rhétorique hyperbolique ne prend plus, son accoutrement et son maquillage de magicien perd son attrait. Même le court-circuit qu'il provoque et qui lui permet de faire exploser le poste de télévision s'avère n'être qu'une victoire d'arrière-garde. Le média télévision et la culture de masse qu'il diffuse ne sont pas mis hors combat par la destruction d'un téléviseur qui n'est qu'une pièce de *hard-ware* du grand réseau national qui continue, évidemment, de fonctionner.

Dès lors, nous assisterons dans les prochaines scènes au déclin de la troupe et à la séparation de leurs membres : Lorde Cigano et Salomé vont d'un côté (à Belém il crée une nouvelle PME, en vivant de la prostitution de son associée), Ciço, Dasdô et leur fille, baptisée Altamira selon la ville incarnant l'utopie lors de sa naissance, vont de l'autre : ils s'installeront à Brasília comme musiciens populaires et créeront une PME familial qui les fera vivre. Le premier couple survit dans le mélange instable de business-et-moralité *frontier* de la zone de contact entre modernité et prémodernité. Le second couple retourne à la culture populaire sédentaire du *forrô*, s'installant dans une de ces niches non-contemporaines dont la modernité, contrairement à ses « grandes gueulades », s'accommode assez bien.

Sous ses allures de comédie quelque peu mélancolique, agrémentée par moments d'une ironie mordante, ce film nous convie donc aux multiples carrefours qui structurent la modernisation forcée au Brésil des années 1970 : progrès/destruction, conquête/perte, euphorie/dysphorie, espoir/mélancolie. Au-delà de sa qualité de portrait historique, il nous convie tout particulièrement à une réflexion sur les chassés-croisés complexes entre culture populaire et culture de masse qui ont lieu sous les avancées de la modernité. Dans cette première partie de mon analyse, j'ai tenté d'articuler la complexité de ce processus de modernisation quant aux reconfigurations du *mediascape* qui sous-tend les pratiques artistiques et culturelles. Reste à analyser la solution typiquement brésilienne que saura apporter à ses problèmes la troupe d'artistes nomades en faisant peau neuve comme Caravana Holiday qui reprend la route : *para Vigo me voy* !

Bibliographie

BAUMAN, Zygmunt, *Liquid Modernity*, Cambridge, Polity Press, 2000.

BLOCH, Ernst, *Héritage de ce temps*, Paris, Payot, 1978.

CANCLINI, Néstor García, *Culturas híbridas. Estrategias para entrar y salir de la modernidad*, Mexico, Grijalbo, 1990.

DIEGES, Carlos, Entrevue avec Site Cinema, [En ligne], [http://www.sitecinema.com.br.conteudo/entrev_20.htm].

FERRON, Jacques, « La vache morte du canyon », *Contes du pays incertain*, Montréal, Éditions HMH, 1968.

GREENAWAY, Peter, *The Pillow Book*, Grande Bretagne, Pays Bas, France, 1996.

MCLUHAN, *Understanding Media. The extensions of Man*, New York, McGraw-Hill, 1964.

ONG, Walter, *Orality and Literacy. The Technologizing of the Word*, London, Routledge, 1982.

RANSMAYR, Christophe, *Die letzte Welt*, Frankfurt, Fisher, 1991.

Pauvreté et exclusion sociale. Visibilité et reconnaissance dans les discours de la presse en Argentine et au Canada

Adriana Rizzo[1]
Université Nationale de Río Cuarto, Argentine

Exclusion sociale : visibilité médiatique et mise en discours

Selon Castel[2] l'exclusion sociale implique une situation de « précarité » en termes des inégalités provoquées par l'affaiblissement des protections fournies par l'État dans les sociétés actuelles. La pauvreté et l'exclusion sociale se définissent comme une situation de manque qui s'exprime dans l'impossibilité de certains individus d'accéder aux bénéfices institutionnels sociaux qu'une société procure — ou qu'elle devrait procurer —, ce qui détermine une restriction à l'universalité des droits sociaux et une fracture dans l'obligation de l'État de garantir l'égalité[3]. Malgré la précarité des droits sociaux de base impliquée par l'exclusion sociale, on doit admettre que bien souvent, les pauvres sont reconnus dans leur situation d'exclusion grâce à la visibilité que les mass médias accordent à ces secteurs et à leurs problématiques[4].

Taylor entend que la reconnaissance est véhiculée par la politique de la différence basée sur le principe selon lequel chaque personne doit être reconnue dans son identité individuelle comme garantie d'égalité universelle. La reconnaissance de cette identité implique l'exposition au

---

[1] Adriana Rizzo est professeure-chercheuse au département des Sciences de la communication à l'Université Nationale de Río Cuarto (Argentine). Courriel : [arizzo@hum.unrc.edu.ar].

[2] R. Castel, « Empleo, exclusión y las nuevas cuestiones sociales », *Desigualdad y Globalización. Cinco conferencias*, Facultad de Ciencias Sociales, UBA, Manantial, Buenos Aires, 2001.

[3] G. Pérez, « Estrategias de lo visible », *Revista de Ciencias Sociales*, Facultad de Ciencias Sociales, UBA, nº 47, Août 2001.

[4] Adriana Rizzo, « Exclusión social y reconocimiento mediático », *VII Jornadas Nacionales de Investigadores en Comunicación*, Red Nacional de investigadores en comunicación, Facultad de Derecho y Ciencias Sociales, Universidad Nacional del Comahue, Gral. Roca, Río Negro, 13-15 de novembre de 2003, Publicación de Ponencia en CD Rom, 2003.

regard public dans le cadre de l'égalité et du respect[5], ce qui est d'une importance capitale puisque la projection d'une image humiliante peut déformer, opprimer, et même faire en sorte que ceux qui sont ainsi représentés intériorisent cette image négative[6].

Les exclusions sociales se construisent de manière médiatique comme un secteur actif de la politique nationale et/ou comme le secteur vulnérable de la citoyenneté[7] ; pourtant, la valeur de la reconnaissance favorisée par la visibilité médiatique est remise en question lorsque l'on considère le processus de sa mise en discours.

Dans les sociétés actuelles, la réalité est le résultat de multiples interprétations et reconstructions distribuées par les mass médias[8] qui, à travers leurs discours, ébauchent les perspectives des problématiques qu'ils diffusent. En effet, la question de la reconnaissance devient complexe lorsqu'on observe de quelle manière les médias racontent la problématique des exclus sociaux. Souvent, c'est à travers une banalisation qui réduit la densité des faits ou, encore, par le biais de stéréotypes réducteurs dans le cadre d'un récit spectaculaire que l'exclusion des pauvres est représentée. Ceci a comme effet de diminuer une problématique collective et d'accroître une tragédie individuelle[9].

Dans les discours médiatiques, la problématique des exclus sociaux se construit à partir de l'établissement d'associations et de valorisations, de similitudes et de différences entre des individus et des situations. Ces associations répondent à un système de classifications qui offrent une image de la vérité toujours partielle et contingente. Les discours établissent des identités qui distinguent les groupes d'individus les uns des autres selon différentes caractéristiques[10].

De cette façon, même s'il est vrai que la visibilité médiatique des exclus favorise leur reconnaissance, il n'en demeure pas moins que cette

---

[5] La reconnaissance au niveau de la sphère intime a une incidence sur la formation de l'identité du « je » en dialogue. C'est dans la sphère publique qu'elle trouve sa relation avec la politique de la reconnaissance égalitaire. Charles Taylor, *El Multiculturalismo y la Política del reconocimiento*, Fondo de Cultura Económica, Mexico, 1993.

[6] *Ibid.*

[7] J. Martín Barbero, « Reconfiguraciones comunicativas de lo público », *Revista Análisi*, n° 26, ITESO, Dep. de Estudios Socioculturales, Guadalajara, Mexico, 2001.

[8] G. Vattimo, *La sociedad transparente*, Paidós, Barcelone, 1990.

[9] J. Moyano, « La sociedad civil y los medios en la crisis, Desconcierto mediático frente a nuevos emergentes sociales », *Le monde diplomatique-El Dipló*, Avril 2002.

[10] Michel Foucault, *Las palabras y las cosas*, Siglo XXI, Mexico, 1996 ; Michel Foucault, *Vigilar y castigar*, Siglo XXI, Buenos Aires, 1989.

dernière s'avère tributaire de sa mise en discours. Dans ce contexte, ce travail considère la problématique de la visibilité de la pauvreté et celle de l'exclusion sociale dans la presse argentine et canadienne[11] à partir de la façon dont elles sont configurées dans leurs discours.

Pauvreté et chômage

Selon Castel[12], les sociétés modernes ont incorporé un nouveau type d'inégalité qui s'avère ainsi la conséquence du chômage et d'une paupérisation grandissante. La situation de l'augmentation de la pauvreté liée au chômage apparaît distinctement dans les discours analysés, quoique ce que l'on comprend par « pauvreté » et « inégalité » suppose des spectres et des situations très différentes, suivant le discours de la presse argentine ou suivant celui de la presse canadienne.

Si l'exclusion sociale peut être conçue comme une situation de vulnérabilité de certains droits de citoyenneté[13] (droits dont les habitants inclus et soutenus par le système d'institutions sociales bénéficient), leur précarité implique un enchaînement des relations de privation des biens matériels, symboliques, spirituels et de transcendance[14]. Il est à noter que ces privations diffèrent d'un pays à l'autre. Autrement dit, l'inégalité est un paramètre relationnel qui se définit en fonction de son contexte contingent et qui acquiert une visibilité particulière, suivant sa construction discursive. La mise en discours médiatique de la pauvreté et de l'exclusion sociale détermine l'emplacement de cette problématique dans des domaines sémantiques différents.

Dans les discours argentins, la pauvreté s'associe principalement au chômage et à certains besoins essentiels. Dans les discours canadiens, par contre, la pauvreté acquiert une signification distincte parce que, lorsqu'elle est liée au chômage, elle n'est pas nécessairement associée aux besoins de base mais plutôt à la précarité de certains droits, provoquée par des situations d'inégalité comme par exemple, l'insuffisance de l'assurance emploi. Pourtant, on constate que les discours argentins aussi bien que canadiens parlent de crise économique et de pauvreté.

---

[11] Le corpus de ce travail est constitué d'une sélection de nouvelles tirées des journaux argentins *Clarín* et *Página 12* de 2003 et de 2004 et des journaux canadiens *La Presse, Le Devoir, Le Soleil, Le Droit, Voir, L'Acadie Nouvelle* et, *Cyberpresse* de 2003 et de 2004.

[12] R. Castel, *op. cit.*

[13] Adriana Rizzo, « Exclusion sociale et de l'immigrant en Argentine à l'époque de la mondialisation », *L'Interculturel au coeur des Amériques*, Collection des Amériques, Presses de l'Université d'Ottawa/Presses de l'Université du Manitoba, Legas, 2003, p. 143-166.

[14] I. Vasilachis de Gialdino, *Pobres, pobreza, identidad y representaciones sociales*, Gedisa, Barcelone, 2003.

Par contre, la presse canadienne rend compte d'une situation de crise émergente, tandis que celle de l'Argentine évoque une crise qui s'approfondit depuis déjà plusieurs années.

Ces différences sont évidentes puisque dans la presse argentine, il s'établit des corrélations très nettes entre la pauvreté, le chômage et la faim[15]. Cette dernière est reliée à des sujets comme : a) Les causes de l'insuffisance de l'argent (les bas salaires, le chômage, le manque d'épargne ou les foyers inactifs [retraités, femmes au foyer ou chômeurs qui ne cherchent plus d'emploi]) ; b) Le niveau de scolarité (les discours rapportent qu'il y a plus de faim dans les foyers dont les chefs de famille n'ont complété que l'école primaire) ; c) Le sexe, puisqu'il semble manifeste qu'il y a plus de faim dans les foyers dont le chef de famille est une femme. Dans la presse canadienne, par contre, lorsqu'on parle de pauvreté ou d'exclusion sociale, on met l'accent sur l'insuffisance de logements sociaux, sur la difficulté à prendre sa retraite ou sur l'exiguïté du capital accumulé dans l'assurance emploi.

Pauvreté et carence de logements

Quoique l'exclusion sociale définisse, entre autres, l'impossibilité de certains individus d'accéder à un logement digne, ce manque implique aussi des propos différents, d'après les discours argentins et canadiens. Dans le cas de l'Argentine, la pauvreté reliée à la pénurie de logements occupe une place manifestement moindre, en comparaison avec l'espace occupé par d'autres sujets comme la pauvreté liée à la faim ou la pauvreté associée au chômage. Pourtant, les exclusions sociales sont construites fréquemment à partir des allusions aux lieux où ils habitent : maisonnettes en bois, quartiers marginaux, bidonvilles ou la rue. Dans les discours canadiens, la pauvreté est reliée au problème du logement, mais en fonction d'autres critères : a) L'insuffisance des logements sociaux (ceux dont le prix du loyer ne dépasse pas 25% du salaire) ; b) La responsabilité du gouvernement (surtout fédéral) dans ces problèmes ; c) L'esthétique de ces logements comme un facteur de différentiation des classes, puisqu'on considère négatif que leurs habitants puissent être étiquetés comme des « pauvres », en raison de la différence établie entre ces constructions et celles des autres quartiers mieux nantis.

La presse argentine se différencie de la presse canadienne dans la signification qu'elle accorde à la pauvreté à partir de la pénurie de logement. En effet, dans les discours argentins, le manque de logements est associé aux « sans-abri » ou à ceux qui habitent des logements très précaires à cause du chômage ou des emplois rémunérant très peu. Par

---

[15]La faim est décrite comme : « une sensation désagréable ou douloureuse causée par le manque de nourriture ». Définition du bureau argentin de la Banque mondiale (*Clarín*, 5/7/03, « 17,5% des foyers argentins souffrent de la faim. »)

ailleurs, au Canada, on fait plutôt allusion à l'exiguïté des logements sociaux, phénomène qui obéit à l'émigration vers les grands centres urbains. D'ailleurs, on considère que le fait de pouvoir accéder à ces logements est un droit qui revient à tous les citoyens à faibles revenus[16].

Que signifie « être pauvre » ?

Dans les deux corpus étudiés, « être pauvre » ou « être exclu socialement » répond à des enchaînements topiques différents. Dans la presse argentine, la pauvreté s'associe à : « chômage-survie-misère-malnutrition-mortalité-souffrance-indignité ». Dans la presse canadienne, par contre, la pauvreté est associée à la précarité des besoins de base tels que de posséder un logement à prix abordable, situation qui est à mettre en rapport avec l'assurance emploi, le taux d'imposition, le plan de retraite fédéral et les services sociaux.

Dans les discours argentins, ces enchaînements surgissent de l'association entre pauvreté, inégalité et oppression, ce qui implique que les « pauvres » sont les individus qui se trouvent dépossédés des biens matériels à cause du niveau de chômage élevé ou des emplois peu rémunérés. On fait allusion aux pauvres comme à des « survivants » puisqu'ils « survivent grâce aux travaux comme le *cartoneo*[17] » ou d'autres emplois qualifiés comme « presque sans dignité », « tristes » ou de « cheval de labour ». Les discours construisent une identité particulière du pauvre. Ainsi, l'individu est généralisé, « du nom propre à l'adjectif » dira Foucault[18]. De cette façon, dans la presse argentine, le pauvre est identifié en fonction d'une suite d'appréciations autour de son apparence physique (« souliers abîmés et déchirés »), ainsi que de son état d'âme (« des pieds fatigués », « ils traînent sur le trottoir », « ils inventent un sourire »)[19]. Dans la presse argentine, l'association

---

[16]Il faut souligner, pour établir une comparaison, que ces discours permettent de déduire que les logements sociaux au Canada disposent d'un espace pour le stationnement, ce qui suppose la possession d'une voiture. Ceci est particulièrement significatif lorsqu'on compare ceci aux discours argentins qui affirment que les logements sociaux, construits pour éradiquer les bidonvilles, incluent (au lieu du stationnement) un espace pour les chevaux utilisés par les charrettes des indigents, les « cirujas » — qui travaillent avec les déchets —, les « cartoneros » — qui recyclent du papier — ou les marchands de sable, travaux exécutés par une vaste proportion des exclus sociaux dans ce pays.

[17]« Cartoneo » c'est le travail de récupération des papiers et des cartons exercé par des personnes qui fouillent dans les poubelles pour ramasser ce type de matériel et le vendre par la suite (note de la traductrice).

[18]Michel Foucault, *Las palabras y las cosas*, op. cit., p. 103.

[19]*Clarín*, Buenos Aires, 21 juillet 2003, p. 4.

pauvreté-chômage implique le découragement et la douleur à cause de plusieurs lacunes comme : le déficit dans le domaine de la santé (spécialement en ce qui a trait aux maladies infectieuses et à la mortalité) ; la faim, la dénutrition et la malnutrition ; la fragmentation des liens de famille et la fragilité psychologique; l'insuffisance d'une éducation et la difficulté dans la compréhension des textes chez les enfants mal nourris ou qui vivent dans des milieux familiaux angoissants à cause des besoins inassouvis; l'absence d'hygiène, d'accès au transport, aux services culturels et à une aide juridique.

D'autre part, les enchaînements des topoï dérivés de la presse canadienne rendent compte qu'« être pauvre » implique une précarité de certains droits comme le fait d'avoir un logement à prix abordable, d'avoir accès à la retraite en ayant un capital accumulé suffisant ou de bénéficier de la collaboration de l'État dans tout ce qui concerne le bien-être des citoyens comme : des services sociaux disponibles à tous (garderies, assurance emploi, etc.), des impôts plus bas ou encore le gel des frais de services publiques divers.

Facteurs en commun :
les plus démunis et l'appauvrissement des secteurs moyens

La recrudescence des processus de paupérisation, les nouveaux déséquilibres et la précarité des droits sociaux, facteurs propres aux sociétés modernes[20], surgissent dans la presse des deux pays, malgré les différences relatives au degré de paupérisation ou de ce que suppose le fait d'être « pauvre » dans l'un ou l'autre corpus étudié. Pourtant, les différences se font moins remarquables lorsque les discours font allusion aux plus démunis : les enfants, les personnes à la retraite ou sur le point de prendre leur retraite, les personnes âgées, les sans-abri et ceux dont le seul soutien de la famille est une femme. D'autre part, on observe aussi des similitudes par rapport aux questions considérées inquiétantes, comme par exemple l'appauvrissement des secteurs moyens. Dans la presse argentine, la pauvreté liée au chômage s'associe fréquemment à la classe moyenne ou à ceux qu'on appelle les « nouveaux pauvres ». En général, il s'agit d'articles qui font allusion à la santé : absence d'assurance maladie, des services médicaux appropriés ou la déficience dans le service des hôpitaux publics. Dans le cas du Canada, les discours affirment que l'appauvrissement de la classe moyenne obéit, en grande partie, au fardeau fiscal – excessif –, qui nuit à l'économie de ces secteurs et qui contribue à élargir la brèche entre les riches et les pauvres.

---

[20] R. Castel, *op. cit.*

Classifications qui construisent

Les classifications définissent la manière d'être des objets et les conditions sous lesquelles ils sont reconnus dans leur identité différente[21]. Ainsi, dans la presse argentine, la pauvreté se construit comme une situation dramatique qui suppose des carences multiples. Dans la presse canadienne, par contre, la pauvreté se configure comme la précarité ou l'absence des droits que les gouvernements devraient garantir.

Les classifications construisent des voisinages qui établissent des similitudes et des différences en vertu des généralisations qui distinguent les individus selon leurs caractères. Dans ce sens, la presse argentine inclut dans la catégorie des pauvres des individus qui sont distingués comme tels en fonction de certains traits qui les identifient entre eux : a) le manque de logement qui permet de distinguer les simples sans-abri des sans-abri chroniques ; b) le manque d'alimentation, ce qui autorise des distributions comme : b.1) la faim, la faim sévère, la dénutrition ; b.2) des personnes qui ne mangent pas, qui mangent des aliments d'une qualité nutritionnelle inférieure, qui ont une ingestion irrégulière ou insuffisante (ces derniers ne souffrent pas de la sensation de la faim mais ils sont atteints de dénutrition) ; b.3) les différentes associations possibles entre les catégories de dénutrition (1,2, etc.).

Dans la presse canadienne, on stipule que les classifications sont moins spécifiques et la pauvreté ne se distribue pas par des catégories numériques lesquelles s'avèrent trop vastes ou trop particulières. Cependant, on distingue la pauvreté enfantine de la pauvreté en général ; les travailleurs des chômeurs et, à l'intérieur de cette catégorie, ceux qui ont l'assurance emploi et ceux qui ne l'ont pas. Les discours aussi établissent des distinctions entre logements sociaux et constructions luxueuses et superficielles ; ou entre pays pauvres (Afrique, Asie, Amérique latine) et pays riches (par exemple, le Canada).

Foucault[22] affirme que les classifications imposent des rapprochements ; elles homogénéisent et distinguent en produisant des hiérarchies qui tracent des limites entre le légitime et l'illégitime. Les discours argentins regroupent et distinguent en fonction de deux types de constructions discursives : la statistique et la généralisation ancrées dans le savoir légitime et le cas particulier (exemple paradigmatique de la catégorie construite). Dans le cas de la presse canadienne, on avertit que le bien-être proscrit par la pauvreté est construit comme un droit que les gouvernements devraient garantir. Les discours établissent des distinctions et des valorisations entre le gouvernement fédéral et celui du Québec ou entre celui du Québec et celui de l'Ontario ou entre le gouvernement fédéral et certaines municipalités.

---

[21] Michel Foucault, *Las palabras y las cosas, op. cit.*
[22] Michel Foucault, *Las palabras y las cosas, op. cit.*

Les classifications construisent un ordre de vérité constituant un mécanisme de pouvoir exercé à travers des institutions et des savoirs légitimés socialement et distribué par les individus[23]. En ce sens, dans les discours argentins, les particularités se généralisent et s'homogénéisent à partir des indices statistiques et des études réalisées par des institutions légitimes (INDEC, la EPH, la Banque Mondiale, l'UNICEF, etc.[24]), ce qui se traduit en chiffres et en pourcentages correspond à différentes associations. Ainsi, par exemple, la pauvreté se distribue selon des degrés qui s'établissent en fonction du manque de nourriture. C'est en fonction de la « Canasta básica » (panier de base) que l'on mesure le degré de famine. Les différentes classifications des pauvres sont réalisés par rapport aux revenus nécessaires à une famille type. On distingue deux types de pauvres, soit les « indigents » (ceux qui sont sous la ligne de pauvreté) et les « appauvris » (dont les revenus sont restreints). Également, la presse canadienne fonde ses perspectives sur des voix légitimes qui rendent compte des indices, des pourcentages et des chiffres[25]. Les pauvres sont caractérisés à partir de leur différence par rapport aux « non pauvres » ou aux « riches », ce qui est particulièrement significatif. Les « non pauvres » ou les « riches » sont inclus dans cette catégorie selon des caractéristiques telles que : jouir du confort et de la technologie dans le foyer, posséder une voiture, une maison, un chalet, du travail, des vêtements à la mode, des meubles, etc. D'un autre côté, les « pauvres » sont ceux qui n'ont pas accès à ces bénéfices, qui luttent pour ne pas dormir dans la rue, qui sont insultés et humiliés. Lorsque les discours canadiens établissent des associations entre la pauvreté et la retraite, celle-ci s'exprime par le biais d'une opposition entre la vie active et la retraite, où être retraité se relie à pauvreté. De là, l'impossibilité de beaucoup de Canadiens d'arrêter de travailler. Ainsi, ils courent le risque de ne pas pouvoir accéder à une retraite digne à cause de l'insuffisance du capital accumulé. Cette situation détermine que les discours établissent une distinction entre les Canadiens récemment arrivés (qui ne peuvent accéder à la retraite parce qu'ils n'ont pas accumulé de capital suffisant) et les Canadiens de souche qui se trouvent dans une meilleure situation.

Configuration de la pauvreté selon les espaces symboliques associés

Dans la presse argentine, la pauvreté est associée à des espaces symboliques qui acquièrent des valorisations dysphoriques. Dans une perspec-

---

[23]*Ibid.*

[24]INDEC : Instituto Nacional de Estadísticas y Censos ; EPH : Encuesta Permanente de Hogares.

[25]Statistique Canada ; Office d'habitation municipal de Montréal, etc.

tive qui assimile la pauvreté à l'exclusion sociale, être « pauvre » suppose d'occuper un espace extérieur, « être à l'extérieur de la société », par opposition aux individus qui sont « à l'intérieur ». Être « pauvre » implique aussi être dans un espace inférieur, « en bas », par opposition à ceux qui sont « en haut », ce qui suppose un profil de la pauvreté créé à partir de la position occupée dans la structure des classes sociales. Dans les discours de la presse canadienne, ces associations sont rares. Par contre, on observe que la pauvreté se relie à l'exclusion sociale, à des causes psychosociales. On observe aussi que la distinction entre riches et pauvres se construit à partir d'altérités particulièrement spatiales. Les discours rapportent que les riches ou les non-pauvres sont ceux qui jouissent des espaces propres et/ou privés, puisque tous les espaces appartiennent à « quelqu'un », tandis que les pauvres sont condamnés à ne pas pouvoir utiliser d'espaces, puisqu'ils ne possèdent pas d'espaces propres ; les lieux publics sont rares.

Pourtant, les deux discours se rejoignent quant à l'association entre pauvreté et marginalité. Dans la presse argentine, l'association entre pauvreté et marginalité ou périphérie (par opposition à ceux qui sont au « centre ») fournit la possibilité d'établir des voisinages entre la pauvreté et d'autres états « marginaux » comme l'alcoolisme, la folie, la toxicomanie ou la prostitution, tout en contribuant à la stigmatisation négative des individus. Dans la presse canadienne, l'association pauvreté-marginalité surgit dans les discours qui parlent des pauvres comme des personnes de mauvaise réputation ou lorsqu'on établit des liens entre la pauvreté et d'autres minorités en relation à la participation politique, comme par exemple les Noirs immigrants ou les droits des Autochtones.

Enfin, cette analyse nous a permis d'élucider la manière dont les associations établies dans les discours habillent la configuration des différences qui annulent ou obscurcissent ce que les pauvres pourraient partager avec le reste de la société s'ils étaient considérés à partir d'autres perspectives. Autrement dit, les discours soulignent ce qui distingue les exclus sociaux du reste de la société (en vertu de leurs caractéristiques négatives) et aplanit les similitudes.

Pourtant, il y a des différences importantes dans la manière dont l'exclusion sociale est construite dans la presse des deux pays. En Argentine, d'une manière discursive dramatique, l'ancrage dans les chiffres concourt à configurer des manques, ce qui stimule la polarité entre « eux, les pauvres » et « nous, le reste de la société ». Dans les discours canadiens, par contre, la pauvreté se construit fondamentalement comme une situation de précarité des droits sociaux à travers les indices et les pourcentages qui fonctionnent comme témoignage du droit transgressé et que l'État devrait garantir.

Du besoin primaire qu'est l'alimentation, dans le cas de l'Argentine, aux droits des citoyens vexés et l'obligation des gouvernements de diminuer les inégalités, dans le cas du Canada, la presse des deux pays construit une conception de l'exclusion sociale et du « être pauvre » significativement différente.

Traduit par María Fernanda Arentsen

Bibliographie

CASTEL, R. « Empleo, exclusión y las nuevas cuestiones sociales », *Desigualdad y Globalización. Cinco conferencias*, Facultad de Ciencias Sociales, UBA, Manantial, Buenos Aires, 2001.

Clarín, Buenos Aires, 21 juillet 2003.

FOUCAULT, Michel, *Las palabras y las cosas*, Siglo XXI, Mexico, 1996.

FOUCAULT, Michel, *Vigilar y castigar*, Siglo XXI, Buenos Aires, 1989.

MARTÍN BARBERO, J., « Reconfiguraciones comunicativas de lo público », *Revista Análisi*, n° 26, ITESO, Dep. de Estudios Socioculturales, Guadalajara, Mexico, 2001.

MOYANO, J., « La sociedad civil y los medios en la crisis, Desconcierto mediático frente a nuevos emergentes sociales », *Le monde diplomatique-El Dipló*, Avril 2002.

PÉREZ, G., « Estrategias de lo visible », *Revista de Ciencias Sociales*, Facultad de Ciencias Sociales, UBA, n° 47, Août 2001.

RIZZO, Adriana, « Exclusion sociale et de l'immigrant en Argentine à l'époque de la mondialisation », *L'Interculturel au coeur des Amériques*, Collection des Amériques, Presses de l'Université d'Ottawa/Presses de l'Université du Manitoba, Legas, 2003, p. 143-166.

RIZZO, Adriana, « Exclusión social y reconocimiento mediático », *VII Jornadas Nacionales de Investigadores en Comunicación*, Red Nacional de investigadores en comunicación, Facultad de Derecho y Ciencias Sociales, Universidad Nacional del Comahue, Gral. Roca, Río Negro, 13-15 de novembre de 2003, Publicación de Ponencia en CD Rom, 2003.

TAYLOR, C. *El Multiculturalismo y la Política del reconocimiento*, Fondo de Cultura Económica, Mexico, 1993.

VASILACHIS DE GIALDINO, I., *Pobres, pobreza, identidad y representaciones sociales*, Gedisa, Barcelone, 2003.

VATTIMO, G., *La sociedad transparente*, Paidós, Barcelona, 1990.

Représentation de l'altérité et stéréotypes/ Otherness' Representation and Stereotypes

L'anonyme des Amériques

Daniel Castillo Durante
Université d'Ottawa et Cité des cultures de la paix

Éloge de l'anonyme

Dans un monde de plus en plus en proie à la violence, il devient urgent de comprendre quel rôle joue l'altérité. La violence est l'action orientée vers la destruction d'autrui, de sa culture, de son environnement, de ses valeurs, de la foi et du désir qui le font persister dans son être. En ce sens, on peut dire qu'autrui est une obstination qui se répète. L'altérité permet de penser l'interaction avec l'autre mais aussi avec l'étranger que nous portons en nous. Ce décalage au sein du sujet (étranger à lui-même) explique l'opacité et la méconnaissance qui l'entourent. Il n'en demeure pas moins que c'est l'interaction avec cette « méconnaissance » qui donne accès aux différents masques derrière lesquels se cache le sujet. La représentation en trompe-l'œil de l'altérité y trouve une première explication. C'est, en effet, à partir de perspectives déformées (dépravées dans le sens visuel) que l'image de l'autre vient à nous. Et c'est aussi un mécanisme d'anamorphose (ou de déformation) qui explique, du moins en partie, l'incertitude qui caractérise notre rapport avec notre « image de soi ». Witold Gombrowicz affirmait qu'être un homme impliquait ne jamais être soi-même[1]. Il y aurait donc incompatibilité entre l'accès à une quelconque maturité virile et notre altérité la plus secrète. Que veut dire du reste être un homme à l'heure où les valeurs qui prêtaient un cadre au concept s'effondrent ici et là ? Il se pourrait alors que l'écrivain polonais longtemps exilé à Buenos Aires voulait justement suggérer qu'il ne fallait surtout pas être un homme. Si aujourd'hui la notion même d'homme apparaît minée à la base, ou tout au moins sous le signe du soupçon, quel sens lui attribuer à la penser depuis l'altérité ? L'homme en tant que l'autre de l'homme ? Pas d'opposition cette fois à la femme mais à ce qui le maintient scellé. Gombrowicz — et avec lui une bonne partie de la littérature et de l'art en général — semblent d'ailleurs privilégier l'enfant lorsqu'il s'agit de faire confiance au regard de l'homme. Cette méfiance instinctive de l'art à l'égard du sujet devenu soi-disant adulte éclaire un peu notre lanterne pour ce qui est de la relation entre l'altérité et la création. Si nous accep-

---

[1] Witold Gombrowicz, *La pornographie*, Paris, Julliard, 1962. Voilà qui recontextualise la visée essentialiste issue du célèbre « connais-toi toi-même » lancé entre autres par Socrate.

tons que la création (littéraire, visuelle, théâtrale, musicale, cinématographique, etc.) vise tout d'abord l'expression d'un savoir intime et viscéral — le plus foudroyant qui soit — entre le sujet et son désir, il nous est dès lors possible de mesurer la distance qui sépare l'homme de lui-même. La progressive pétrification de l'homme, son auto-enterrement, si l'on peut dire, sous d'innombrables couches de préjugés, de phobies rationalisées en fonction de toute une batterie de clichés prêts à l'emploi, expliquent globalement la fracture le coupant d'autrui et de l'anonyme qui se cache en lui.

L'anonyme peut tout d'abord nous interpeller dans la mesure où il se dérobe à la dialectique de reconnaissance qui alourdit considérablement les rapports d'altérité. Dans son interaction avec le même, l'autre cherche immanquablement à faire reconnaître son désir. Cette quête de reconnaissance dévoile du même coup les signes les plus précaires d'une identité toujours en émergence. C'est d'ailleurs à ce moment-là que l'anonyme s'estompe et qu'un masque le remplace. Il s'agit d'un paradoxe qui brouille le lien entre le sujet et son désir. L'anonyme peut être considéré comme la part cachée de l'altérité. Le mot vient du latin *anonimus*. Il s'agit d'un emprunt au grec *nomos* qui veut dire nom et loi tout à la fois. Le « a » privatif pourrait donc renvoyer autant à l'absence de patronyme qu'à un statut de hors-jeu. L'anonyme échapperait ainsi au dédale des filiations tout en se mettant à l'abri de la loi. Dans ce contexte, l'altérité gagnerait à être thématisée comme une cartographie possible de stratégies permettant de se soustraire aux représentations du même. Cette possibilité offerte à l'anonyme de ne pas jouer le jeu *comme tout le monde* expliquerait-elle d'une certaine manière la violence qui cherche à effacer chez l'autre ce que l'on ne peut pas saisir ?[2] Dans cette perspective, l'anonyme serait cet aspect de l'altérité capable de déjouer les pièges d'une dialectique de reconnaissance qui exige une conformité tacite avec les intérêts du système de représentation en place.

Les interpellations de l'anonyme

D'un point de vue historique, l'anonyme est à l'origine d'une œuvre artistique dont la force et la beauté nous interpellent toujours. Réfléchir sur l'anonyme, c'est aussi réactiver un passé architectural qui peut nous éclairer sur le sens d'une altérité que les casiers judiciaires de l'Histoire n'ont pas réussi à mettre en fiche. Comment expliquer que la cathédrale, le signe probablement le plus fort de la chrétienté, soit l'œuvre d'un travail anonyme? Les millions de visiteurs qui, chaque année, s'en-

---

[2] Dans ce contexte, on semble loin de la base de la pensée de René Girard où la mimésis d'appropriation et la violence se fondent sur le fait que tous jouent le jeu de l'imitation pour contrôler le même objet. Voir, dans ce volume, le texte de Patrick Imbert, « Désir d'antériorité et exclusion ».

gouffrent en rangs serrés par le portail Sainte Anne de Notre-Dame de Paris n'ont pas de nom à mettre dans leurs calepins pour identifier les auteurs de cette symphonie de pierres, de gargouilles et de rosaces. Incrédules, ils éprouvent le vertige devant un monument qui s'est construit à l'abri d'une quelconque signature. La poignée de noms (Jean et Pierre de Chelles, Pierre de Montreuil, Jean Ravy) dont on atteste une petite participation ici et là sont noyés sous le poids d'une architecture qui paraît confier au style gothique lui-même le secret de sa création. Inutile de multiplier les exemples. La pierre, cathédrale et statuaire, tait les mains qui l'ont façonnée pour mieux exprimer ses liens avec le divin. Tout se passe comme si l'altérité de ce Moyen-Âge haut en pierres avait décidé de confier au tombeau la sonorité du nom de ses sculpteurs. Le marché actuel, vorace, insatiable et frivole, exige des signatures alors que celui des cathédrales rappelle que l'anonyme peut occuper l'horizon avec une bien meilleure silhouette. À cet égard, la hardiesse insurmontable de la cathédrale Notre-Dame de Chartres illustre à merveille le rôle joué par l'anonyme lorsqu'il se transforme en parole architecturale. C'est cette expression de l'anonyme qu'il s'agit de déceler dans les signes de la modernité. Souvent à notre insu, l'anonyme qui nous habite réclame sa part de vérité. Ici, l'art est incontournable afin d'élucider cet aspect de l'altérité qui parvient à maîtriser le singe qui sommeille en chacun de nous pour donner forme au chaos. Malraux voit dans le pouvoir de création artistique la raison d'être de l'humain. L'art serait ce qui permet de retrouver l'homme là où tout semble l'écraser. L'art irait jusqu'à produire des « images de Vérité[3] » aussi importantes que les dieux créés par l'homme. Pour Malraux, l'artiste — terme qu'il faudrait débarrasser du cliché qui pèse sur lui — contient ce côté obscur de l'altérité qui paradoxalement aboutit à ce que l'homme peut faire de plus lumineux. Ce qui distingue l'homme du reste de l'univers, c'est son pouvoir de création et de stylisation, son pouvoir de métamorphoser et de donner forme, qui s'exerce sur des formes artistiques appartenant à l'héritage culturel mondial ; pour cette raison, dans le cadre des Amériques, le travail des « muralistas » révolutionnaires du Mexique peut et doit être rapproché de cette « métamorphose des dieux » dont parle Malraux, car ils appuient leurs créations sur la sculpture sacrée précolombienne et les bas-reliefs aztèques, tout comme les artistes italiens de la Renaissance trouvent des alliés dans les bas-reliefs antiques.

Les anonymes des Amériques

Lorsque nous portons le regard vers d'autres cultures, l'œuvre de l'anonyme s'accroît. Pensons ici aux Amériques, aux architectures inca,

---

[3]André Malraux, *La Métamorphose des dieux* et *Le surnaturel*, Paris, Gallimard, 1957 et 1977 respectivement.

maya et aztèque. Une ville comme Cuzco (*nombril de la terre* en quechua) renferme entre ses murs une telle maîtrise de la pierre que les Espagnols affamés d'or et de rapine ne parvinrent pas à la détruire. À trois kilomètres de là, la forteresse de Sacsahuamán et, un peu plus loin, la ville-forteresse de Machu Picchu confirment cette impression d'une stratégie architecturale ayant réussi à se dérober aux représentations de la foi derrière lesquelles opérait l'entreprise colonisatrice des Européens. Les Aztèques au Mexique, en dépit de leur défaite finale, laissèrent aussi des traces indélébiles de leur passage, et surtout des images que les représentations de l'idéologie chrétienne n'ont pas réussi, même de nos jours, à déraciner. La problématique du « mestizaje » (cruciale en Amérique latine) gagnerait sans doute à être analysée sous cette optique. Quoiqu'il soit difficile de le prouver, ses stratégies d'amalgamation et de syncrétisme pourraient être sous-tendues par une logique orientée à déjouer les représentations du même, notamment au Mexique où la culture populaire a gardé toute une série de pratiques artistiques dans lesquelles l'on découvre le rôle fondamentale joué par l'anonyme. Ni Espagnol ni Indien, le « mestizo » viendrait prendre la place de l'anonyme en tant que troisième voie en somme. Afin de survivre, l'altérité indigène se rendit compte qu'il fallait renoncer à une quelconque individualité facilement repérable par les colonisateurs. Un visage de masque fut alors forgé dans le but de déguiser l'Indien en Mexicain : ni aborigène ni Espagnol, juste un masque épousant la couleur de l'argile et l'impassibilité de la statue de Coatlicoe, déesse de la Terre. La cagoule que porte dans ses apparitions publiques le sous-commandant Marcos pourrait ainsi être interprétée dans ce sens. Comment le défenseur des droits ancestraux des Indiens du Chiapas pourrait-il avoir un visage qui ne fût pas celui d'un masque? Il peut sembler paradoxal qu'à l'heure où nos sociétés se tournent massivement vers des figures fétichisées par les médias s'amorce (en catimini certes) une place pour l'anonymat de l'image. Si nous restons dans l'actualité politique à laquelle nous invite le discours révolutionnaire du sous-commandant Marcos, il est aisé de vérifier que la force du terrorisme international (qu'il soit intégriste ou non) confie à l'anonymat des réseaux l'efficacité de sa subversion meurtrière. Aussi négative et contestable soit-elle, cette révolte contre l'Occident — contre les valeurs sous-jacentes surtout à ses pratiques capitalistes expansionnistes — peut être étudiée également dans le cadre des stratégies visant à se défaire des représentations du même. On peut être globalement d'accord avec Serge Gruzinski pour dire que la colonisation européenne en sol américain fit largement appel à une guerre des images[4]. Or, l'image

---

[4] Serge Gruzinski, *La guerre des images. De Christophe Colomb à Blade Runner (1492-2019)*, Paris, Fayard, 1990.

est le fruit d'une politique de représentation. C'est cette dernière qu'il s'agit d'analyser pour comprendre ses intérêts et ses contradictions. À certains égards, le processus d'acculturation déclenché par la Conquista au XVe siècle trouve des échos dans les différents mécanismes de mondialisation mis en place à l'heure actuelle.

Le défi de l'anonyme

Il ne suffit pas de les dénoncer, encore faudrait-il étudier quelle est la part qui revient aux politiques actives de représentation moyennant lesquelles une certaine logique de marché opère ses partages. Le flux des marchandises et des capitaux ont besoin de l'image pour gagner des marchés. Cette règle de base engendre une violence que l'on retrouve dans les politiques de représentation. Les luttes (économiques, politiques, militaires, sociales, religieuses) de reconnaissance passent par l'image et, dans cette interaction, l'anonyme — la force intempestive de son absence d'identité — vient tout bouleverser. Rien de plus puissant qu'une présence qui fait trébucher le stéréotype : aucune étiquette n'y adhère. Cela explique pourquoi, dans certaines religions, aucune image ne peut représenter Dieu ; c'est cette absence de représentation justement qui serait alors le signe du pouvoir souverain. Dépourvu de visage, Dieu incarnerait ici ce que l'anonymat peut donner comme puissance lorsqu'il se soustrait à la représentation. Il ne s'agit pas de tomber dans le vieux débat entre les iconoclastes et les iconolâtres. Il faudrait plutôt se demander si le règne de l'image en Occident (depuis la Renaissance en gros) ne commence-t-il pas à se lézarder en dépit de l'extraordinaire puissance des machines à représenter qui luttent pour s'imposer à l'échelle de la planète. Plusieurs signes avant-coureurs sont à l'horizon. Tout d'abord, l'hyperinflation des images qui, à force de se répéter, s'installent dans une surenchère en série qui finit à la longue par saturer le spectateur. Il y aussi la sensation de vide qu'elles laissent dans leur acharnement à se substituer au réel[5]. Qu'il s'agisse d'une guerre ou d'une voiture, les ficelles du simulacre ont de plus en plus de mal à ne pas paraître aussi dans le décor. Le cynisme, le désenchantement et la raillerie viennent aujourd'hui des centres de production d'images incapables d'occulter en coulisses la voracité des marchés. Pensons aux photos de la prison d'Abou Ghraib (située près de Bagdad) qui montrent la soldate Lynndie England tenant en laisse comme un chien un détenu irakien nu[6]. Le caractère anonyme de ces images qui ébranlèrent l'administration Bush s'inscrit dans la marge d'incertitude à laquelle se heurte le pouvoir quand la politique de représentation

---

[5]Jean Baudrillard, *Simulacres et simulations*, Paris, Galilée, 1979.
[6]*Washington Post*, 6 mai 2004.

échappe à son contrôle. Des images émanant des forces de la coalition en Irak dévoilent ainsi des perspectives d'interprétation insoupçonnées dès qu'elles sont détournées de leur objectif premier : la dégradation, l'avilissement et l'humiliation de l'autre. Dépouille de lui-même, l'Irakien vaincu et piétiné se transforme en tain du miroir d'injustice et d'abus de pouvoir à travers lequel se reflète l'entreprise néocolonisatrice anglo-américaine. Comme dans certains films de science-fiction, les images se détruisent elles-mêmes. La logique iconophage des cultures occidentales est en crise dans la mesure où elle n'arrive plus à croire en ses propres images. À l'heure où le terrorisme menace la paix mondiale, l'image du soldat ne soulève plus l'enthousiasme des foules. On vient de voir qu'elle peut même *re-présenter* le côté le plus répulsif de l'Occident. La guerre ne serait donc devenue qu'une représentation dépravée, absolument en trompe-l'œil, des intérêts marchands. La méfiance à l'égard des héros accompagne la crise des cultures consommatrices d'images. D'où l'explosion d'images mettant en vedette la manière *bad boy*. Le pire, le hasard et l'imprévu trouvent ainsi leur place dans les pratiques artistiques populaires. Le cinéma monte d'un cran chaque année la thématisation de la violence à l'écran. L'image ne doit surtout pas faire réfléchir. Son rôle est de bloquer la capacité critique du spectateur. Il s'agit d'emprisonner son imaginaire afin de l'attacher encore plus à la consommation d'images. Tout se passe comme pour la porno lorsque cette dernière opère dans une logique de consommation effrénée : plus on en voit, plus on en veut. Mais ce qui semble un élargissement du marché ne fait que creuser l'écart entre le spectateur et son désir. Lorsque l'image s'instrumentalise pour devenir un objet de consommation, une pure marchandise, il n'y a que le marché qui y trouve son compte. Cette mise à mort de l'aura dont parle Benjamin[7], explique probablement — par contrecoup — une extrême fétichisation de la signature de l'artiste dont l'œuvre ne sera plus accessible qu'à travers sa reproduction technique. C'est comme si les cultures opérant sous ce mode se devaient d'exonérer leur responsabilité dans la mort de l'original par une exacerbation de l'identification au même. C'est alors que les copies envahissent le marché, et qu'une nouvelle époque de représentations du même se développe. L'ubiquité du même apparaît à ce moment précis. Il est partout. Ce qui compte, c'est sa multiplication à l'infini. Et sur la photo d'identité même le sourire doit être banni : la langue de bois administrative ne veut surtout pas qu'un trait d'ironie ou d'amusement vienne vous dérober aux contraintes d'une représentation conforme à la loi. C'est ainsi que le côté ignoré (ludique et subversif) de l'altérité reste ignoré.

---

[7] Walter Benjamin, « The Work of Art in the Age of Mechanical Reproduction », *Illustrations*, New York, Schocken Books, 1969.

Quelle place y a-t-il alors pour l'anonyme ? Probablement celle du franc-tireur embusqué dans la masse. Il tire *anonymement* à partir d'un nombre qui multiplie son écho. Tout en faisant corps avec la masse, il cherche à l'inquiéter, voire à la déstabiliser. Là réside le rôle paradoxal de l'anonyme. C'est le cas de la pratique visuelle de Spencer Tunick[8] qui se sert du nu collectif et anonyme afin de mettre l'accent sur le décalage existant entre l'agressivité des villes et le corps devenu une pure marchandise. Il arrive parfois que la parole artistique ne soit pas la voie choisie pour exprimer le malaise de l'anonyme. Confronté à des mouvements migratoires et à des transferts culturels[9] de plus en plus nombreux et complexes, le monde occidental devra alors se pencher sur les conditions objectives qui expliquent, ne serait-ce qu'en partie, le choix de la violence extrême de certaines paroles anonymes. On pense aux mouvements de revendication pour une meilleure distribution de la richesse (les Piqueteros en Argentine[10]), aux mouvements, associations et groupes séparatistes (le cas du Pays basque en Espagne), aux différentes formes politiques de contestation et de révolte des Indiens et des paysans en Amérique latine (Mexique, Bolivie, Guatemala, etc.), aux réseaux de rupture radicale avec l'ordre états-unien et le modèle néo-libéral capitaliste tel que véhiculé par la mondialisation (diverses associations à caractère terroriste souvent intégriste, etc.), au vandalisme et aux nouvelles logiques barbares de la violence pratiqués dans les banlieues des grandes villes (Mexico, Buenos Aires, Los Angeles, Paris, etc.) Tous ces mouvements ont la précarité et l'exclusion comme conditions premières de possibilité. Dans ce contexte d'exacerbation des différends, l'anonymat de la violence nous interpelle non seulement en fonction (ce qui est déjà beaucoup) des carnages qu'elle produit mais aussi en tant qu'expression foudroyante de la pandémie des exclusions, si l'on peut dire, qui gangrène la planète. Toutefois, Samuel P. Huntington a probablement tort quand il voit la communauté hispanique aux États-Unis comme une menace pour l'intégrité du pays le plus puissant du XXIe siècle :

---

[8]Daniel Castillo Durante, « La peau des autres : Spencer Tunick et l'apostrophe du nu », *Les dépouilles de l'altérité*, Montréal, XYZ, coll. « Documents », 2004, p. 129-133.

[9]Walter Moser, « Pour une grammaire du concept de transfert appliqué au culturel », ms. 29 p.

[10]Daniel Castillo Durante, « L'altérité polémique : guerre, sémiocratie, exclusion et économies du savoir: de la Pax Americana à l'implosion du modèle argentin », *L'interculturel et l'économie à l'œuvre : les marges de la mondialisation*, Ottawa, Éditions David, 2004, p. 15-46. Voir aussi, dans ce volume, l'article de Donald Cuccioletta, « *Que se vayan todos!* A Discourse for Democracy in Argentina, Heard around the World.»

> *In this new era, the single most immediate and most serious challenge to America's traditional identity comes from the immense and continuing immigration from Latin America, especially from Mexico, and the fertility rates of these immigrants compared to black and white American natives. Americans like to boast of their past success in assimilating millions of immigrants into their society, culture, and politics. But Americans have tended to generalize about immigrants without distinguishing among them and have focused on the economic costs and benefits of immigration, ignoring its social and cultural consequences. As a result, they have overlooked the unique characteristics and problems posed by contemporary Hispanic immigration [...] This reality poses a fundamental question : Will the United States remain a country with a single national language and a core Anglo-Protestant culture ? By ignoring this question, American acquiesce to their eventual transformation into two peoples with two cultures (Anglo and Hispanic) and two languages (English and Spanish)*[11].

Depuis de nombeuses années, l'immigrant d'origine hispanique aux États-Unis, particulièrement le Mexicain, ne peut donner forme à sa spécificité culturelle que sous l'anonymat d'une main-d'œuvre bon marché, précaire, taillable et corvéable à merci. Lorsque, grâce à leur taux élevé de natalité, les immigrants hispaniques réussissent à devenir la première minorité de la seule hyper-puissance de la planète, leur nombre jusque-là anonyme commence à être perçu par le discours conservateur et xénophobe comme susceptible de se transformer en visage occupant des espaces concrets de citoyenneté. Est-ce cela un danger ? Certes, cela pose un défi mais c'est justement par ce type de « challenge » que la société américaine a pu, à plusieurs égards, montrer son dynamisme et son ouverture au reste du monde. Tant mieux si ce pays doit changer à partir du défi posé par la différence, car de la réponse et de la logique d'inclusion qu'il parviendra à mettre sur pied afin de l'accueillir, dépendra peut-être le progrès ou le recul de nos sociétés multiethniques. La notion de liberté culturelle telle que prônée par le dernier rapport sur le développement humain publié par l'ONU cette année peut servir ici comme point de repère. Au demeurant, si le Canada s'y voit accorder la quatrième place après la Norvège, la Suède et l'Australie, c'est en grande partie grâce à ses politiques très avancées dans le domaine du multiculturalisme ainsi qu'à la liberté culturelle dont jouissent ses diverses communautés ethniques. Dans cette perspective, l'agonie de l'anonyme — sa lutte pour occuper un espace de reconnaissance tout en gardant son droit à des appartenances multiples — au cœur des Amériques peut être lue comme une indication des marges de liberté qu'il faudra respecter afin d'empêcher que le différend ne se transforme en conflit.

---

[11] Samuel P. Huntington, « The Hispanic Challenge », [En ligne], [www.PuertoRico-Herald.org], mars/avril 2004.

Bibliographie

BAUDRILLARD, Jean, *Simulacre et simulations*, Paris, Galilée, 1979.

BENJAMIN, Walter, « The Work of Art in the Age of Mechanical Reproduction », *Illustrations*, New York, Schocken Books, 1969.

CASTILLO DURANTE, Daniel, *Les dépouilles de l'altérité*, Montréal, XYZ, coll. « Documents », 2004.

CASTILLO DURANTE, Daniel, « L'altérité polémique : guerre, sémiocratie, exclusion et économies du savoir : de la Pax Americana à l'implosion du modèle argentin », *L'interculturel et l'économie à l'œuvre : les marges de la mondialisation*, Ottawa, Éditions David, 2004, p. 15-46.

GOMBROWICZ, Witold, *La pornographie*, Paris, Julliard, 1962.

GRUZINSKI, Serge, *La guerre des images. De Christophe Colomb à Blade Runner (1492-2019)*, Paris, Fayard, 1990.

HUNTINGTON, Samuel, P., « The Hispanic Challenge », [En ligne], [www.PuertoRico-Herald.org], mars/avril 2004.

MALRAUX, André, *La Métamorphose des dieux*, Paris, Gallimard, 1957.

MALRAUX, André, *Le Surnaturel*, Paris, Gallimard, 1977.

MOSER, Walter, « Pour une grammaire du concept de transfert appliqué au culturel », ms. 29 p.

Washington Post, 6 mai 2004.

Putain : stéréotype ou identité en marge ?
Putain de Nelly Arcan

Julie Delorme
Université d'Ottawa

> *La prostituée est un bouc émissaire :*
> *l'homme se délivre sur elle de*
> *sa turpitude, et il la renie.*
> SIMONE DE BEAUVOIR, *Le Deuxième Sexe*

La prostitution ou l'altérité en marge

La représentation de la prostitution se dégageant de la parole littéraire obéit à des contraintes qui relèvent souvent d'une vision pétrifiée de l'autre. Il s'agit en fait d'une mise en scène dans laquelle le rapport à autrui s'exerce de façon non réciproque. Le sujet masculin apparaît en position de force alors que la femme, au contraire, est soumise, écrasée sous le poids d'une altérité qui la réduit, sinon à néant, du moins à très peu de chose. Qu'on le veuille ou non, la représentation de la prostitution passe généralement par un réductionnisme qui relève en dernière instance du stéréotype. En effet, la problématique du stéréotype, dans la mesure où elle s'insère principalement dans un contexte d'altérité (là où il faut « penser l'*alteritas* comme l'autre altéré par le stéréotype[1] ») nous permet de comprendre en quoi l'image de la prostituée opère dans une sorte de trompe-l'œil, qui plutôt que de révéler le sujet souverain, n'aboutit qu'à des clichés. La représentation de la prostituée en littérature est donc « altérée ». Non pas qu'elle apparaisse comme étant inférieure au « premier sexe[2] » mais bien parce que les « unités d'emprunt[3] » dont elle est souvent la cible, la montrent dans des postures d'avilissement du corps (à la fois social et physique). La putain occidentale est en « position de dépotoir[4] », c'est-à-dire qu'elle est

---

[1] Daniel Castillo Durante, « Le stéréotype à l'heure de tous ses masques : état des lieux », *Sont-ils bons ? Sont-ils méchants ? : Usages des stéréotypes*, dir. Christian Garaud, Paris, Honoré Champion, coll. « Colloques, congrès et conférences : époque moderne et contemporaine », 2001, p. 73.

[2] Nous renvoyons ici le lecteur au roman de Simone de Beauvoir, *Le Deuxième Sexe* (1949).

[3] *Cf.* Daniel Castillo Durante, *Du stéréotype à la littérature*, Montréal, XYZ, coll. « Théorie et littérature », 1994.

[4] *Id.*, « Le stéréotype à l'heure de tous ses masques : état des lieux », *op. cit.*, p. 75.

représentée dans une perspective qui vise à la maintenir sous tutelle. Même si elle s'évertue à crier haut et fort son angoisse, le discours auquel elle a recours demeure parfois collé à des logiques de représentation qui ne font qu'emprunter des sentiers battus. *Putain* de Nelly Arcan est l'expression d'un cri qui ne sait se soustraire à l'emprise du stéréotype qui pèse sur lui. La représentation de l'interdit de la prostitution fait appel à des expressions toutes faites au profit d'une représentation *universelle*. Notre analyse vise donc ainsi à faire ressortir quelques-unes des différentes représentations stéréotypées de la putain occidentale afin de montrer comment la parole littéraire de Nelly Arcan reste subordonnée à une logique discursive fondée sur le mode de la copie.

Putain ou le stéréotype comme instance d'exclusion

Putain peint dans une superposition de stéréotypes le portrait de la prostituée postmoderne occidentale œuvrant dans une ville de Montréal brouillée et délocalisée. Que le récit s'inscrive ou non dans l'espace des Amériques comme c'est le cas ici, cela n'altère en rien la représentation de la prostitution. C'est-à-dire que ce texte échappe à toute spécificité socioculturelle.

La prostituée, étant frappée par le tabou, génère de très nombreuses formes d'exclusion fondées sur un profond mépris à l'égard du divers. Le fondement de cette interdiction veillant à la maintenir à distance repose sur des idéologèmes et des lieux communs qui — à tort ou à raison — l'associent à des critères pour le moins négatifs de la société. Incarnation même de la femme qu'il ne faut pas *toucher*, la putain du récit homonyme est en proie à des hommes qui la *re-jettent* dans le *dépôt-trottoir* une fois qu'ils ont tiré profit d'elle en lui arrachant — moyennant une certaine forme de rémunération[5] — quelques faveurs sexuelles. Sa marginalisation découle du tabou et des stéréotypes qui pèsent sur sa représentation. La honte dans laquelle elle est censée s'enfoncer l'empêche de tisser des liens d'altérité aussi fiables que durables. Les clients et les proxénètes comme ses consœurs prostituées la consi-dèrent en fonction du signe (monétaire, sexuel ou social) qu'elle représente. Inversement, le métier qu'elle exerce la condamne à l'exclusion : « [...] je ne discute plus avec les autres femmes, les vraies, les femmes du monde, trop de choses nous séparent désormais [...][6] » C'est dire qu'en dehors du cadre prostitutionnel, le personnage de la putain est en marge. Ainsi affiche-t-elle sa *différence* en proie à l'*in-différence* des gens qui se conforment à la *norme*. Aussi paradoxal que cela paraisse, l'uni-

---

[5]Le taux horaire de la narratrice du récit de Nelly Arcan se chiffre à cinquante dollars la demi-heure et soixante-quinze dollars l'heure. Nelly Arcan, *Putain*, Paris, Seuil, 2001, p. 36.

[6]*Ibid.*, p. 146.

versité[7] l'a fait sombrer dans l'univers de la promiscuité : « *[...] cette proximité a eu des effets sur moi, elle m'a fait basculer de l'autre côté de la rue, dites-moi comment une théorie aurait pu tenir devant tant de plaisirs*[8] ? » La putain ne s'est pas enfuie dans la rue, dans ce droit chemin où circulent quotidiennement des tas de gens *normaux* de la maison au travail puis du travail à la maison. Elle est passée d'un extrême à l'autre, d'une marge à l'autre, en quittant la « théorie » au profit de la « pratique ».

Cette identité originale, la putain l'occulte derrière un pseudonyme emprunté à sa sœur Cynthia décédée deux ans avant sa naissance : « *Je ne parle jamais de Cynthia car il n'y a rien à en dire mais je lui ai pris son nom comme nom de putain et ce n'est pas pour rien, chaque fois qu'un client me nomme, c'est elle qu'il rappelle d'entre les mortes*[9]. » La prostitution est un tabou que la putain elle-même se refuse à assumer complètement. Ce nom d'emprunt lui permet d'établir une distance (infranchissable) entre la femme qu'elle est et le personnage de « femme publique » qu'elle incarne ; une entreprise que l'on peut interpréter ici comme une stratégie de dédouanement de la part de la putain par rapport à son corps. Cynthia, ce n'est pas elle, ce ne le sera jamais non plus, c'est une autre. C'est d'ailleurs ce qui permet de penser la prostitution comme cette perspective dépravée où le « Je est un autre[10] ». Ainsi, lorsque la putain se prête aux fantasmes de ses clients, ce n'est pas elle qu'ils possèdent charnellement mais Cynthia, cette autre elle, qui n'a en commun avec cette identité originelle (et officielle aux yeux de la loi) que le corps en tant qu'instrument. Cette dissociation du corps et de l'âme est à ce point réussie que même les lecteurs du récit ne s'en aperçoivent guère ; la femme qui se cache derrière le masque de la « putain » ne révèle en aucun cas son véritable nom. La narratrice s'affranchit ainsi du pesant fardeau de la prison du nom, rendant impossible toute forme d'association autant à la société qu'à la famille auxquelles elle *appartient*.

Est-ce parce qu'elle est consciente de l'interdit que chaque jour elle s'applique à transgresser que la putain anonyme agit de la sorte ? La prostituée incarne dans la pensée collective occidentale le rôle de cette fille perdue qui met son corps au service des fantasmes sexuels des

---

[7]Le nom de l'université n'est pas mentionné dans le texte mais on pourrait penser qu'il s'agit de l'UQAM (Université du Québec à Montréal) située à l'angle des rues Sainte-Catherine et Saint-Denis dans le Quartier latin, là où les prostituées ont l'habitude d'arpenter les trottoirs.

[8]Nelly Arcan, *op. cit.*, p. 14-15.

[9]*Ibid.*, p. 12.

[10]Arthur Rimbaud, *Correspondance*, à Paul Demeny, 15 mai 1871. Nous mentionnons au passage que l'héroïne du roman de Joseph Kessel, *Belle de Jour* (1928) — dont Luis Buñuel a par ailleurs réalisé une adaptation cinématographique (1967) — apparaît également sous un nom d'emprunt.

hommes. Or, « quoique ceci puisse paraître contradictoire, c'est le "corps" qu'elle cherche à rabaisser, non pas le "nom" ou, plus exactement : le corps du nom. Le corps doit être réifiable et vénal, il doit pouvoir se monnayer [...] »[11] La narratrice parvient à s'encanailler, à prostituer son corps car l'inexistence du nom apparaît là au centre même de son discours. Nul prénom ou patronyme ne se posent à elle comme une résistance, un obstacle l'empêchant d'avilir ce corps détaché d'elle-même. Cette capa-cité à déserter le nom pour en revêtir un autre, un faux, lui permet en quelque sorte d'incinérer la « matérialité du signe physique[12] » la rattachant à une famille avec laquelle elle est en rupture. C'est en fonction de cette représentation pétrifiée que le mot « putain » est aujourd'hui chargé de connotations péjoratives. Celle qui s'entend nommer de la sorte est sujette à faire l'objet d'une exclusion anthroponymique, incapable d'échapper à la « loi du nom » auquel elle est associée en dépit de tous ses efforts pour se libérer du poids d'une identité individuelle. Si ce n'est pas par son prénom qu'on parvient à la nommer, c'est par celui de la collectivité — celle des putains — à laquelle elle « appartient ». Donc, dans ce contexte, ce n'est pas seulement à cause de son métier que la prostituée est mise à l'écart mais aussi et surtout au nom du nom :

> [...] la prostituée est une ouvrière. Certains travaillent pour produire du pain, d'autres de la viande ou des vêtements, ou des plaisirs de l'esprit. La prostituée, elle, assouvit des besoins non moins impétueux, non moins agréables, et tout aussi vitaux que le pain quotidien : l'orgasme indispensable à tous. [...] peu d'ouvriers possèdent une morale digne de ce nom. Mais ceux qui en ont une peuvent la sauvegarder et la cultiver, une fois leur journée finie et leurs outils remis en place. Ce qu'on exige au contraire de la prostituée, c'est le mépris d'elle-même. L'éboueur, le nettoyeur de latrines, le chiffonnier, ont, dans l'exercice de leur profession, une façon d'amour-propre, voire d'idéal, qu'on ne leur conteste point. Mais la créature qui assouvit le désir sexuel des hommes ne jouit, ni de cette dignité, ni de la reconnaissance que la société manifeste même au balayeur des rues et au vidangeur de fausse d'aisance. Eux, sont des travailleurs ; elle, n'est qu'une « putain », pour ainsi dire rien... Son nom est une des injures les plus cinglantes pour une femme[13].

---

[11] Daniel Castillo Durante, « Sábato : du stéréotype au roman ou l'anthroponymie comme instance de marginalisation », *Parole exclusive, parole exclue, parole transgressive : marginalisation et marginalité dans les pratiques discursives*, Longueuil, Le préambule, coll. « L'Univers des discours », 1990, p. 292.

[12] *Ibid.*, p. 290.

[13] Octave Mirbeau, *L'amour de la femme vénale*, Paris, Indigo & Côté-femme, coll. « Des femmes dans l'Histoire », 1994, p. 78.

Conformément à l'image stéréotypée de la putain, l'héroïne de Nelly Arcan utilise ce terme dégradant pour s'auto-désigner. Ainsi, cette prostituée véhicule-t-elle parfaitement l'image de la décharge publique qu'il faut ici comprendre dans ses deux acceptions possibles. D'une part, elle représente ce lieu où l'on jette ce qu'on estime déchu parce qu'il est devenu impossible d'en tirer profit. D'autre part, elle incarne la « décharge » (au sens sadien du terme) dans laquelle tant d'hommes assouvissent l'objet de leurs « passions[14] ». La prostituée n'est donc plus un corps, mais un nom ou plutôt un signe représentant le fantasme d'une femme qui se vend.

Derrière le cliché du « plus vieux métier du monde », le texte de Nelly Arcan en ravive un autre en instaurant un sophisme de généralisation en ce qui a trait à l'image qu'elle se forge des femmes ; elle ne se borne pas à dire que toutes les « putains » sont femmes, mais plutôt que toutes les femmes sont « putains ». C'est d'ailleurs ce qu'insinue la narratrice en parlant de sa mère : « elle ne s'est prostituée qu'avec un seul homme, mon père [...][15] ». On peut d'ores et déjà poser que cet énoncé à caractère universaliste dans lequel l'auteur de *Putain* s'enferme engendre une forme d'exclusion par le sexe. C'est du moins ce qu'elle met en place à partir d'une représentation qui se veut à la fois réductionniste et stéréotypée du sexe féminin. Pour elle, la femme n'est qu'une copie, un clone de la prostituée :

> [...] les femmes [...] sont [...] des poupées qui jouissent lorsqu'on veut qu'elle jouissent, des poupées qui ont telle taille, telle coiffure, qui ne veulent rien et qui en veulent toujours plus, qui se masturbent à tout propos et qui n'en ont jamais assez, qui s'occupent tout entières à exciter les hommes, sans autre but dans la vie que de se regarder dans la glace et se comparer aux autres [...] passer du lit au coiffeur à la maquilleuse à la gym à la boutique à la manucure au régime au chirurgien au strip-tease et encore au lit, à l'argent gagné de ça, de la putasserie comme but, de la fascination de soi-même et de l'envie des autres, [...], oui, une femme c'est tout ça, ce n'est que ça, infiniment navrante, une poupée, une schtroumpfette, une putain [...][16]

Il convient à présent d'évoquer ici l'approche contraire de Georges Bataille afin de mieux faire ressortir celle de Nelly Arcan :

> Il n'y a pas en chaque femme une prostituée en puissance, mais la prostitution est la conséquence de l'attitude féminine. Dans la mesure de son attrait, une femme est en butte au désir des hommes. À moins

---

[14]*Cf.* Sade, *Les 120 Journées de Sodome*, Paris, 10/18, coll. « Domaine français », 1975.

[15]Nelly Arcan, *op. cit.*, p. 33.

[16]*Ibid.*, p. 42-43.

> qu'elle se dérobe entièrement, par un parti pris de chasteté, la question est en principe de savoir à quel prix, dans quelles conditions elle cédera. Mais toujours, les conditions remplies, elle se donne comme un objet. La prostitution proprement dite n'introduit qu'une pratique de vénalité. Par le soin qu'elle prête à sa parure, par le souci qu'elle a de sa beauté, que sa parure met en relief, une femme se tient elle-même pour un objet que sans cesse elle propose à l'attention des hommes. De même, si elle se dénude, elle révèle l'objet du désir d'un homme, un objet distinct, individuellement proposé à l'appréciation[17].

Une fois les conditions de séduction remplies, la femme ressemblerait à une putain pour ne pas dire qu'elle en serait devenue une. C'est ce qui nous permet de penser qu'il y a dans la représentation de la prostituée une logique qui la rapprocherait d'une *poubelle à fantasmes*. Ce n'est pas la femme qui se prosterne devant eux que les hommes voient, c'est le personnage qu'elle incarne qui les fait jouir :

> [...] des bouts d'homme, leur queue seulement, des bouts de queue qui s'émeuvent pour je ne sais quoi car ce n'est pas de moi qu'ils bandent, ça n'a jamais été de moi, c'est de ma putasserie, du fait que je suis là pour ça, les sucer, les sucer encore, ces queues qui s'enfilent les unes aux autres [...] et puis de toute façon je ne suis pour rien dans ces épanchements, ça pourrait être une autre, même pas une putain mais une poupée d'air, une parcelle d'image cristallisée, le point de fuite d'une bouche qui s'ouvre sur eux tandis qu'ils jouissent de l'idée qu'ils se font de ce qui fait jouir, tandis qu'ils s'affolent dans les draps en faisant apparaître çà et là un visage grimaçant, des mamelons durcis, une fente trempée et agitée de spasmes, tandis qu'ils tentent de croire que ces bouts de femme leur sont destinées [...][18].

L'image de la putain dans ce récit n'est en fin de compte que la représentation en trois dimensions d'un fantasme de jouissance récupéré par la pensée collective dont elle a peine à se départir[19]. L'archétype de la prostituée élaboré dans l'imaginaire masculin épouserait en tous points celui de la femme. Freud propose une expli-

---

[17]Georges Bataille, *L'érotisme*, 2ᵉ éd., Paris, Minuit, coll. « Arguments », 2001, p. 145.

[18]Nelly Arcan, *op. cit.*, p. 19.

[19]Freud semble d'ailleurs adhérer à ce propos en soutenant que ce que l'homme recherche avant tout chez la femme, c'est la putain : « [...] la femme chaste et insoupçonnable n'exerce jamais l'attrait qui l'élèverait au rang d'objet d'amour ; seule l'exerce la femme qui d'une façon ou d'une autre a une mauvaise réputation quant à sa vie sexuelle, celle dont on peut douter qu'elle soit fidèle ou digne de confiance. » « Contribution à la psychologie de la vie amoureuse : un type particulier de choix d'objet chez l'homme », *La vie sexuelle*, Paris, PUF, 1970, p. 48.

cation à cet état de choses basée sur la ressemblance psychique que l'enfant pubère établit entre la mère et la putain. Pour celui qui vient d'apprendre l'existence de la sexualité des parents, la différence entre ces deux femmes n'est pas si évidente que cela « puisqu'en définitive elles font la même chose. Les explications qu'il a reçues ont en effet réveillé en lui les traces mnésiques des impressions et des désirs datant du début de son enfance et ont réactivé [...] certaines motions psychiques[20] ». Ce serait, d'après ce constat, à partir de ces associations mentales que le fantasme masculin se développerait. C'est à se demander si le concept de monogamie ne viendrait pas également, à certains égards, renforcer cette attitude machiste. Tel que le souligne la narratrice, ce n'est pas elle que les hommes possèdent sexuellement mais ce qu'elle représente : « [...] ce n'est pas moi qu'on prend ni même ma fente, mais l'idée qu'on se fait de ce qu'est une femme, l'idée qu'on se fait de l'attitude d'un sexe de femme [...][21] » Et quand ils font l'amour à leur épouse, c'est à elle — ou plus exactement à ce que son corps rappelle — qu'ils pensent[22]. Ainsi, les hommes ne jouissent pas d'elle, mais plutôt du cliché qu'ils s'en font. Il y aurait dans ce cas une mise en scène d'un certain narcissisme puisque les hommes se suffisent à leurs propres désirs. C'est dire que l'image les fascine plus que la possession du corps désincarné de l'autre[23]. La prostituée représentée dans ce récit apparaît comme un écran sur lequel on projette non seulement des fantasmes mais des stéréotypes. Elle est en quelque sorte une « dépouille[24] ». Elle s'est départie de toute identité onomastique, de toute spécificité physique et caractérielle susceptible de la différencier de la masse anonyme pour s'incarner dans son stéréotype. La putain appartient à la société qui la conçoit, qui la *pro-jette* comme un véritable *projet* tirée d'elle-même. Et elle épouse si bien le stéréotype qui la définit qu'elle n'est plus reconnaissable, voire représentable autrement que par le rôle qu'elle incarne. Ainsi, la prostitution ne fonctionne que dans une

---

[20]*Ibid.*, p. 52.

[21]Nelly Arcan, *op. cit.*, p. 45.

[22] « [...] je ne saurais pas dire ce qu'ils voient lorsqu'ils me voient, ces hommes, je le cherche dans le miroir tous les jours sans le trouver, et ce qu'ils voient n'est pas moi, ne peut pas être moi, ne peut être qu'une autre, une vague forme changeante qui prend la couleur des murs [...] on me voit sans doute comme on voit une femme, au sens fort, avec des seins présents, des courbes et un talent pour baisser les yeux, mais une femme n'est jamais une femme que comparée à une autre, une femme parmi d'autre, c'est donc toute une armée de femmes qu'ils baisent lorsqu'ils me baisent [...] » *Ibid.*, p. 20-21.

[23]Max Chaleil, *Prostitution : le désir mystifié*, Paris, Parangon, 2002, p. 536.

[24]*Cf.* Daniel Castillo Durante, *Les dépouilles de l'altérité*, Montréal, XYZ, coll. « Documents », 2004.

logique de dépouillement. On ne connaît rien de la prostituée ni de son univers mais, en même temps, on connaît tout sur ses stéréotypes. C'est à se demander si la putain est réellement marginale.

La prostitution : une pratique de consommation

La définition que donne Jean-Gabriel Mancini de la prostituée correspond parfaitement à l'aspect *robotique* du phénomène. La putain est une « femme qui se donne publiquement (*palam omnibus*), pour de l'argent (*pecunia accepta*) et non pour le plaisir (*sine delectus*)[25] ». C'est dire qu'en Occident, les sentiments ne trouvent pas leur place dans une relation comme celle-là : « [...] l'amour est exactement le contraire de la prostitution : il est un don alors que la prostitution n'est qu'une transaction[26]. » Il se creuse un véritable fossé entre le rapport sexuel rémunéré et le rapport conjugal gratuit. C'est d'ailleurs l'aspect économique de la relation qui distingue la prostitution de toute autre forme de *libertinage*. Ce n'est pas le nombre de partenaires qui compte, c'est le capital investi au bénéfice d'une performance censée dépasser les effets jouissifs d'un rapport entre conjoints.

Le mâle occidental contemporain, comme le souligne Nelly Arcan, a remplacé « la séduction par l'argent[27] » ; il ne se donne plus la peine ni le temps de séduire, il paie puis consomme immédiatement le corps d'autrui. C'est à une sorte de *prêt-à-porter* ou plutôt de *prêt-à-baiser*, si l'on peut dire, que la société est confrontée. La prostitution constitue une forme d'intégrisme[28] dans laquelle les sujets occidentaux s'accordent de moins en moins le temps de faire l'amour au profit d'une volonté de rentabilité immédiate. Ainsi, est-elle devenue un *mal nécessaire* permettant au sujet *en marge* d'évacuer des tensions que la société capitaliste réprime dans un réseau commercial qui fait fi des nouvelles économies en préconisant la plus primitive des techniques, celle du troc : « Ce qui fait la prostituée, ce n'est ni le lit, ni la nudité : c'est la nécessité d'échanger son corps contre de l'or[29]. » La femme n'est donc

---

[25] Jean-Gabriel Mancini, *Prostitution et proxénétisme*, 4ᵉ éd., Paris, PUF, 1972, p. 14.
[26] *Ibid.*, p. 56.
[27] Nelly Arcan, *op. cit.*, p. 58.
[28] Voir au sujet de la sexualité fonctionnant comme second système de différenciation par rapport à l'argent, *Extension du domaine de la lutte* de Michel Houellebecq (Paris, Éditions Maurice Nadeau, 1994) ainsi que l'article de Nathalie Dumas, « Économie mondialisée, sexualité et numérisation dans l'œuvre de Michel Houellebecq », *L'interculturel et l'économie à l'œuvre : les marges de la mondialisation*, (dir. Daniel Castillo Durante et Patrick Imbert), Ottawa, Éditions David, « Collection des Amériques », 2004, p. 175-192.
[29] Octave Mirbeau, *op. cit.*, p. 47.

pas, comme le fait remarquer Paola Tabet, un *partenaire* de l'échange mais uniquement *l'objet* de cet échange, réduite à l'état de pure marchandise :

> [...] l'échange s'y fait toujours dans le même sens. De la part des jeunes femmes, il y a fourniture d'un service ou prestation, variable en nature et en durée, mais comprenant l'usage sexuel ; de la part des hommes, il y a remise d'une compensation ou rétribution d'importance et de nature variables, mais de toute façon liée à la possibilité d'usage sexuel de la femme, à son accessibilité sexuelle[30].

C'est d'ailleurs ce type d'échange unidirectionnel et non moins stéréotypé que Nelly Arcan représente. Dans son rapport avec les hommes, la putain oblitère toute possibilité de relation en dehors de la dichotomie homme/femme, excluant aussi bien les relations homosexuelles que les relations hétérosexuelles où la transaction économique ne s'effectue pas dans le même sens. La nouvelle de Guy Verville *Le Putain*[31] possède cette particularité car elle subvertit le stéréotype de la prostitution du seul fait de mettre en scène non pas *une* mais *un* prostitué. L'échange *normal* se trouve donc inversé ; c'est la femme qui paie pour des faveurs sexuelles que le narrateur lui octroie depuis deux ans à raison de quinze minutes une fois par semaine. La représentation de la prostitution au masculin nous invite, au demeurant, à nous interroger sur l'absence réelle, en français, de terme spécifique désignant l'homme qui se livre à des activités sexuelles rémunérées. Pour ce qui est de la femme, il existe une pléthore d'expressions plus ou moins vulgaires pour distinguer celle qui — pour employer le cliché — vend son corps[32]. Chez Nelly Arcan, les mots « larves », « schtroumfettes » et « putains » reviennent de façon récurrente mais en aucune circonstance des équivalents masculins ne sont évoqués.

Ne voit-on autre chose dans *Putain* que l'entreprise de consommation dans laquelle opèrent les sociétés occidentales contemporaines où tout se solde dans *l'éphémérité*[33] ? Chez Arcan, l'Occidental moyen

---

[30]Paola Tabet, « Du don au tarif : les relations sexuelles impliquant une compensation », *Les temps modernes*, vol. 490, mai 1987, p. 2-3.

[31]*Cf.* Guy Verville, *Le Putain*, Montréal, Guernica, 1991.

[32]Le dictionnaire *Robert* contient d'ailleurs un assez grand nombre de ces désignations soit : pute, putain, prostituée, femme vénale, femme entretenue, femme de mauvaise vie, fille de joie, fille de rue, fille publique, courtisane, péripatéticienne, escorte, catin, pétasse, etc. À ce sujet, Max Chaleil rappelle que Pierre Guiraud dans son *Dictionnaire érotique* (Payot, 1978) a relevé plus de mille mots désignant la prostituée. Max Chaleil, *Le Corps prostitué : le sexe dévorant*, Paris, Galilée, 1981, p. 33.

[33]Jean Baudrillard souligne d'ailleurs à ce propos que « ce qui est produit aujourd'hui ne l'est pas en fonction de sa valeur d'usage ou de sa durée pos-

(fétichiste capitaliste) s'empare du corps de l'autre comme d'un objet, le fait sien le temps d'assouvir ses pulsions puis s'en débarrasse tel un vulgaire détritus quand il n'a plus rien à en retirer. Voilà en quoi consiste la consommation, un processus qui selon Baudrillard ne peut se concevoir sans le gaspillage :

> Toutes les sociétés ont toujours gaspillé, dilapidé, dépensé et consommé au-delà du strict nécessaire, pour la simple raison que c'est dans la consommation d'un excédent, d'un superflu, que l'individu comme la société se sentent non seulement vivre. Cette consommation peut aller jusqu'à la « *consumation* », la destruction pure et simple qui prend alors une fonction sociale spécifique[34].

La société de consommation post-industrielle dans laquelle nous évoluons a besoin de détruire les objets qu'elle fabrique[35]. C'est d'ailleurs ce que la prostitution plus que tout autre système de fonctionnement social (publicité, mode) s'évertue à faire du corps. Si le libertinage était pour Sade cette pratique grâce à laquelle les sujets pouvaient prendre conscience des verrous (tabous) pesant sur le corps, la perspective postmoderne croit, elle, qu'il faut qu'il soit « investi » pour maximiser les effets d'une rentabilité immédiate. Le corps est devenu comme le souligne Baudrillard « le plus bel objet de consommation[36] » qui soit.

Dans *Putain*, la représentation de la prostituée passe par une stratégie discursive axée sur une mise en œuvre des « unités d'emprunt[37] ». Les stéréotypes qui s'inscrivent d'ailleurs dans cette catégorie ne sont en fait qu'un amalgame de signes que nous avons surconsommés. Si la putain de Jean-Paul Sartre est dite « respectueuse[38] » celle de Nelly Arcan n'est pas à proprement « respectée ». *Putain* représente une image de la femme objet et soumise, voire aliénée aux désirs masculins. Les hommes qu'elle rencontre correspondent au profil type (*stéréo-type*) du consommateur tel que décrit par Baudrillard ; ils recherchent le bonheur et c'est en la prostituée qu'ils croient trouver l'*objet* qui leur procurera la satisfaction escomptée. Mais étant donné que l'humain est cet éternel insatisfait, la séquence se répète indéfini-

---

sible, mais au contraire en fonction de sa mort [...] », *La société de consommation : ses mythes ses structures*, Paris, S.G.P.P., coll. « Le point de la question », 1970, p. 82.

[34]*Ibid.*, p. 76-77.

[35]*Ibid.*, p. 83.

[36]*Ibid.*, p. 196.

[37]*Cf.* Daniel Castillo Durante, *Du stéréotype à la littérature*, op. cit.

[38]*Cf.* Jean-Paul Sartre, *La Putain respectueuse*, Paris, Nagel, 1946.

ment comme emprisonnée dans un circuit fermé[39]. Le consommateur opérerait de ce fait dans la même logique circulaire que le stéréotype, c'est-à-dire qu'il évoluerait toujours en terrain connu, ne s'aventurant que très rarement hors des sentiers battus.

Enfin, bien que l'écriture d'Arcan épouse à plusieurs niveaux les lieux communs de la prostitution, excluant la putain du cadre normatif sur lequel elle est projetée, elle en subvertit néanmoins l'interdit dans sa représentation la plus totale. L'image de la putain n'est pas uniquement l'apanage du stéréotype à partir duquel elle prend forme. Le fait qu'elle se sache personnage vient en quelque sorte atténuer l'effet cliché. L'accumulation des stéréotypes apparaît ici comme une caricature du fantasme de la prostituée. C'est donc dans quelque chose qui serait de l'ordre d'une mise en abyme que la narratrice de *Putain* s'autoreprésente comme une femme jouant le rôle de la « femme publique ». Et cette identité d'emprunt, elle l'assume jusqu'à passer à l'acte au su de tous les lecteurs. Elle avilit son corps dans des postures en marge du discours doxologique qui n'ont d'autre fonction que de la tenir à l'écart. En dernière instance, la représentation de la prostitution telle qu'elle se dégage du récit de Nelly Arcan, malgré les stéréotypes et les clichés qui meublent le texte, ne remettrait-il pas en question l'image que l'on se forge de la putain ? Serait-elle être autre chose qu'un bouc émissaire au service des fantasmes masculins mais un personnage paré du masque de la putain œuvrant dans une métropole américaine brouillée et délocalisée[40] ?

---

[39]Dans son essai, Jean Baudrillard soutient que le comportement du consommateur (« *Homo Œconomicus* ») se définit dans une séquence précise : 1) Il recherche le bonheur, 2) Il recherche l'objet qui lui procurera la plus grande satisfaction : « Tout le discours, profane ou savant, sur la consommation, est articulé sur cette séquence qui est celle, mythologique, d'un conte : un Homme, "doué" de besoins qui le "portent" vers des objets qui lui "donnent" satisfaction. Comme l'homme n'est quand même jamais satisfait (on le lui reproche d'ailleurs), la même histoire recommence indéfiniment, avec l'évidence défunte des vieilles fables. » *op.cit.*, p. 112.

[40]Même si à quelques endroits dans le récit nous retrouvons des indices nous permettant de croire que l'action se déroule à Montréal, cela n'est nullement suffisant pour empêcher, par exemple, le Français moyen de penser qu'un tel phénomène ne puisse pas se dérouler chez lui. Pour le lecteur qui ne possède pas les connaissances géographiques nécessaires, il est impossible d'affirmer qu'il s'agit de Montréal puisque le nom de la ville n'est jamais mentionné.

Bibliographie

ARCAN, Nelly, *Putain*, Paris, Seuil, 2001.

BATAILLE, Georges, *L'érotisme*, 2e éd., Paris, Minuit, coll. « Arguments », 2001.

BAUDRILLARD, Jean, *La société de consommation : ses mythes, ses structures*, Paris, S.G.P.P., coll. « Le point de la question », 1970.

CASTILLO DURANTE, Daniel, *Du stéréotype à la littérature*, Montréal, XYZ, coll. « Théorie et littérature », 1994.

CASTILLO DURANTE, Daniel, *Les dépouilles de l'altérité*, Montréal, XYZ, coll. « Documents », 2004.

CASTILLO DURANTE, Daniel, « Le stéréotype à l'heure de tous ses masques : état des lieux », dans *Sont-ils bons ? Sont-ils méchants ? : Usages des stéréotypes*, dir. Christian Garaud, Paris, Honoré Champion, coll. « Colloques, congrès et conférences : époque moderne et contemporaine », 2001, p. 73-82.

CASTILLO DURANTE, Daniel, « Sábato : du stéréotype au roman ou l'anthroponymie comme instance de marginalisation », *Parole exclusive, parole exclue, parole transgressive : marginalisation et marginalité dans les pratiques discursives*, Longueuil, Le préambule, coll. « L'Univers des discours », 1990.

CHALEIL, Max, *Le Corps prostitué : le sexe dévorant*, Paris, S.G.P.P., coll. « Le point de la question », 1970.

CHALEIL, Max, *Prostitution : le désir mystifié*, Paris, Parangon, 2002.

DE BEAUVOIR, Simone, *Le Deuxième Sexe*, 4e éd., Paris, Gallimard, 1999, [1949], 2v.

DUMAS, Nathalie, « Économie mondialisée, sexualité et numérisation dans l'œuvre de Michel Houellebecq », *L'interculturel et l'économie à l'œuvre : les marges de la mondialisation*, (dir. Daniel Castillo Durante et Patrick Imbert), Ottawa, Éditions David, « Collection des Amériques », 2004, p. 175-192.

FREUD, Sigmund, « Contribution à la psychologie de la vie amoureuse : un type particulier de choix d'objet chez l'homme », *La vie sexuelle*, Paris, PUF, 1970, p. 47-55.

HOUELLEBECQ, Michel, *Extension du domaine de la lutte*, Paris, Éditions Maurice Nadeau, 1994.

MANCINI, Jean-Gabriel, *Prostitution et proxénétisme*, 4e éd., Paris, PUF, 1972.

MIRBEAU, Octave, *L'amour de la femme vénale*, Paris, Indigo & Côté-femme, coll. « Des femmes dans l'Histoire », 1994.

RIMBAUD, Arthur, *Correspondance inédite d'Arthur Rimbaud (1870-1875)*, intro. de Roger Gilbert-Lecomte, Paris, Éditions des cahiers libres, 1929.

SADE, Le marquis de, *Les 120 journées de Sodome*, Paris, 10/18, coll. « Domaine français », 1975.

SARTRE, Jean-Paul, *La Putain respectueuse*, Paris, Nagel, 1946.

TABET, Paola, « Du don au tarif : les relations sexuelles impliquant une compensation », *Les Temps modernes*, vol. 490, mai 1987, p. 1-53.

VERVILLE, Guy, *Le Putain*, Montréal, Guernica, 1991.

Discours et convivialité en contexte de mondialisation[1]

Danielle Forget
Université d'Ottawa

En cette période de renégociation des rapports au sein de la société, qui affecte la formulation même du projet de société, le discours et le jeu de places qu'il amène entre les protagonistes ne sont pas à négliger. D'ailleurs bon nombre d'allocutions, de prises de paroles publiques y font allusion directement ou indirectement, témoignages de l'importance de placer les mots pour bien arriver à comprendre les enjeux ; il s'agit, bien entendu, d'une approximation, car en effet, tout n'est pas seulement une affaire de mots. Ce serait témoigner d'une vision naïve que de considérer les mots comme de simples véhicules des pensées et de penser qu'il suffit de changer de mots pour éliminer les problèmes d'interprétation. Nous opterions plutôt pour des ensembles plus larges que sont les discours et les procédés qui les organisent en sorte de configurations reconnaissables, dont certaines peuvent donner lieu à des stéréotypes. Ce qui nous importe dans ces configurations c'est de montrer qu'elles s'organisent en réseaux soit à l'intérieur d'un texte, à l'écrit, ou d'une prise de parole, à l'oral, et qu'elles entraînent dans leur sillage un raisonnement dont il est difficile de se défaire une fois engagé dans cette voie.

Notre vision est constructiviste. Elle emprunte aux sciences cognitives cette hypothèse générale qui veut que le discours construise la réalité au moment où l'on parle et par le fait de parler en des termes choisis. Porteur de signification en même temps qu'il la façonne. D'où l'importance accordée aux mots certes, mais aussi aux segments d'énoncés et à leur agencement pour dire une réalité. Surtout quand cette réalité comporte suffisamment de nouveauté pour indisposer en faisant usage de complexes discursifs anciens, associés trop évidemment à des prises de position idéologiques identifiables ; une réalité qui se cherche des énoncés pour s'imposer et en même temps pour fonder

---

[1] Cette étude a été menée grâce à une subvention du CRSH (dir. K. Fall et D. Forget) et dans le cadre du Groupe de recherche Le Soi et l'Autre (Grands projets de recherche concertée, CRSH, dir. P. Ouellet). Certains éléments de cette étude sont repris d'une communication conjointe avec Pierre-Yves Raccah donnée en février 2003 au Centre culturel canadien à Paris et orientés dans une perspective autre.

sur le plan argumentatif une évidence qu'elle souhaiterait faire partager.

Nous ferons référence à des extraits variés provenant d'un corpus d'interventions publiques, savantes pour la plupart, et d'autres issues de représentants d'associations politiques ou de membres du gouvernement, mais dont la nature des procédés utilisés devraient retenir notre attention dans la « confection » de cette idée de convivialité sur le plan social. Il s'agit de corpus où le pluralisme culturel reçoit une attention particulière, témoigne des préoccupations présentes sur la scène publique et se reporte sur des choix de société à faire en période de mondialisation[2].

Le terme « intégration » en milieu linguistique

La sélection des mots et leur agencement en discours nous renseignent sur la façon d'appréhender la réalité ; dans le corpus répertorié systématiquement la notion d'intégration est souvent visée comme domaine de sens à circonscrire, à catégoriser dirons-nous. De nombreuses opérations de langage modelées par le discours en situation vont tenter de « construire » la notion et d'établir ainsi un savoir. Cette configuration, il faut bien s'en rendre compte, n'est pas donnée à l'avance mais se constitue dans la pratique discursive. Les discours sélectionnés dans notre corpus ont en commun le fait qu'ils placent la question de l'identité (des identités multiples) et du mode de vivre ensemble à notre époque de mondialisation au cœur de leurs préoccupations.

On remarque que les combinaisons linguistiques dans lesquelles prend place le terme intégration se fonde au plan cognitif sur une représentation de l'espace sous l'aspect objectif, quasi géométrique qui convoque le sens, comme dans les expressions suivantes : *Juxtaposition ou intégration? Intégration dans un espace commun.*

Le connecteur *ou* présente les deux processus comme une alternative et confirme, par contraste, l'idée d'incorporation qui accompagne l'emploi de « intégration ». Parler de juxtaposition, déclenche une vision imaginative d'objets placés côte à côte, alors qu'en contrepartie l'intégration serait l'incorporation, forme d'inclusion d'un élément dans un autre.

Ce discours fait ainsi usage de notre façon de concevoir et de raisonner à l'aide d'images mentales. Plusieurs des expressions de la langue exhibent ou rendent plus ou moins manifeste un système con-

---

[2] Ajoutons que notre étude est basée sur des interventions orales et écrites (produites entre 1985 et 2000 et portant sur la diversité culturelle) ; ces interventions proviennent d'intellectuels ou de représentants reconnus sur la scène publique, donc de gens habitués à prendre la parole en public et qui sont conscients de l'importance des discours qu'ils professent.

ceptuel qui s'élabore à partir de nos connaissances, de schémas imaginatifs et de métaphores.

La seconde expression introduit un circonstanciel qui va dans le sens de nos remarques. La configuration spatiale à partir de laquelle s'apprécie l'intégration est identifiée ouvertement par « espace ». La caractérisation par l'adjectif « commun » laisse le choix entre un lieu concret qui serait le pays, par exemple, ou toute entité géographique, et un lieu abstrait comme la société, la collectivité. Cette seconde option (qui consiste à ramener le sens vers le collectif) trouvera des actualisations dans nos textes par les expressions : *Intégration à la société globale : intégration qui signifie « nature du lien collectif »*.

Elles nous amènent aussi à concevoir l'intégration non plus tant par rapport à un espace concret mais dans la relation entre les membres et les groupes composant la société, la collectivité. Le plan humain est mis de l'avant et le terme « lien » suggère une perspective particulière : celle des rapports entre individus ou groupes d'individus, et de ces derniers face à la société dans son ensemble, qui est directement pertinente pour notre propos. Alors que « collectif » épithète de « lien » en précise véritablement les propriétés, il n'en va pas de même avec « globale » qui semble en redondance avec « société ». Forme d'insistance sur des traits sémantiques inhérents à société, elle attire l'attention sur une propriété de « intégration » : la partie qui s'incorpore au tout, le global. Et nous voilà de retour à l'incorporation, élément de sens incontournable du terme « intégration », jusqu'à présent, même s'il s'agit de raisonnement sur les groupements humains.

Un schéma de base bien connu de la sémantique cognitive semble émerger : celui du contenant. On pourrait le visualiser comme une forme comportant en son centre une entité : elle tient lieu de *la relation entre la partie et le tout*. Un tel schéma nous permet de penser nombre de réalités et intervient souvent dans l'appréhension d'entités abstraites. La constitution des expressions entourant « intégration » suggère qu'il intervient pour en préciser le sens. De là on peut comprendre l'idée de « préserver » la cohérence sociale. Les valeurs existantes, les consensus sont des données présentées comme stables, préexistant au processus d'intégration envisagé et souvent ayant prééminence sur lui.

Ce qui ne découle pas nécessairement du schéma (celui-ci ne comportant que des caractéristiques générales) mais se retrouve bien présent dans le discours est la préséance temporelle du tout par rapport à la partie. Une rhétorique se ressourçant à l'argument de quantité apparaît à peine voilée. Le groupe le plus imposant dicte ses règles. Cette entité faite de nombreux membres devient la collectivité. Elle sera envisagée, comme bloc, à travers le schéma de la force dynamique qu'elle dégage. Je fais référence à un certain type de schéma mis de l'avant par Talmy (1985). En vertu de cette force exercée, elle devient un

« pôle d'intégration », faisant surgir la parenté avec « pôle d'attraction », une autre expression qui tire son pouvoir évocateur du schéma de la force.

Mais la reformulation de la notion d'intégration fait aussi ressortir des échos d'autres discours qui formulaient des critiques à l'égard d'une certaine vision du processus en question. Cette reformulation prendra une tangente différente de l'acception précédente. Le terme se placera en cooccurrence (dans le voisinage linguistique) avec « réciprocité », « contrat moral », « alliance » préparant la voie au néologisme « co-intégration ».

Choisir de vivre au Québec, pour un immigrant, est donc un choix individuel ou familial qui doit inclure d'emblée l'engagement de respecter les exigences des « règles du jeu » qui régissent la vie commune dans notre société. Et cette exigence s'impose d'autant plus que, si les immigrants sont attirés par la société québécoise, la culture publique commune de celle-ci doit bien y être pour quelque chose, sinon ils auraient cherché à trouver le multiculturalisme ailleurs au Canada. La notion d'un **contrat moral d'intégration**, proposée dans l'*Énoncé de politique en matière d'immigration et d'intégration* en 1990, traduisait cette idée de convention commune dans le langage explicite d'un engagement réciproque entre la société politique et ses futurs immigrants. Cet engagement réciproque évoque l'idée fondamentale d'un équilibre entre les droits et les libertés des personnes, d'une part, et leurs obligations et responsabilités correspondantes, d'autre part[3].

Le déplacement du sens, on le voit, se fait en posant l'influence réciproque de deux entités, autrement dit l'échange ou la négociation, ce qui rend difficile, cette fois, l'application du schéma contenu/contenant. Si l'on peut dire des immigrants qu'ils s'incorporent à la société « d'accueil », peut-on dire que la société d'accueil s'incorpore aux immigrants ? L'inégalité du rapport entre les deux entités — l'une intégrant l'autre qui s'intègre — oblige à penser l'intégration dans un autre sens que celui d'incorporation. Il y aurait influence des deux l'une sur l'autre, ce qui explique la présence de « réciprocité » et de « co-intégration », et même de « contrat » puisqu'il crée des obligations entre deux parties. Quant à l'« alliance », c'est par ce biais que l'intégration se distingue de l'assimilation qui suppose une relation de domination exercée sur un dominé qui abandonne ses particularités pour se fondre dans le semblable. La situation est envisagée comme égale plutôt que découlant d'une domination.

---

[3]Gérer la diversité dans un Québec francophone démocratique et pluraliste, Principes de fond et de procédure pour guider la recherche d'accommodements raisonnables, Étude complémentaire présentée à la ministre des Communautés culturelles et de l'Immigration, décembre 1993, p. 3.

Autrement dit, dans le corpus, l'intégration se caractérise par une constante mise en contraste avec l'assimilation. La discussion sur le mode d'intégration des immigrants répond au spectre de l'assimilation qui sans être une option jamais préconisée constitue néanmoins la conclusion dont il faut se prémunir. D'une part, il y a une propension à utiliser des termes imaginatifs relatifs à l'espace, d'autre part le recours à des domaines — qu'on les appelle des champs lexicaux ou des modèles cognitifs — qui s'associent au premier pour écarter l'idée d'une action dominatrice. Les discours seront ainsi travaillés par l'idée de réciprocité, d'où la co-intégration, ainsi que le recours argumentatif à des valeurs universelles comme le partage qui comporte intrinsèquement cette même idée d'intérêt ou d'action réciproque.

Diversité et convivialité

Les orientations, sans découler directement des acceptions en dictionnaire, accentuent des aspects de la signification des lexèmes et les exploitent sur le plan figuratif. Prenons le terme « partie » comme dans « faire partie de quelque chose » sollicité dans la façon de poser le mode de vivre ensemble. Une première acception serait « élément constitutif d'un corps » (un bras fait partie du corps) lien extrêmement fort donc entre la partie et le corps puisqu'elle en est constitutive. Le verbe correspondant serait « former » (comme dans : un x est formé de y et de z). Cette acception sera d'ailleurs souvent activée métaphoriquement pour parler de la société comme d'un corps social, ce qui dégage une impression de nécessité entre les parties et le tout. La seconde acception voit la partie comme « l'élément d'un tout organisé », elle « compose » ce tout avec d'autres en nombre limité, ce qui fait que l'on peut en spécifier les éléments de composition. L'idée de cohésion se profile et sera d'ailleurs exploitée et sollicitée dans la vision du mode de vivre ensemble. La troisième acception de la partie prévoit que « faire partie » d'un tout, c'est être du nombre, ou compter parmi d'autres, circonscrivant de manière assez lâche la nature des x, sinon qu'ils « appartiennent » aux membres de ce tout.

Toutefois, le sens en restera rarement à ces indications factuelles lorsque le mot est employé dans le domaine des relations sociales. Faire partie d'un groupe, de la société, suggère l'idée d'inclusion en même temps que cela suggère qu'il y a des conditions d'adhésion pour s'intégrer à ce tout. Discuter de l'inclusion ou de l'exclusion de telle ou telle entité comme on le fait pour les attachements identitaires revient le plus souvent à accorder une préférence à cette troisième acception (on appartient ou non à telle entité, on compose ou non, on forme ou non). L'usage fait verser l'être, c'est-à-dire qui l'on est, notre identité vers l'avoir, les traits que l'on possède, le patrimoine, l'appartenance, et ce glissement est favorisé par cette acception. Les discours en amplifient le sens. On pourra se sentir menacés de perdre ce que l'on possède, trouver des mesures de protection, etc. Dans le prolongement de la seconde acception, la cohésion des parties au tout pourra être telle que toute altération des parties deviendrait une menace pour l'ensemble et inversement, en protégeant l'ensemble on protège les parties.

La majorité des prises de position en faveur de l'intégration s'échafaudaient en disqualifiant l'assimilation ; autrement dit, les discours du corpus préconisaient l'intégration comme renonciation à la dilution des identités telles que les parties deviendraient indistinctes au sein de l'ensemble constitué. Dans certains cas, la délibération allait plus loin en considérant un présupposé biaisé dont elle cherchait à se départir. En effet, lorsque la question se pose à savoir : comment intégrer les immigrants dans la société, on se place mentalement dans un état de non inclusion des y par comparaison à la réalisation constituée d'un tout social préexistant. Dans certains discours (représentant la position officielle du gouvernement québécois à la fin des années quatre-vingt-dix) on chercha à éviter de mettre en balance un tout fort, majoritaire, qui absorbe à des degrés divers (car l'intégration et l'assimilation ne différaient qu'en termes de degrés dans notre corpus) les y; il s'agissait d'une position inégale, semblable à la domination. Comment contrer une telle vision? En préconisant une participation égale des immigrants avec les autres groupes de la société (besoins, intérêts) d'où cette innovation lexicale de co-intégration, avec les incongruités que cela représente sur le plan sémantique mais les avantages argumentatifs qui en découlent dans la logique des rapports sociaux préconisés. L'aspiration à la convivialité, où les actants auraient des rôles équivalents et réciproques est partout présente.

Le mode de vivre ensemble se pense aussi à travers l'action à accomplir qui unit les parties au tout. « Participer » c'est « prendre part », donc se mêler, s'associer. Autre façon de dire cette action : l'individu « contribue », cette fois il donne une part, le sens accentuant le don qu'il fait ainsi. Ces termes seront convoqués directement ou indirectement dans le rapport de l'immigrant à la société par exemple, certains voyant davantage leur insertion comme une contribution à la société en contrepartie de ce qu'ils « reçoivent » en composant la nouvelle société d'adoption. Des valeurs s'attachent au choix des termes impliqués dans la discussion, comme on peut le constater. Par ailleurs, dans l'acception où les parties sont les éléments d'un tout organisé, et même dans celle où les membres appartiennent à un ensemble le verbe « se partager » est sollicité qui lui-même oriente le sens. En effet, s'il peut dégager l'idée d'un échange réciproque, le verbe signifie aussi « fractionner », donc diviser en plus petites parts. Et c'est exactement ce sens qui sous-tend quelquefois le raisonnement à propos de l'insertion des immigrants dans la société, favorisé par le schéma cognitif de la possession, de l'appropriation d'un avoir. Une entité sociale se divise entre des ayant droits. Mais cela a un effet pervers sur le raisonnement qu'il autorise. Si d'autres bénéficiaires s'ajoutent, il s'en dégage l'impression que le tout se fractionne en plus de parts et que, en conséquence, celle qui revient à chacun est plus petite[4]. S'installer dans le raisonnement que suggère ces emplois favorise des prises de position négatives à l'égard des réalités abordées : en effet, qui voudrait être privé de quelque chose qu'il possède et qui lui revient ?!

Le contexte de la mondialisation offre un terrain de réflexion inestimable. Il fait déjà l'objet de plusieurs discours mais surtout il remet en question ce que nous avons appelé d'un terme volontairement commun et non chargé, la convivialité, c'est-à-dire le mode de vivre ensemble, la conception des rapports humains fondée surtout sur la relation entre l'individu et la société. Terrain de prédilection des politologues, certes, mais pourquoi pas aussi des analystes du discours puisque le mode de dire est mis au premier plan. Simple façon de parler ou importance reconnue des termes à partir desquels la discussion est lancée ? Nous optons pour le second. Les discours en cherchant à stabiliser une notion la charge en même temps de toutes les précautions, conclusions à écarter, notions apparentées, bref fait apparaître le lien inextricable entre langage et cognition dont s'empare le culturel et l'idéologique quand il est question de convivialité en contexte de mondialisation.

Bibliographie

FALL, Khadiyatoulah, Daniel SIMEONI et Doumbé BÉTOTÉ AKWA, *Variations de la perception catégorielle. Enjeux énonciatifs et interculturels*, Sainte-Foy, Presses de l'Université Laval, 2002.

FORGET, Danielle, « Mouvance identitaire et transfert de sens », *Interfaces*, Brésil/Canada, n° 3, 2003, p. 211-228.

FORGET, Danielle, *Figures de pensée, figures de discours*, Québec, Nota Bene, 2000.

LAKOFF, George et Mark JOHNSON, *Les métaphores de la vie quotidienne*, Paris, Minuit, 1985.

LAKOFF, George, *Women, Fire and Dangerous Things : What Categories Reveal About the Mind*, Chicago, University of Chicago Press, 1987.

LAKOFF George et Mark TURNER, *More than Cool Reason. A field Guide to Poetic Metaphor*, Chicago, University of Chicago Press, 1989.

LANGACKER Ronald, *Subjectification*, Cognitive linguistics, n° 1-1, 1990, p. 5-38.

---

[4] Voir à ce sujet la question de la croyance selon laquelle la vie est un jeu à somme nulle : Patrick Imbert, [En ligne], [www.canada.uottawa.ca.winwin].

LANGACKER Ronald, « Consciousness, construal and subjectivity », *Language Structure, Discourse and the Access to Consciousness. Advances in Consciousness Research*, (éd. M. I. Stamenov) Amsterdam, John Benjamins, 1997, p. 49-75.

LÉARD Jean-Marcel et Michel-Francis LAGACÉ, « Concession, restriction et opposition : l'apport du québécois à la description des connecteurs français », *Revue québécoise de linguistique*, n° 22-2, 1985, p. 109-138.

SWEETSER, E. Eve, *From Etymology to Pragmatics. Metaphorical and Cultural Aspects of Semantic Structure*, Cambridge Studies in Linguistics, n° 54, New-York, Cambridge University Press, 1990.

TALMY Leonard, « Force dynamics in language and thought », *Parasession on Causative and Agentivity*, 21st Regional Meeting, Chicago, Chicago Linguistic Society, 1985.

TAYLOR Charles, *Rapprocher les solitudes : écrits sur le fédéralisme et le nationalisme au Canada*, Sainte-Foy, Presses de l'Université Laval, 1992.

TARANU, Jean, « Commission de Montréal sur l'avenir du Québec. Mémoire de la Fédération des groupes ethniques du Québec Inc. », *Identité – Intégration des allophones du Québec*, Montréal, Echos Ethniques, 1996, p. 9-17.

VIGNAUX, Georges, *Le démon du classement*, Paris, Seuil, 1999.

VIGNAUX, Georges, *Le discours acteur du monde. Énonciation, argumentation et cognition*, Paris, Ophrys, 1988

Gouvernement du Québec, *Gérer la diversité dans un Québec francophone démocratique et pluraliste. Principes de fond et de procédure pour guider la recherche d'accommodements raisonnables*, Étude complémentaire présentée à la ministre des Communautés culturelles et de l'Immigration, Conseil des communautés culturelles et de l'immigration, décembre 1993, p. 1-17.

Les altérités dans les temps : la révision des différences

Claire Roberge
Université McGill, Montréal

Nous proposons d'observer comment le concept d'altérité s'est inscrit dans trois domaines de pensée distincts : le développement, la postcolonialité et l'altermondialisation. Si ces théories et ces pratiques[1] peuvent se chevaucher selon la conjoncture sur le terrain ou les approches chez le chercheur, elles seront situées dans leur cadre respectif pour préciser les modalités de la conceptualisation de l'altérité. Nous esquissons non pas une catégorisation, mais une qualification localisationnelle du concept de l'altérité à partir d'approches critiques. Nous essaierons de saisir cette localisation à partir de ces trois domaines et des notions qui en découlent, c'est-à-dire le multiculturalisme, l'ethnicité et la résistance. Nous terminerons cette étude en incluant le questionnement et le positionnement du chercheur face à ces altérités.

Le domaine du développement

Dès la fin de la Deuxième guerre mondiale, les nations industrialisées de l'Amérique du Nord et de l'Europe étaient censées être les modèles indubitables pour l'Asie, l'Afrique et l'Amérique latine. Les sociétés de ces continents (c'est alors qu'apparaît le terme générique « Tiers Monde ») devaient rejoindre celles des pays industrialisés, peut-être même, ajoute Escobar[2], devenir semblables. Pour Escobar, c'est l'échec de 40 ans de développement. Car au lieu de l'abondance promise par les théoriciens et les politiciens dans les années 50, « [...] *the discourse and strategy of development produced its opposite : massive underdevelopment and impoverishment, untold exploitation and oppression*[3] ». Comment ce tiers monde a-t-il été produit par les discours et les pratiques ? Escobar essaie de situer un espace opérationnel pour des alternatives en révélant les mécanismes par lesquels « [...] *a certain order of discourse*

---

[1] Pour ce travail, nous nous référons à des textes d'auteurs spécifiques tout en étant bien consciente que de nombreux autres auteurs discutent ces questions.

[2] Escobar, Arturo, *Encountering Development, The Making and Unmaking of the Third World*, Princeton, Princeton University Press, 1995.

[3] *Ibid*, p. 4-5.

produces permissible modes of being and thinking while disqualifying and even making others impossible[4] ».

Altérité construite : The West and The Rest

Plusieurs discours aux Nations-Unies (dont celui de Truman en 1949) inscrivent une division entre les sociétés en utilisant le terme *underdeveloped*. « L'autre » est ainsi mis au monde par les pays industrialisés. La dichotomie industrialisé/sous-développé est d'usage. Un nouveau domaine de pensée et d'expériences se forme et devient dominant dans les relations entre l'Europe de l'Ouest, les États-Unis et ce nouvel objet : l'autre. Ce rapport avec « l'autre » est construit à partir de discours unilatéraux. Ce rapport produit dès ce moment deux groupes séparés. « *[It] dictates that the third world and its people exist « out there », to be known through theories and intervened upon from the outside*[5]. » Le *outside* étant ici le groupe possédant le pouvoir. Escobar continue : « *[It] is more a sign of power over the Third World than a truth about it*[6] ». Des millions de personnes soudainement étaient transposées dans la réalité des pays industrialisés. Plusieurs ont argumenté que ce développement tentait de répliquer le colonialisme antérieur puisqu'un contrôle continu était effectué[7].

Postcolonialité

Cette critique du développement participe aux débats postcoloniaux et néocolonialistes multipliés dans les cercles académiques. La volonté d'expression économique des pays industrialisés rend compte de nouvelles formes de colonisation à partir d'une logique marchande cette fois capitalisant sur ses propres développements économiques et non plus sur ceux des pays sous-développés. Banerjee et Linstead se réfèrent à Sklair : « *Thus, globalization becomes the new global colonialism, based on the historical structure of capitalism where transnational corporations become identified as « carriers of democratic values and practices to the*

---

[4]*Ibid*, p. 5. Escobar affirme que le travail de Michel Foucault sur les discours et les pouvoirs de représentations a été instrumental pour révéler ces mécanismes. Des auteurs, s'inspirant de Foucault, tels Said, Mohanty, Mudimbe et Mitchell ouvriront, selon lui, d'autres voies intéressantes sur les représentations.

[5]*Ibid*, p. 8.

[6]*Ibid*.

[7]Subhabrata Bobby Banerjee et Stephen Linstead, *Globalization, Multiculturalism and Other Fictions: Colonialism for the New Millennium?*, London, Thousand Oaks, CA and New Delhi, Sage, vol. 8, n° 4, 2001, p. 683-722.

Third World[8]. » Nous notons ici un transfert terminologique et sémantique. À partir de l'expression « organisations d'aide aux pays sous-développés » on aboutit à « corporations transnationales mettant en évidence une logique marchande de consommation ».

De leur côté, Shohat et Mufti ciblent les pratiques nationalistes et la nouvelle conception des rapports qui s'imposent dans les localités. Les élites profitent de leurs relations avec les pays industrialisés ou les corporations transnationales et créent eux-mêmes un rapport avec « l'autre », dans leur localité, établissant un second niveau de rapport de pouvoir (dans le cadre de ces relations transnationales qui les avantagent eux uniquement).

In large regions of the Third World, the powerful framework of nationalism, which held such enormous liberationist promise even twenty years ago, has begun to fall apart. In these countries, the slogans of nationalism, its mythos of hearth and home, are now the property of national elites that have been increasingly revealed to be corrupt, capitulationist, undemocratic, patriarchal, and homophobic[9].

Altérité marginalisée : marchande ou rien

Il n'est plus question ici de fausses représentations comme on l'a vu dans l'altérité émergeant du domaine du développement, mais plutôt du déni de représentations. Se confirment les injustices déjà rencontrées dans la théorie et les pratiques du développement. L'altérité s'exprime dans des rapports inégalitaires. « L'autre » est exploité et pauvre. Ce rapport détermine qui détient le pouvoir décisionnel et limite la possession de la richesse matérielle[10]. Dans le cas d'une logique marchande transnationale, la mise en échec se situe à un niveau double. D'abord, celui de « l'autre » n'ayant pas de pouvoir décisionnel sur les transactions sinon dans sa localité. Ce rapport (inexistant) est délimité par les élites qui favorisent un cloisonnement des connaissances permettant une distribution de richesses et de pouvoirs selon leurs propres définitions de l'altérité, soit entre eux seuls et les corporations. Cette altérité ne permet pas de voir « l'autre » autrement que dans un rapport marchand. Ainsi, les relations transnationales sont favorisées tandis que les locales sont exclues. Les alternatives sont repoussées avant même

---

[8] Sklair, Leslie, *Sociology of the Global System*, Baltimore, Johns Hopkins University Press, 1995, p. 42. *Fictions: Colonialism for the new Millennium?*, London, Thousand Oaks, CA and New Delhi, Sage, vol. 8, n° 4, 2001, p. 694.

[9] Aamir Mufti et Ella Shohat, « Introduction », *Dangerous Liaisons, Gender, Nation and Postcolonial Perspectives*, London, *Cultural Politics*, Vol. 11, 1997, p. 3.

[10] Banerjee et Linstead voient un danger à ce que la globalisation marginalise des groupes de gens tels les paysans, les femmes et les enfants.

d'avoir été considérées. Le jeu à somme nulle est de mise entre des entités locales puisque si l'un gagne, l'autre perd.

Notion contradictoire : le multiculturalisme

L'argument de Banerjee et Linstead veut que, en dépit de la rhétorique célébrant la différence, le multiculturalisme ne fait que faciliter l'assimilation de « l'autre » dans une idéologie dominante globale et marchande. Cet « autre » est, par le fait de l'immigration, présent dans les pays industrialisés. Le multiculturalisme[11] serait un appareillage mettant en place les conditions d'organisation de la diversité culturelle pour aboutir à une homogénéisation par l'emprise d'un discours économique. Shohat et Mufti s'accordent avec eux, en opérationnalisant la proéminence dans les années 80 dans les débats publics, de l'agenda culturel, de l'héritage culturel, sous l'égide du multiculturalisme[12]. Ils observent que ce pluralisme refuse de reconnaître les inégalités, la discrimination sociale et l'exploitation des minorités.

Altérité fuyante : transfert intégré

À partir de cette notion de multiculturalisme, liée à l'immigration, « l'autre » peut devenir « nous », ou l'est déjà devenu dans un cadrage nationaliste ou même fédéraliste, au nom d'une identité nationale ou d'une appartenance nationale. « L'autre » ne se présente plus dans un rapport de *West and the Rest* (Escobar) ni dans un rapport Occident/Orient (Said)[13] où les territorialités d'appartenance différaient. Ici, « l'autre » se place dans la même territorialité que le « nous », mais dans un autre contexte que celui du rapport élites locales/exclus locaux.

Pour sa part, Hall constate ironiquement que : « [...] *the very moment Britain finally convinced itself it had to decolonize, that it had to get rid of the colonies, the colonized began flooding into England*[14]. » Ainsi, l'immigration devient un élément moteur qui provoque des changements significatifs dans la définition de l'identité anglaise. En effet, si auparavant l'Anglais regardait de haut tout ce qui est « autre », c'est-à-dire

---

[11]Ces auteurs ne nient pas les aspects positifs de l'échange entre cultures, mais ils craignent que le multiculturalisme ne soit qu'un masque cachant les inégalités. Voir dans cet ouvrage le texte de Daniel Castillo Durante, « L'anonyme des Amériques ».

[12]Aamir Mufti et Ella Shohat, *op. cit.*, p. 4.

[13]Ce qui ne veut pas dire que ces rapports n'existent plus.

[14]Hall, Stuart, « The Local and the Global : Globalisation and Ethnicity », *Dangerous Liaisons, Gender, Nation and Postcolonial Perspectives*, London, Cultural Politics, vol. 11, 1997, p. 176.

« *those colonized persons were placed in their otherness, in their marginality, by the nature of the "English Eye", the all-emcompassing "English Eye"*[15] » ; aujourd'hui, l'Anglais doit tenir compte de la présence de ces « autres » sur un territoire national. Une mouvance s'impose depuis cette érosion d'identité nationale (liée à l'impérialisme anglais) presqu'effacée. « *Are you one of us?* », demande Thatcher (nous rappelle Hall). Ce *us* n'est pas bien reçu dans cette territorialité nouvellement réhabitée par les migrants. Et c'est alors que le *home*[16] se problématise. Que veut dire le terme postcolonialité, s'interrogent Shohat et Mufti[17], si « l'autre », ne se sent *at home* ni dans sa localité, ni dans sa nouvelle territorialité ? Cet « autre » doit s'inclure dans quel « Nous » ?

Notion de l'ethnicité : altérité d'identité

Pour Banerjee et Linstead, le terme ethnicité pose aussi difficulté tant que ce qui est ethnique est défini par rapport aux formes dominantes. Ils présentent le cas de la violence ethnique en disant que tout ce qui est reconnu comme tel est presque exclusivement réservé par les médias pour des cas de violence par des gens de couleur (*non-white*). Ce qui est ethnique est étranger, regardé et catégorisé. Pour Stuart Hall, le type très restreint d'une construction identitaire anglaise est aussi une sorte d'ethnicité. L'identité anglaise est alors fortement centrée sur elle-même sachant très bien ce qui l'identifie non seulement vis-à-vis les colonisés, mais aussi vis-à-vis les Français, les Allemands, etc. L'identité est donc une représentation structurée qui doit voir « l'autre » pour se construire. En ce sens, les Anglais sont une ethnie comme une autre, natifs d'un endroit, parlant une langue, ayant des mythes et des rituels. Toutefois, Hall observe que ce type d'identité est en voie de disparition. En effet, à partir du processus de mondialisation, le lien identitaire entre l'état nation et une identité nationale s'estompe. L'immigration massive (de gens eux-mêmes appartenant à des ethnies différentes) propose une territorialité qui n'est plus la même. Le *West* ou le *English-Eye* n'est plus ou, du moins, il transite. Son ethnicité est mise en évidence[18].

---

[15] *Ibid*, p. 174.

[16] Voir dans cet ouvrage le texte d'Anthony Purdy « Heterotopia revisited in an Age of Globalization ».

[17] À cet effet, ils positionnent Hall, « They seek to rethink culture not as primordial home but rather as a *conjonctural* aligment of needs and claims, forged in an inclusionary history of oppositional struggles. » *Dangerous Liaisons, Gender, Nation and Postcolonial Perspectives*, London, Cultural Politics, vol. 11, 1997, p. 6.

[18] Voir dans cet ouvrage le texte de Sarah Phillips Casteel, « Dynamics of Inclusion and Exclusion in the Landscape Aesthetics of Jin-Me Yoon ».

Notion de la résistance : nouvelle lecture de l'altérité

Pour Escobar, il faut décomposer la construction du rapport au tiersmondiste[19]. La résistance est présente s'accorde à dire Escobar, la résistance ou en tout cas une autre lecture du balisement des représentations. Selon Hall, sous l'impérialisme anglais, « l'autre » est tout ce qui n'est pas identité anglaise ; après la colonisation et suite à l'immigration, « l'autre » s'inscrit ailleurs que dans le *us* national ; et enfin dans les temps actuels de la globalisation, « l'autre » s'exprime dans la localité et dans la marge. Cet « autre » ne s'appuie pas sur son passé, mais construit son lieu à partir de ce passé et de ses mémoires. « *The attempt to snatch from the hidden histories another place to stand in, another place to speak from- that moment is extremely important. It is a moment that always tends to be overrun and to be marginalized by the dominant forces of globalization*[20]. » Redécouvrir un passé est un moment d'énonciation et ce n'est que de ce moment que peut émerger ses propres représentations et sa construction identitaire[21].

Altermondialisation : altérité retrouvée ?

Ces propos de Hall nous portent à réfléchir à la notion d'altermondialisation. Il semblerait que dans les discours des altermondialistes, « l'autre » soit maintenant inclus dans leur « nous » rhétorique. Nous avons constaté, dans le développement de l'après-guerre, que « l'autre » était ailleurs, *West and the Rest, English Eye versus All Others*. Nous avons vu, en notant le déplacement de « l'autre » dans la notion de multiculturalisme, que le « nous » se retrouve représenté non plus uniquement dans les pays en développement, mais qu'il est devenu lié, dans l'urgence globale et transnationale, aux territorialités nationales. Dans la position altermondialiste, tous sont autres. De plus, ils s'appro-

---

[19]Par ailleurs, selon Scott, comme pour Escobar, Banerjee et Linstead, Said jouera un rôle déterminant dans la révision des repères, «*There is a real sense in which we now write in the wake of Edward Said*». Ce qui n'a pas été théorisé chez les anti-colonialistes, est la question de la décolonisation des représentations, la décolonisation de l'apparatus conceptuel. Cet espace de la postcolonialité a altéré nos façons de penser sur le colonialisme ; un déplacement de l'anticolonialisme vers le postcolonialisme. David Scott, *Refashioning Futures, Criticism After Postcoloniality*, Princeton University Press, 1999, p. 12-14.

[20]Stuart Hall, « The Local and the Global : Globalisation and Ethnicity », *Dangerous Liaisons, Gender, Nation and Postcolonial Perspectives*, London, Cultural Politics, vol. 11, 1997, p. 184.

[21]Stuart Hall, et Greg Urban, *Metaculture : How culture Moves through the World*, Minneapolis, University of Minnesota Press, 2001.

prient cet « autre » et ils revendiquent[22]. Un glissement discursif s'est opéré. Banerjee et Linstead le précisent en se référant à Moore :

> The West, then, operates not so much as a particular set of geographical locations, or indeed a specific collection of locationnally defined peoples. It has now become « a discursive space, a set of positionalities, a network of economic and power relations, a domain of material and discursive effects[23].

La notion de l'Ouest se conceptualise autrement dans un espace déplacé. Ainsi, l'altermondialiste exprime un désaccord avec les relations de pouvoir actuelles et rassemble plusieurs « autres », ceux en marge du pouvoir économique ou au centre des inégalités sociales. Souvent, contre le capitalisme, parfois plus nuancées, ces démonstrations (par exemple, à Seattle en 1999 et à Québec en 2001) font partie d'un large militantisme où plusieurs inégalités sont mises en évidence.

Questionnement du chercheur

Nous avons observé, à partir de trois domaines, divers rapports d'altérité. Ces derniers permettent de mieux situer les particularités de leur mouvance dans le cadre de la mondialisation. La remise en place des altérités ou les révisions de leur transformation dans des spécificités temporelles et spatiales situent l'étape actuelle de ce phénomène globalisant. Cependant, nous constatons la nécessité de repositionner des acquis conceptuels à partir d'interrogations émergeant dans ces rapports d'altérité. Banerjee et Linstead s'accordent à reconnaître dans la polarisation résistance/complicité, des valeurs particulières à l'Occident puisque les deux positions sont établies implicitement par le système. Selon eux, ces dichotomies, Orient/Occident, exclusion/inclusion, ethnique/blanc, industrialisé/sous-développé, sont construites dans une relation de pouvoir où tout se contient, tout est toléré, tant et aussi longtemps que le système dominant ne se sent pas menacé. Pour clarifier leur propos, Banerjee et Linstead se réfèrent à Bauman, « [...] *the first world of the globally mobile and the second world of the locally tied*[24] ». Même dans des cas de diasporas où l'un est mobile, « l'autre » est lié à sa localité sans autre mobilité que celle de son imaginaire. À partir de ce constat, la question de l'altérité s'opérationnalise dans un sens plus

---

[22] Nous croyons cependant qu'il est nécessaire d'observer cas par cas, sur le terrain, les particularités respectives et contextuelles des altermondialistes. (H. L. Moor, *A Passion for Difference*, Cambridge, Polity, 1994, p. 132.

[23] Banerjee, Subhabrata Bobby et Stephen Linstead, *Globalization, Multiculturalism and Other Fictions: Colonialism for the new Millennium?*, London, Thousand Oaks, CA and New Delhi, Sage, vol. 8, n° 4, 2001, p. 700.

[24] *Ibid.*, p. 692.

large, c'est-à-dire que cette division entre mobile ou non se retrouve dans toutes les sociétés. Cette division peut faire référence à des problématiques d'accès, d'éducation, etc. Shohat et Mufti ciblent, de leur côté, une polarisation où deux éléments sont présents chez le migrant :

> For, in the figure of the migrant, home, that place and time outside place and time, appears to mingle promiscuouly with its opposite-exile, the outside, elsewhere. Hence its attraction for a critical practice that seeks to undo such binaries such as belonging/unbelonging, loyalty/disloyalty, to unpack their ideological baggage, to make visible the multivarious ways in which they participate in the production of social relations as second nature[25].

Pour le chercheur donc, ces dichotomies peuvent constituer de fausses polarisations ou tout au moins des opérationnalisations trompeuses. C'est pourquoi, nous croyons nécessaire de les réviser pour pouvoir repositionner les rapports d'altérité émergeants. Nous affirmons que la nature hybride (ou non) de diverses situations, de déplacements colonial, postcolonial ou diasporique doit être contextualisée, discutée, à partir de positions temporelles et de localités spécifiques. Scott[26] propose une métaréflexion de la position du chercheur vis-à-vis son objet. Tout en lisant les acquis théoriques antérieurs, il faut se demander si la critique antérieure est toujours pertinente et si elle continue (ou non) dans le sens où elle a initialement émergée[27]. Cette démarche permettra de déterminer quelles sont les questions qui méritent d'être explorées dans le cadre actuel. Ce qui est arrivé dans une instance, ailleurs et à un autre moment, peut émerger autrement dans un nouvel espace. Ainsi, en voyant en détails une cartographie particulière (comme Escobar, par exemple, revoit celle du développement), il devient possible de construire autre chose en fonction de problématiques propres au présent.

De cette façon, la marginalité ou l'action de se démarquer des questions/réponses antérieures peut se situer « *out of place* » nous dit Hall : « *Then the other is not where it is supposed to be*[28] ». Pour Hall, l'acte de déconstruction invite celui de reconstruction. Ainsi, la métaculture propulse la culture dans sa trajectoire ou, plus précisément, elle par-

---

[25] Aamir Mufti et Ella Shohat, « Introduction », *Dangerous Liaisons, Gender, Nation and Postcolonial Perspectives*, London, Cultural Politics, vol. 11, 1997, p. 8.

[26] Scott s'inspire lui aussi de Michel Foucault.

[27] La normalisation d'un paradigme (Scott se réfère à Kuhn) n'est-il pas aussi le moment où il est nécessaire d'interroger à nouveau la base des questions à partir desquelles le paradigme lui-même a été créé ?

[28] Stuart Hall, *op. cit.*, p. 187.

ticipe à sa trajectoire[29] en tenant compte de références antérieures. L'entité métaculturelle peut ainsi participer à la circulation culturelle en place ou, à celle, en déplacement. Selon Urban : « [...] *what appears to move through space and time is a whole system of relationships*[30] ». Il peut y avoir un système en place (de l'oralité ou autre, possiblement ethnique), ou un système existant imposé (tel celui de *West and the Rest*). La critique est de mettre en évidence (la marge notée chez Hall) ces marques existantes pour ouvrir vers le renouveau, vers une relecture plausible. Cette mouvance agit dans les rapports d'altérités et équivaut à une affirmation de différence de perception[31]. Le fait de pouvoir situer ces différences rend compte d'une similitude dans l'acte d'échange, mais aussi la possibilité d'une construction nouvelle.

Ayant identifié des altérités dans les domaines du développement, de la postcolonialité et de l'altermondialisation, précisant leurs apports dans les notions de multiculturalisme, d'ethnicité et de résistance, nous ne prétendons pas couvrir le terrain des rapports existants. Selon les moments, l'altérité est changeante et cela, même si des éléments subsistent. Ceux-ci sont revus et parfois réarticulés. D'une « Altérité construite : *The West and The Rest* » à une « Altérité marginalisée : marchande ou rien », « l'autre » demeure exploité. Avec l'« Altérité fuyante : transfert intégré », l'altérité se situe toujours dans des représentations, imposées ou homogénéisées comme dans la notion de multiculturalisme. Par la suite, nous notons une mouvance. C'est-à-dire que nous ne sommes plus dans un cadre représentatif linéaire, mais bien dans des perspectives identitaires qui s'opérationnalisent en multimodalité. L'ethnicité se redéfinit. La « Notion de la résistance : altérité retrouvée ? » invite à une nouvelle lecture de l'altérité qui s'inclue dans une réflexion métaculturelle.

---

[29]Greg, Urban, *Metaculture : How Culture Moves Through the World*, Minneapolis, University of Minnesota Press, 2001.

[30]*Ibid*, p. 6.

[31]À partir d'un texte américain contre le nucléaire, il constate, au Brésil, que cette rhétorique, très présente aux États-Unis, est absente dans la localité brésilienne où il séjourne. Urban se pose alors la question de cette résistance brésilienne. Il analyse tous les *us* du texte pour réaliser que ceux-ci ne sont pas des *us* pour les lecteurs brésiliens qui, eux, ne se sentent pas concernés et donc ne se sentent pas impliqués. « *This is a gringo thing. I don't know what we have to do with it.* » (Greg Urban, *Metaculture : How Culture Moves through the World*, Minneapolis, University of Minnesota Press, 2001, p. 12) Le *us* brésilien n'est pas le même que le *us* américain. « L'autre » n'est pas pareil à « nous ». Urban éveille le chercheur à une prise d'écoute de son propre usage du *us*. À notre avis, le chercheur doit revoir ses usages du « nous ».

Bibliographie

BANERJEE, Subhabrata Bobby et Stephen LINSTEAD, *Globalization, Multiculturalism and Other Fictions: Colonialism for the new Millennium?*, London, Thousand Oaks, CA and New Delhi, Sage, vol. 8, n° 4, 2001, p. 683-722.

BAUMAN, Zygmunt, *Globalization : The Human Consequences*, Cambridge, Polity, 1998.

ESCOBAR, Arturo, *Encountering Development, The making and Unmaking of the Third World*, Princeton, Princeton University Press, 1995.

FOUCAULT, Michel, « La gouvernementalité », *Michel Foucault Dits et écrits, 1954-1988 III*, Paris, Gallimard, 1994.

HALL, Stuart, « The Local and the Global: Globalisation and Ethnicity », *Dangerous Liaisons, Gender, Nation and Postcolonial Perspectives*, London, Cultural Politics, vol. 11, 1997, p. 173-187.

KUHN, Thomas, *The Structure of Scientific Revolutions*, 2e éd., Chicago, University of Chicago Press, 1970.

MCMICHAEL, Philip, *Development and Social Change, A global Perspective*, Pine Forge Press, Sage Publications, 2004.

MITCHELL, Timothy, *Colonizing Egypt*, Cambridge, Cambridge University Press, 1988.

MOHANTY, Chandra, « Under Western Eyes: Feminist Scholarship and Colonial Discourses », *Third World Women and the Politics of Feminism*, dir. Chandra Mohanty, Ann Russo, et Lourdes Torres, Bloomington, Indiana University Press, 1991.

MOORE, H. L., *A Passion for Difference*, Cambridge, Polity, 1994.

MUDIMBE, V. Y., *The Invention of Africa*, Bloomington, Indiana University Press, 1988.

MUFTI, Aamir et Ella SHOHAT, « Introduction », *Dangerous Liaisons, Gender, nation and Postcolonial Perspectives*, London, Cultural Politics, vol. 11, 1997, p.1-14.

SAID, Edward, *Orientalism*, New-York, Vintage, 1979.

SCOTT, David, *Refashioning Futures, Criticism After Postcoloniality*, Princeton, Princeton University Press, 1999.

SKLAIR, Leslie, *Sociology of the Global System*, Baltimore, Johns Hopkins University Press, 1995.

URBAN, Greg, *Metaculture: How Culture Moves Through the World*, Minneapolis, University of Minnesota Press, 2001.

ticipe à sa trajectoire[29] en tenant compte de références antérieures. L'entité métaculturelle peut ainsi participer à la circulation culturelle en place ou, à celle, en déplacement. Selon Urban : « [...] *what appears to move through space and time is a whole system of relationships*[30] ». Il peut y avoir un système en place (de l'oralité ou autre, possiblement ethnique), ou un système existant imposé (tel celui de *West and the Rest*). La critique est de mettre en évidence (la marge notée chez Hall) ces marques existantes pour ouvrir vers le renouveau, vers une relecture plausible. Cette mouvance agit dans les rapports d'altérités et équivaut à une affirmation de différence de perception[31]. Le fait de pouvoir situer ces différences rend compte d'une similitude dans l'acte d'échange, mais aussi la possibilité d'une construction nouvelle.

Ayant identifié des altérités dans les domaines du développement, de la postcolonialité et de l'altermondialisation, précisant leurs apports dans les notions de multiculturalisme, d'ethnicité et de résistance, nous ne prétendons pas couvrir le terrain des rapports existants. Selon les moments, l'altérité est changeante et cela, même si des éléments subsistent. Ceux-ci sont revus et parfois réarticulés. D'une « Altérité construite : *The West and The Rest* » à une « Altérité marginalisée : marchande ou rien », « l'autre » demeure exploité. Avec l'« Altérité fuyante : transfert intégré », l'altérité se situe toujours dans des représentations, imposées ou homogénéisées comme dans la notion de multiculturalisme. Par la suite, nous notons une mouvance. C'est-à-dire que nous ne sommes plus dans un cadre représentatif linéaire, mais bien dans des perspectives identitaires qui s'opérationnalisent en multimodalité. L'ethnicité se redéfinit. La « Notion de la résistance : altérité retrouvée ? » invite à une nouvelle lecture de l'altérité qui s'inclue dans une réflexion métaculturelle.

---

[29]Greg, Urban, *Metaculture : How Culture Moves through the World*, Minneapolis, University of Minnesota Press, 2001.

[30]*Ibid*, p. 6.

[31]À partir d'un texte américain contre le nucléaire, il constate, au Brésil, que cette rhétorique, très présente aux États-Unis, est absente dans la localité brésilienne où il séjourne. Urban se pose alors la question de cette résistance brésilienne. Il analyse tous les *us* du texte pour réaliser que ceux-ci ne sont pas des *us* pour les lecteurs brésiliens qui, eux, ne se sentent pas concernés et donc ne se sentent pas impliqués. « *This is a gringo thing. I don't know what we have to do with it.* » (Greg Urban, *Metaculture : How Culture Moves through the World*, Minneapolis, University of Minnesota Press, 2001, p. 12) Le *us* brésilien n'est pas le même que le *us* américain. « L'autre » n'est pas pareil à « nous ». Urban éveille le chercheur à une prise d'écoute de son propre usage du *us*. À notre avis, le chercheur doit revoir ses usages du « nous ».

Bibliographie

BANERJEE, Subhabrata Bobby et Stephen LINSTEAD, *Globalization, Multiculturalism and Other Fictions: Colonialism for the new Millennium?*, London, Thousand Oaks, CA and New Delhi, Sage, vol. 8, n° 4, 2001, p. 683-722.

BAUMAN, Zygmunt, *Globalization : The Human Consequences*, Cambridge, Polity, 1998.

ESCOBAR, Arturo, *Encountering Development, The making and Unmaking of the Third World*, Princeton, Princeton University Press, 1995.

FOUCAULT, Michel, « La gouvernementalité », *Michel Foucault Dits et écrits*, 1954-1988 III, Paris, Gallimard, 1994.

HALL, Stuart, « The Local and the Global: Globalisation and Ethnicity », *Dangerous Liaisons, Gender, Nation and Postcolonial Perspectives*, London, Cultural Politics, vol. 11, 1997, p. 173-187.

KUHN, Thomas, *The Structure of Scientific Revolutions*, 2e éd., Chicago, University of Chicago Press, 1970.

MCMICHAEL, Philip, *Development and Social Change, A global Perspective*, Pine Forge Press, Sage Publications, 2004.

MITCHELL, Timothy, *Colonizing Egypt*, Cambridge, Cambridge University Press, 1988.

MOHANTY, Chandra, « Under Western Eyes: Feminist Scholarship and Colonial Discourses », *Third World Women and the Politics of Feminism*, dir. Chandra Mohanty, Ann Russo, et Lourdes Torres, Bloomington, Indiana University Press, 1991.

MOORE, H. L., *A Passion for Difference*, Cambridge, Polity, 1994.

MUDIMBE, V. Y., *The Invention of Africa*, Bloomington, Indiana University Press, 1988.

MUFTI, Aamir et Ella SHOHAT, « Introduction », *Dangerous Liaisons, Gender, nation and Postcolonial Perspectives*, London, Cultural Politics, vol. 11, 1997, p.1-14..

SAID, Edward, *Orientalism*, New-York, Vintage, 1979.

SCOTT, David, *Refashioning Futures, Criticism After Postcoloniality*, Princeton, Princeton University Press, 1999.

SKLAIR, Leslie, *Sociology of the Global System*, Baltimore, Johns Hopkins University Press, 1995.

URBAN, Greg, *Metaculture: How Culture Moves through the World*, Minneapolis, University of Minnesota Press, 2001.